汉语史学报

第三十二辑

浙江大学汉语史研究中心编

上海教育出版社

目　录

CONTENTS

Register and Bibliography

Graduates Forum

"郡"的古代朝日语对应词能否论证"汉代的-n 带有 r 或 l 的性质"

徐　烨　　汪维辉

内容提要　蒲立本《上古汉语的辅音系统》"鼻韵尾"一节中,把"郡"的古代朝鲜语和日语对应词作为"汉代的-n 带有 r 或 l 的性质"的论据之一,本文论证该论据无效。朝鲜语词汇 kol、koǔl、kovǔl 和日语词汇 kōri、kohori 都来自古代朝鲜语的固有词汇,与汉语借词"郡"无关。利用朝鲜语语料来研究汉语史上的问题,必须区分朝鲜语中的固有词和汉语借词以及汉字的音读和训读,同时还应该注意资料的时代性。只有科学地运用域外资料,才有可能得出正确的结论。

关键词　"郡"　"kol、koǔl、kovǔl"　"kōri、kohori"　上古汉语　鼻韵尾　古代朝鲜语　古代日语　固有词

一　问题的提出

蒲立本《上古汉语的辅音系统》"鼻韵尾"一节讨论早期汉语鼻韵尾-n 的音值问题,其中说到:

> 如果汉代的-n 带有 r 或 l 的性质,那么这种现象不仅见于外语的汉译材料,也应该见于汉语的外国音译。可以辨认的汉语在外语中的借词和译音要少得多,但是也发现少许外语的 r 对译汉语-n 的例子。……朝鲜的 kol 或 koǔl 古代读 kov[①]ǔl,用来翻译中国的各种地方行政区划单位——郡、县、府、州——可能借自"郡"M.[②]giuən\。很感谢 W. E. Skillend 博士告诉我,古高丽语[③]中的-v-是为了代表汉语的圆唇成分。日本的"郡"一般读 kōri,拼作 kohori,认为是自朝鲜传过去的,所以最终也来自中国的 M. giuən\。(潘悟云、徐文堪,译,1999/2008:147)

这是蒲立本用来论证"汉代的-n 带有 r 或 l 的性质"的论据之一,不过他用了"可能"一词,说明并不确定。我们认为这是一个无效的证据,"郡"的古代朝日语对应词不能用作论证汉代的-n 带有 r 或 l 的性质的依据,因为它们都不是汉语"郡"的音译。我们分两步来讨论,首先是表"郡"义古代朝鲜语词 kol、koǔl、kovǔl 的来源,其次是日语词汇 kōri、kohori 的来源。

---

① 引者按:原文作 ʋ,译文作 v。这两种读音在朝鲜语语音史中均不存在。kol 或 koǔl 的中世纪朝鲜语读音,用耶鲁式罗马字标记法(Yale Romanization of Korean),应记作 koWol ㄱ욿。参见 Lee and Ramsey(2011)。

② 引者按:"M."指中古音,下同。

③ 引者按:原文为"the older Korean",翻译成"更早的朝鲜语"更确切。

二　表"郡"义古代朝鲜语词汇 kol、koŭl、koʋŭl 的来源

　　蒲立本提到的朝鲜语词汇 kol、koŭl、koʋŭl，可以确认是골[kol]、고을[ko.ɯl]、ᄀᆞᄫᆞᆯ[kʌ.ßʌl]。此词最早见于 15 世纪的朝鲜语文献，且存在多种表记形式，反映了中世纪朝鲜语的语音演变，词义上与行政区划单位"县、郡、州、府、邑、区、乡、村"等汉语借词对应。例如，ᄀᆞ올[kʌ.ol]见于《杜诗谚解》(1481 年)，고ᅀᅳᆯ[ko.ʌl]见于《翻译小学》(1518 年)、《新增类合》(1576 年)、《石峰千字文》(1583 年)和《光州板千字文》(1576 年)，고을[ko.ɯl]见于《翻译小学》;골[kol]见于《万言词》(朝鲜正祖时期)，ᄀᆞᄫᆞᆯ[kʌ.ßʌl]见于《龙飞御天歌》(1447 年)。

　　根据中世纪朝鲜语的语音变化，各种朝鲜文的表记形式之间存在历时音变关系，即:ᄀᆞᄫᆞᆯ[kʌ.ßʌl]＞[kʌ.wol]＞ᄀᆞ올[kʌ.ol^H]、고ᅀᅳᆯ[ko.ʌl^H]＞고을[ko.ɯl^H]＞골[kol^R]。ᄀᆞᄫᆞᆯ[kʌ.ßʌl]一词元音中间的浊辅音[ß]弱化为[w]，与后面音节的元音再音位化(rephonemicization)，变成圆唇音[wo]，读作[kʌ.wol]，符合中世纪朝鲜语中 ß＞w 的音变规则。同时，ᄀᆞ올[kʌ.ol^H]中第二个音节的声调变成高调(high tone);第一个音节内的元音同化(assimilation)为圆唇音，记作고ᅀᅳᆯ[ko.ʌl^H];第二个音节ᅀᅳᆯ[ʌl]的元音又异化(disassimilation)为平唇元音，记作고을[ko.ɯl^H];两个音节发生简缩(contraction)音变，记作上升调(rising tone)的单音节词골[kol^R]。

　　中世纪朝鲜语词汇ᄀᆞᄫᆞᆯ[kʌ.ßʌl]来自古代朝鲜语时期借用汉字记音的词汇。[①] 古代朝鲜语最初无文字，三国时期(一般指高句丽、百济、新罗)开始借用汉字记录朝鲜语。古代朝鲜语材料中使用汉字记录"朝鲜系人居住的区域、聚落"这一语义的方法有三种。第一种，取汉字音表示朝鲜语词汇的读音，称为表音字，有单音节的"伐、拔、弗、罚、发"，还有双音节的"夫里、富里"等用字。举例来说，新罗的国号是"徐那伐"(《三国史记》卷一《新罗本纪》，1145年)，或记作"徐罗伐""徐伐"(《三国遗事》卷一《纪异》，1281 年)，都用"伐"字，在中世纪朝鲜汉字音中读作벌[pəl];朝鲜半岛南部加罗地区有地名"敦拔城""△[②]拔城""从拔城"(《广开土王陵碑》，414 年)，百济王都记作"居拔城"(《北史》卷九十四《百济传》，659 年;《隋书》卷八十一《东夷·百济传》，656 年)，都用"拔"字，在中世纪朝鲜汉字音中读作발[pal];新罗一地名称为"屈弗郡"(《三国史记》卷一《新罗本纪》)，又记作"屈弗"(《三国遗事》卷五《避隐》)，用"弗"字，在中世纪朝鲜汉字音中读作블[pɨl];新罗官职名中的"伊伐湌"又记作"伊罚干""干伐湌""舒发翰""舒弗邯"(《三国史记》卷三十八《杂志·职官上》)，"罚"字在中世纪朝鲜汉字音中读作벌[pəl]，"发"字读作발[pal]，"伐、罚、发、弗"同音的可能性较大，古代朝鲜语拟作＊pVl(V 表示 Vowel)。[③] 百济迁都泗沘，该地名又记作"所夫里""所夫里郡"(《三国遗事》卷二《纪异》第二)，用"夫里"二字，中世纪朝鲜汉字音中读作부리[pu^L.ri^{R/H}];百济地名"波夫里郡"，

---

　　① 按照朝鲜语史的划分，朝鲜半岛三国时期[包括高句丽(公元前 37—668 年)、百济(公元前 18—660 年)、新罗(公元前 57—668 年)]到统一新罗灭亡(935 年)是古代朝鲜语时期;高丽朝(918—1392 年)到朝鲜朝(1392—1910 年)的前两百年是中世纪朝鲜语前期，从 15 世纪中叶《训民正音》(1444 年)创制到 16 世纪壬辰倭乱(1592—1598 年)是中世纪朝鲜语后期。参见李基文(1998)。

　　② △是无法判读的文字。参见权仁瀚(2015:126)。

　　③ 朝鲜语史学界一般认为古代朝鲜语的辅音系统中不存在清浊对立，中古汉语的入声韵尾-t 在朝鲜汉字音中系统地反映为−l 韵尾。

又记作"富里县"(《三国史记》卷三十六《杂志·地理三》),用"富里"二字,中世纪朝鲜汉字音中读作부리[pu^R. ri$^{R/H}$]。第二种,取汉字字义表示朝鲜语的词义,但读朝鲜语固有词的音,相当于训读字,有"火"字一种。例如,新罗地名"推火郡"又叫"密城郡"(《三国史记》卷三十四《杂志·地理一》),"推"义词读作中世纪朝鲜语"密"的汉字音밀[mil],"火"字在中世纪朝鲜汉字音中读作화[hoa^R],但这里应该读朝鲜语"火"义固有词的音블[pil^H]。第三种,借用汉语词汇,音义兼取。例如新罗地名"屈弗郡""推火郡""密城郡"中已经借入汉语词汇"郡",中世纪朝鲜汉字音中,其代表音读作군[kun^R]。① 百济王都名"居拔城"中借用汉语词汇"城",在中世纪朝鲜汉字音中读作성[siən^L]。②

潘悟云(2007)曾利用"伐""夫里""火"这一系列古代朝鲜语借字表记词来研究上古汉语的语音问题,文中有以下论证:

《三国史记》百济本纪圣王条:"十六年,春,移都于泗沘,一名所夫里,国号南扶余。"其中的"泗"与"所"对应,"沘"与"夫里"对应。"夫里"古朝鲜语 pʌl,意为国土、原野。pʌl 来自于 pəl。"夫"的上古汉语为 * pa,到中古经过以下的变化过程:pa>pa>pɔ>pio>piu,"夫里"中的"夫"当是 pɔ 阶段的汉字借音,那个时候"里"已经变作 li,所以"夫里"反映当时的朝鲜语 pɔli。朝鲜语的第二音节弱化,韵母失落就成了 pəl>pʌl。这个音又与"伐"pəl 近,所以又音读作"伐"。古朝鲜有许多 ʌ>ɯ 的例子,在一些方言中可能有这样的变化:pʌl>pɯl,所以这个地名又写作"火"pɯl,《三国史记》"比自火郡,一云比斯伐","火"与"伐"通假。"沘"上古汉语为 * pil,在那些"夫里"pʌl 已经变为 pɯl 的方言中,又用"沘"pil 作为地名就不奇怪了。这个例子也反过来证明从 * -ir 来的脂部在上古曾经带有 * -l 韵尾,否则无法解释"沘"与"夫里"pʌl、"伐"pəl、"火"pɯl 的通假关系。

潘先生认为百济国都的新名"泗沘"和旧称"所夫里"在语音上对应,"夫里"是"国土、原野"义,"沘""夫里""伐""火"是通假关系,还对"夫里"的古代朝鲜语音值进行了拟测,并认为"里"字的元音发生了弱化音变,"伐"字在古代朝鲜语方言中又发生了 pʌl>pɯl 的音变。但是这些推论实际上并没有确凿的古代朝鲜语材料可以证明,因为古代朝鲜语不但起讫时间很长,而且材料相对匮乏、零散③,难以得出明确的论断。潘先生的上述论断都得不到朝鲜语史学界现有研究的支持。

不过我们可以确认,中世纪朝鲜语词汇マ블[kʌ. βʌl]中第二个音节블[βʌl]与上述借字表记的词汇"伐、拔、弗、罚、发""夫里、富里""火"对应,词义与汉语借词"郡""城"等对应。第一个音节マ[kʌ],朝鲜语史学界认为与百济王都名"居拔城"、新罗官职名"居伐干支"(《迎日冷

---

① 中世纪朝鲜语材料《翻译小学》中为군[kun$^{R(L)}$],《小学谚解》(16世纪后期)中为군[kun^R],《训蒙字会》中按照版本的不同,读作군[kun$^{R(L)}$](睿山文库本,1527年)和군[kun^L](奎章阁本和东国书林本,1613年)。"郡"字反映为低调(low tone),是根据"郡"字的平声字声符"君"类推而来。参见伊藤智ゆき(2007)。

② 关于古代朝鲜语中"朝鲜系人居住的区域、聚落"义词汇,本文的作者之一已经发表最新的研究论文。参见徐烨(2024)。

③ 古代朝鲜语的资料主要包括三国时期的金石文、木简材料;成书于12世纪的史料《三国史记》和《三国遗事》中出现的三国时期的专有名词(包括人名、地名、官职名等);《三国遗事》中记载的新罗乡歌14首和《均如传》(1075年)中记载的《普贤十愿歌》11首;还有中日史料和古代日语中散见的古代朝鲜语词汇。中世纪朝鲜语前期的语料有12世纪宋人孙穆《鸡林类事》中记录的高丽方言词汇,13世纪中叶《乡药救急方》中记录的各种药材名,还有释读口诀佛经材料等。中世纪朝鲜语后期的语料丰富,朝鲜文创制之前有明人记载的《朝鲜馆译语》,之后直接用朝鲜文创作的语料,以及用朝鲜文翻译的大量谚解版汉译佛经资料,汉学儒学资料等。

水里新罗碑》,503 年?;《蔚珍凤坪里新罗碑》,524 年?;《蔚州新罗川前里书石·追铭文》539
年)以及新罗地名"居伐牟罗"(《蔚珍凤坪里新罗碑》,524 年?)所见的"居"字对应,表示古代
朝鲜语的"大"义。^① 那么ㄱ믈[kʌ. ßʌl]即表示"大居住区域""大聚落"义,它是古代朝鲜语的
固有词,不是汉语的音译借词。

三 日语词汇 kōri、kohori 的来源

蒲立本认为日语中"郡"的读音 kōri、kohori 是朝鲜传过去的,最终也是来自中国的
"郡"。但是,根据日本史学界和日语学界的研究成果,这个说法与语言事实不符。"郡"字在
日本汉字音的吴音系统中读作グン[guN],保留汉语中古浊声母群母的读音;而汉音系统中
可能读作クン[kuN],反映了汉语中古音浊音清化的现象。然而"郡"字在现代日语中的训读
コホリ[kō. ri]来自古代日语的固有读音,与"郡"的汉字音无关。古代日语词汇コホリ[kō.
ri]直接来自古代朝鲜语"评"字的训读音,而非汉语借词"郡"。江户时期,新井白石所编《东
雅》(1717 年)中最早提出コホリ[kō. ri]借自古代朝鲜语,我们认为可备一说。^② 另外,日本
编纂出版的迄今最为详细的古语辞典《时代别国语大辞典》(上代篇)(1967:307－308)也认
为コホリ(己保利)是"郡"的训读音,来自古代朝鲜语"评"字的固有读法。

古代朝鲜半岛的"评"制,早期作为行政区划制度借入日本,流行于从中国本土借入律令
制之前。例如,古代日本地名"麻殖评"(《德岛县观音寺遗迹木简》,630 年),"刀支评"(《飞
鸟池遗迹木简》,681 年),"衣知评"(《滋贺县森ノ内遗迹手纸木简》,682 年以前),"评"表示 7
世纪日本的行政单位,是当时行政文书的常用字(犬饲隆,2011:78－80)。另外,"评"字见
于古代日本的官等名。例如"评君"(《法隆寺旧藏金铜观音菩萨造像记》,651 年),"评造"
(《常陆国风土记》,713—721 年),"评……督领"(《皇太神宫仪式帐》,664 年)。《日本书纪》
卷第廿五中记载孝德天皇大化二年(646)改"郡"制,"郡"按照里的多少分为"小郡""中郡"
"大郡",但"郡"字仍训读为コホリ。但事实是,当时还使用"评"制,7 世纪的木简和金石文
材料只用"评"的事实可以充分证明。《日本书纪》的成书时间是 8 世纪初,其中"郡"字的使
用是当时重修史书时改写和文饰的结果。换句话说,"评"和"郡"很可能是汉字间的直接替

① 根据权仁瀚(2003:152)和南丰铉(2014:151),"居伐干支"中的"干"是官等名的后缀,"支"是尊敬语后缀。"居伐
牟罗"中"牟罗"与古代日语中的ムラ[mu. ra]对应,词义与"群、众、聚、村"相关。另外,"居伐"的"伐"和"居拔"的"拔"所
记为同一个音,"居"字的读音在其他文献中可以得到验证。其一是宋人孙穆《鸡林类事》(1103 年)的记载,称中世纪前期
朝鲜语中"大曰黑根"。与中世纪朝鲜语后期词汇ㅋ[kʰi]、큰[kʰin]对应。梁柱东(1965:484)认为"根"字和新罗乡札所
见"根"字同音同义,"黑"字表示"根"字辅音的送气性。李基文(1991:17－18;1998:115)认为"黑根"表记了当时朝鲜语的
央元音[ə]。其二是《日本书纪》中称呼百济王为コキシ[ko. ki. si]、コニキシ[ko. ni. ki. si],キシ[ki. si]表示"王、君"义,而
コ[ko]、コニ[ko. ni]表示"大"义,与后来朝鲜语中的ㅋ[kʰi]、큰[kʰin]对应。如果古代日语コ音与"居"字中古音对应,
那么コ的元音 o 可推测为古代日语元音系统中的乙类[ə]。由于古代朝鲜语中无送气不送气音的对立,再根据"居"字的
中古反切为"九鱼切",拟音为[kjwo](参见许思莱,2009),中世纪朝鲜国汉字音中读作거[kə^{L/R}],所以我们把古代朝鲜语
的"大"义词拟作不送气音＊kə。
② 匿名评审专家提示作者,新井白石《东雅》本身的材料复杂,其中涉及的日朝语言接触例证、日语名物词的来源很
广,有的来自朝鲜语,还有的来自中国以及其他国家的语言,此处还需要再斟酌。作者认为也可备一说,谨向匿名评审专
家表示感谢。关于新井白石的研究,可参见周一良先生的文章《新井白石——中日文化交流的身体力行者》和《新井白石
论》。关于《东雅》的研究,可参见厦门大学的博士论文《日本新井白石语言学"三书"与汉语史研究》(2020),其中对新井白
石的《东音谱》《东雅》《同文通考》有专门研究。

换关系,"郡"的训读保留了"评"的朝鲜语古训。

"评"制在古代朝鲜语中的使用情况,也可以得到证实。例如,新罗称呼其城内邑为"啄评"(《梁书》卷五十四《诸夷:东夷、新罗传》,636 年;《南史》卷七十九《夷貊下:新罗传》,659年),高句丽官职名有"内评"和"外评"(《隋书》卷八十一《东夷:高丽传》;《北史》卷九十四《高句丽传》)。"评"字的读音可以在《日本书纪》中得到证实。一加罗地名称为"背评",也写作"背伐""能备己富里('备能己富里'的误写)"(《日本书纪》卷十七《男大迹天皇、继体天皇》),同卷中一加罗官等名称为"己富利知伽"。"背评"的读音,即"背"字读作"备","能"代表古代日语的属格助词,"评"字读作"己富里"。而官等名"己富利知伽"是"己富利"和"知伽"的合成词,"己富利"和"己富里"是同词异写关系,都记录了"评"字的朝鲜语古音。"己富利"和"己富里"在古代日语中读作[kə. pə. ri]。① 由此,我们可以确认,古代日语中"评"和"郡"存在替换关系,而"郡"的意思相当于"评"的朝鲜语古训。古代日语在借用汉语"郡"义词时,古代朝鲜语是中间的纽带。

四　余　论

综上所述,我们认为,蒲立本提到的朝鲜语词汇 kol、koŭl、koʋŭl 和日语词汇 kōri、kohori 都是来自古代朝鲜语的固有词汇,与汉语借词"郡"无关,不能用作论证汉代的-n 韵尾带有 r 或 l 的性质的证据。辨明这一点很有必要,因为蒲立本的著作影响很大,很容易以讹传讹。这个例子也提醒我们,利用朝鲜语语料来研究汉语史上的问题,必须区分朝鲜语中的固有词和汉语借词以及汉字的音读和训读,同时还应该注意资料的时代性。只有科学地运用域外资料②,才有可能得出正确的结论。

征引书目

南朝梁·萧子显《南齐书》,中华书局,2017。

唐·李延寿等《北史》,中华书局,1974。

唐·李延寿等《南史》,中华书局,2023。

---

① 根据有坂法则(Arisaka's Law),即元音 o(乙) 和 Co(甲)(或者写作 Cwo,C 表示 Consonant)、Ca、Cu 在同一古代日语词汇的词根中不共存的原则,"己富里""己富利"是记录古代朝鲜语读音的可能性较大。其原因是"己"字在古代日语的万叶假名中是コ(乙)[kə],"富"字的读音有フ[pu]、ホ(甲)[po]两种可能,"里"和"利"读作リ[ri]。因为"己"和"富"两读音不共存,在古代日语中会发生中和现象,读作[kə. pə. ri],反映古代朝鲜语的读音可能为 * kə. pu. ri 或 * kə. po. ri/ * kə. pʷo. ri。另外,古代日语中[kə. pə. ri]发生元音 ə>o 的音变(Frellesvig, 2010:46)。平安时期的文献中把コホリ记为"己保利",读作[ko. po. ri]。日语音韵史中コホリ的历时音变可以解释为 kə. pə. ri>ko. po. ri>ko. wo. ri>kō. ri,包括辅音-p->-w->∅ 的弱化和元音 o 的长元音化音变。现代日语中"郡"的训读コオリ[kō. ri]已基本弃用,只读汉字音。

② 匿名评审专家把汉语音韵学界使用域外汉字音材料(包括朝鲜汉字音、日本汉字音)时存在的问题,归纳为三点。第一,"拿来主义",即学者已经认定一个现象,然后从域外汉字音材料中找证据,常常忽视材料的系统性。第二,忽略朝鲜语、日语自身的历时演变,用晚近的朝鲜语和日语汉字音解读和拟测文献记录,并与汉语上古音挂钩。第三,忽视朝鲜语、日语其民族词汇和汉语借词的甄别,把一切可以和汉语上古音挂钩且有利于自身观点的词汇都解释为汉语借词。作者认为这个归纳很确当,就直接引录于此,并致谢忱。另外,匿名评审专家建议作者参看日本学者(如大岛正健、满田新造)对上古音的研究,但是考虑到作者不是上古音研究的专家,也还未钻研过日本学者上古音的研究,本文未直接参考和引用。国内对日本学者上古音的研究关注不够,可以参见李无未(2005,2011)中的详细介绍。

唐·魏征等《隋书》,中华书局,2019。

唐·姚思廉等《梁书》,中华书局,2020。

北宋·陈彭年、丘雍等撰,余迺永校注《新校互注宋本广韵》,上海人民出版社,2008。

[日]奈良朝·舍人亲王等撰,坂本太郎等校注《日本书纪》,岩波书店,1994。

[日]泽泻久孝等编《时代别国语大辞典》(上代篇),三省堂,1967。

[韩]国语学会编《国语学资料选集》,一潮阁,1973。

[韩]한글학회编《우리말 큰 사전》,语文阁,1992。

[韩]南广祐编《古语辞典》,教学社,1997。

[韩]许兴植编《韩国金石全文》,亚细亚文化社,1984。

Mair，Victor H. *ABC Dictionary of Sino-Japanese Readings*. Honolulu：University of Hawai'i Press，2016.

参考文献

[1]鲇贝房之进. 杂考:日本书纪朝鲜地名考[M].东京都:国书刊行会,1938/1971.

[2]河野六郎. 河野六郎著作集[M].东京都:平凡社,1979.

[3]金完镇. 国语音韵体系研究[M].서울:一潮阁,1977.

[4]金完镇. 音韵과文字[M].서울:新丘文化社,1996.

[5]姜信沆. 鸡林类事高丽方言研究[M].서울:成均馆大学校出版部,1990.

[6]李丞宰. 木简에记录된古代韩国语[M].서울:一潮阁,2017.

[7]李基文. 国语音韵史研究[M].서울:塔出版社,1987.

[8]李基文. 国语词汇史研究[M].서울:东亚出版社,1991.

[9]李基文. 国语史概说(新订版)[M].파주:太学社,1998.

[10]李无未. 音韵文献与音韵学史[M].长春:吉林文史出版社,2005.

[11]李无未. 日本汉语音韵学史[M].北京:商务印书馆,2011.

[12]梁柱东. 古歌研究[M].서울:一潮阁,1965.

[13]马渊和夫. 古代日本语の姿[M].东京都:武藏野书院,1999.

[14]南丰铉. 国语史研究[M].파주:太学社,2014.

[15]潘悟云. 朝鲜语中的上古汉语借词[J].民族语文,2006(1):3—11.

[16]潘悟云. 上古汉语的韵尾﹡-l与﹡-r[J].民族语文,2007(1):9—17.

[17]蒲立本. 上古汉语的辅音系统[M].潘悟云,徐文堪,译,北京:中华书局,1999/2008.

[18]权仁瀚. 新罗 官等 异表记와 韩国汉字音의 关系[J].震檀学报,2003(96):149—171.

[19]权仁瀚. 广开土王碑文新研究[M].서울:博文社,2015.

[20]犬饲隆. 木简による日本语书记史(增订版)[M].东京都:笠间书院,2011.

[21]邵荣芬. 汉语音韵史讲话(校正本)[M].北京:中华书局,2011.

[22]宋基中. 古代国语 词汇表记汉字의 字别 用例 研究[M].서울:首尔大学校出版部,2004.

[23]太田辰夫. 中国语历史文法(修订译本)[M].北京:北京大学出版社,2003.

[24]王云路,方一新. 中古汉语语词例释[M].长春:吉林教育出版社,1992.

[25]严翼相. 韩汉同源说的问题与韩汉语言关系[J].语言暨语言学,2019(20:2):131—146.

[26]伊藤智ゆき. 朝鲜汉字音研究[M].东京都:汲古书院,2007.

[27]沼本克明. 日本汉字音の历时的研究[M].东京都:汲古书院,1997.

[28]周一良. 周一良学术论著自选集[M].北京:首都师范大学出版社,1995.

[29]钟雪珂. 日本新井白石语言学“三书”与汉语史研究[D]. 厦门：厦门大学，2020.

[30]Xu Ye(徐烨). 고대한국어에 나타난 거주지 단위에 대한 재고찰[J]. 국어사연구，2024（38）：205
－236.

[31]Frellesvig, Bjarke. *A History of Japanese Language*［M］. Cambridge：Cambridge University
Press,2010.

[32]Lee，Ki-Moon and Ramsey，S. Robert. *A History of the Korean Language*［M］. Cambridge：
Cambridge Universiry Press，2011.

[33]Miyake，Marc Hideo. *Old Japanese：A Phonetic Reconstruction*［M］. London：Routledge Curzon，
2003.

[34]Pulleyblank，E. G（蒲立本）. The Consonantal System of Old Chinese[J]. *Asia Major*，1962－
1963，9：58－144；206－265.

[35]Schuessler，Axel（许思莱）. *Minimal Old Chinese and Later Han Chinese*［M］. Honolulu：
University of Hawai'i Press，2009.

[36]Vovin，Alexander. Koguryǒ and Paekche：Different Languages or Dialects of Old Korean？［J］.
Journal of Inner and East Asian Studies 2005，2－2：108－140.

[37]Vovin，Alexander. *Koreo-Japonica：A Re-evaluation of A Common Genetic Origin*［M］.
Honolulu：University of Hawai'i Press，2010.

[38]Handel，Zev. *Sinography：The Borrowing and Adaptation of the Chinese Script*［M］. Leiden；
Boston：Brill，2019.

参考 URL

[1]韩国数字藏书阁 ＜ http://jsg. aks. ac. kr＞ 2024 年 11 月 29 日读取.
[2]韩国史数据库 ＜http：//db. history. go. kr＞ 2024 年 11 月 29 日读取。
[3]奈良文化财研究所 ＜ https://www. nabunken. go. jp＞ 2024 年 11 月 29 日读取。

Do Old Korean and Old Japanese Renderings of Chinese Word *Jùn*（郡）Represent the Characteristics of An r or l of Old Chinese Nasal Final -n in the Han Period

Xu Ye　Wang Weihui

Abstract：In Pulleyblank's remarkable article "The Consonantal System of Old Chinese", he suggested that Chinese nasal final-n in the Han period partook of the characteristics of an r or l，and regarded Korean and Japanese renderings of Chinese word *jùn*（郡，"commandery"）as a piece of evidence. But in fact Korean words kol，koŭl，kovǔl and Japanese words kōri，kohori all correspond to Old Korean pure words，do not correspond to transcriptions of Chinese loanword word *jùn*（郡）. On utilising Korean materials to do research on Chinese historical linguistics，we must separate Korean pure words from Chinese loanwords，distinguish between different readings of Korean sinographs，and notice its temporal difference between the history of Chinese language. Only in this way can Sino-xenic materials be utilised scientifically and valid conclusions be drawn.

Keywords：*Jùn*（郡），"kol、koŭl、koʋŭl"，"kōri、kohori"，Old Chinese，nasal final，Old Korean，Old Japanese，pure word

通信地址：江苏省南京市栖霞区仙林大道 163 号南京大学文学院

邮　　　编：210023

E-mail：charlottexuye@hotmail.com

玄奘译音中的增尾音类型

张 尧

内容提要 玄奘译音中的增尾音现象,可以分为增入闭音节和增入辅音尾两类。增入闭音节是为了拆分梵语辅音丛,此时音节尾先以空辅音的底层形式增入,而后从邻近的辅音处获得部位特征。载重轻音节和svarita模式在古典梵语中的遗存会触发增辅音尾,此时增辅音尾是为了还原语音特征。

关键词 梵语借词 增尾音 特征扩散 重音

玄奘译音中有时会增入梵语原词不存在的音节尾。按照增入尾音是不是唯一增入音段,增尾音现象可以分为两类,一种是译音词增加了梵语原词中不存在的闭音节(以下称为"增闭音节尾"),另一种是译音用字增入了梵语原词开音节中不存在的辅音尾(以下称为"增辅音尾")。施向东(2011/2013)讨论过玄奘译音中增辅音尾和增闭音节尾的问题,认为增辅音尾是梵语"前后两音节兼用"(2013:112)造成的,增闭音节尾音也是"和'连声之法'兼用"的结果。玄奘译音词有近千条,即使按最少的双音节词计算,译音中的音节数量也有两千之多,但玄奘译音内部含有增辅音尾和增闭音节尾的词条中,增闭音节尾只发生了75次(见附表1),增辅音尾只发生了103次(见附表2),增尾音现象只有不到音节数的十分之一。这样看来,梵语允许"前后两音节兼用"不意味着增辅音尾必然发生,梵语音节结构与汉语不同也不意味着增闭音节尾必然发生,梵汉对音中的增尾音现象还有更多值得讨论的空间。本文尝试描写玄奘译音中的两类四种增尾音现象,并解释不同增尾音现象产生的原因。①

一 增入闭音节

玄奘译音中,涉及增入闭音节的有75处,其中74个闭音节均为入声字。以"caitra-制咀罗、bhāskaravarman-婆塞羯罗伐摩、āśvayuja-頞湿缚庾阇"三组词为代表,我们发现增入的闭音节尾与辅音丛中的第二个辅音密切相关:-tr-辅音丛中的第二个辅音尾r,增入的闭音节

---

① 文章使用的译音材料全部来自玄奘译经的音译词部分,但排除了密咒,这是因为二者规则似有不同。柯蔚南(1991)在讨论义净译音时就区分了密咒材料和非密咒材料,认为前者在语音上更准确而后者不甚严格。施向东(2015)也给出了"密咒译音不同于一般经典译文"的详细例证。本文讨论的玄奘译经也是如此。以《能灭众罪千转陀罗尼咒》的翻译为例,玄奘以"你"译 ni、以"尼"译 ṇi,绝不混淆,但在其他经目中则多用"尼"译 ni;bodhi-satva 在其他经目中沿用旧译"菩提萨埵",在此咒文中译作"步地萨埵"。上述现象透露着一个信息,即密咒译音的原则可能比普通的专名译音更为严格。本文暂不讨论借词音系中的不同规则层次,因此密咒被排除在考察范围以外。文章还排除了意义不明、有歧义和源语难以确定的译音(主要为《大唐西域记》诸国名、地名),以尽量保证对音的准确性。文中汉语译音对应的梵语词汇来自 DILA 佛学规范数据库、Cologne Digital Sanskrit Dictionaries(CDD)、Digital Dictionary of Buddhism(DDB)和 Thesaurus Literaturae Buddhicae(TLB)。本文使用的梵语音系及拉丁字母转写来自 Stenzlar(1992:1)。

"呾"为-t 尾入声字;-sk-辅音丛中的第二个辅音为 k,增入的闭音节"塞"为-k 尾入声字;-śv-辅音丛中的第二个辅音为 v,增入的闭音节"湿"为-p 尾入声字。增入的闭音节尾不是特定的类别,反而总是与邻近的辅音共享部位特征,这提示我们玄奘增入的闭音节尾可能是一个部位特征为空的辅音段,之后通过特征扩散获得部位特征及其下属特征。

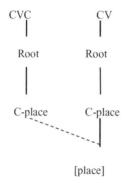

在塞音尾的类型上,汉语不如梵语丰富,受汉语音节结构限制,入声只有-p、-t、-k 三类音节尾。因此,无论增入闭音节的音节尾空辅音获得了多少特征,呈现在汉语音节中也只能表现为-p、-t、-k 三类音节尾之一。下图即是增入闭音节尾①的三种具体过程。

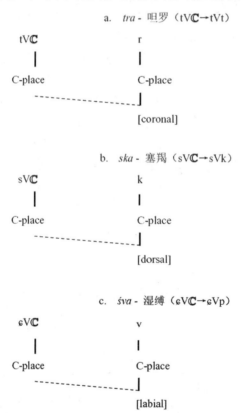

在 94 例涉及增音节的玄奘译音中,增入闭音节(汉语入声韵字、阳声韵字)的有 75 处,增入开音节(汉语阴声韵字)的有 19 处。增入阳声韵的唯一一例"*padma*-钵昙摩"可以用巴

---

① 图中 V 代表元音,C 代表辅音,小写字母即为音段本身,空心字体表示该音段部位特征为空。

利语同义异形 *paduma* 及其内部的鼻音重叠解释;增入阴声韵字中有 8 处为旧译,只见于玄奘译经的有 11 例。这样看来,玄奘在拆分辅音丛时,更倾向于增入入声字而不是阴声韵字。梵语词译音增阴声韵字是增入元音导致音节重新分析的结果;增入声韵字则是增入"元音+塞音尾"的结果,增入声字比增阴声韵字至少多增入一个辅音段。从借词音系角度来看,借词在适应借入语音系时会尽可能少违反制约条件,在可以只增入元音的情况下,多增入音节尾是非常不经济的行为,因此必然有音系以外的因素导致了这种结果。施向东(2011/2013)对此的解释是:"增音使汉译形式增加了一个音节,因此,汉译增加的音节常常使用入声字……以使译音尽量靠近梵语原音。"Maddieson(1985)的实验结果表明,闭音节中元音的时长比开音节中短。玄奘可能是考虑到梵语原词中没有元音,而汉语的元音又没有长短之分,因此通过增入闭音节的方式尽可能减少增入音节的元音在听感上的长度。

二 增辅音尾

(一)载重轻音节增辅音尾

这种增尾音现象的数量最多,发生条件看起来也最为复杂(附表 2 中第一种)。如果以词为单位观察,这种增尾音现象发生环境区别很大,不能以音节数量或发生位置来总结共性。然而如果考虑到梵语原词的内部结构,我们就可以按发生位置将这种增尾音再细分成五小种:

(1)以"*kali*-羯利;*nakula*-诺距罗;*khadiraka*-朅地洛迦"为代表,增音出现在多音节单纯词的词首音节;

(2)以"*sumana*-苏末那"为代表,增音出现在词缀复合词的多音节词素首音节;

(3)以"*nadīkāśyapa*-捺地迦叶波"为代表,增音出现在复合词的第一词素首音节;

(4)以"*himatala*-呬摩呾罗"为代表,增音出现在复合词的非第一词素首音节;

(5)以"*marakata*-末罗羯多"为代表,增音出现在复合词的多个词素首音节。

可以发现,第一种增尾音都发生在多音节词或词素的首音节上。然而玄奘译音中并不是所有多音节词首音节都会增辅音尾,因此我们认为造成这种增尾音是另有其他因素。

梵语是重音语言,但古典梵语的重音与更早的吠陀梵语不同。学界普遍认同吠陀梵语自带的乐调重音到了古典梵语时期已经消失,取而代之的是音系规则赋予的重音。古典梵语的重音规则与拉丁语、希腊语相同(见 MacDonell,1927;Stenzler,1992;Goldman & Goldman,1999;Ruppel,2017 等):当一词的倒数第二个音节为长元音音节或闭音节时,重音落在倒数第二个音节上;倒数第二个音节为短元音开音节时,重音落在倒数第三个音节上……以此类推至倒数第四音节,无论元音长短和开闭都必须承载重音。根据这条规则,(1)中词首音节即为规则重音所在,发生增音的音节都是承载重音的短元音开音节。

上述规则主要适用于古典梵语单纯词和词缀(多为单音节)复合词,对于多语素复合词,各学者的看法不尽相同。MacDonell(1927:175)表示,只有吠陀时代多财释 bahuvrihi[①] 可以通过重音判断领属关系。MacDonell 没有谈到后吠陀时代的重音,但我们可以从他的陈述中推断,吠陀之后重音不再体现在复合词的核心语素,并由此猜想复合名词中的重音需要依靠某种音系规则判断。Perry(1994:229—230)与 Stenzler(1992:5)的观点大致相同,认为一般规则适用于基础动词、前缀复合动词及其衍生词。不同之处在于 Stenzler 没有论及复合词中的重音问题,而 Perry 则强调了以下几点:重音式动词的词根载重,介词复合动词中多音节介词保留词重音作为整个复合词的次重音;复合名词中多音节的词素各自保留原有的重音,复合词主要成分的重音为词重音,次要成分为词素重音。考虑到唐代佛经文本的梵化已经完成,但玄奘所译经文中又不排除更早的语言层次,我们保留复合词内部每个多音节词素原本的重音,同时暂不区分复合词内部的重音主次。这样,我们就可以忽略(2—5)中增尾音在词中的位置差异而总结出它们的共性,即增音发生在多音节词素中的载重短元音开音节。

综上,无论是单纯词还是复合词,只要承重音节为短元音开音节,梵语词借入汉语时都会发生增尾音。

这种现象产生的原因是什么呢? 在音系学中,音节的重量与元音长短和韵尾有无密切相关。对于梵语而言,短元音开音节是"轻音节",长元音开音节或闭音节是"重音节"。一般来说,梵语中承载重音的单位应为重音节[②],然而在实际情况中,很多词可以没有重音节,却不能没有重音,因此很多时候会发生轻音节承载重音的情况。Edgerton(1985:20)指出,在佛教混合梵语(Buddhist Hybrid Sanskrit)及其他中古印地语(Middle Indic)中,受韵律影响,原本位于短元音后的单辅音会发生重叠,从而形成长音节。这样形成的长音节不存在历史来源,只是为了满足韵律要求而临时形成的,在韵律要求短音节时辅音重叠即可消失。类似情况还有长短元音交替形成的长短音节。[③] 尽管 Edgerton 强调对于佛教混合梵语而言这种辅音重叠多发生在词边界和词素边界,但他随后在 2.89 中给出了非词边界的辅音重叠现象。根据吠陀和早期佛教写本中的零散记载,我们推测这种以辅音重叠增加音节重量的方法直到古典梵语时期仍然存在。

梵语允许在语音层面增入音系范畴以满足韵律要求,同时也要求为满足韵律要求而做出的调整是特定范围内的最小改变。回到玄奘译音上来,根据古典梵语重音规则,kali 一词

---

① 所有格复合词 possessive compound。

② 音节重量(syllable weight)和音节重音(syllable stress)是有关韵律的两个不同概念。音节重量与音节中的载重单位莫拉(mora)数量相关,两莫拉音节是标准"重音节(heavy syllable)",一莫拉音节是"轻音节(light syllable)";音节重音与重音所在位置相关,重音所在的音节是"重音音节(stressed syllable)",非重音所在的音节是"非重音音节(unstressed syllable)"。在音系层面,梵语有重音所在轻音节(stressed light syllable)、非重音所在轻音节(unstressed light syllable)、重音所在重音节(stressed heavy syllable)、非重音所在重音节(unstressed heavy syllable)四种组合。本文使用"载重轻/重音节"表示音节重量与重音,其中"载重"指音节承载重音,"轻/重"指音节重量为一莫拉或两莫拉以及上。在语音层面,重音出现在轻音节上会造成轻音节通过临时的韵律调整(元音延长或辅音重叠)变成某种重音节(长元音开音节或短元音闭音节)。

③ By the 'law of morae', in our language as in MIndic generally, double consonant after short vowel may interchange with single consonant after long or nasalized vowel. As a corollary to this, in metrical passages, doubling of a consonant (unhistorically) is employed where a long syllable is required, on a par with lengthening or nasalization of a short vowel. In our language, which in this respect seems to differ from the general run of MIndic, such unhistorical doubling of consonants seems to occur only when meter requires a long syllable, and is furthermore very nearly limited to word-final plus initial position, including, of course, the seam between parts of compounds. It is balanced by a corresponding simplification of double consonants.

的重音在词首音节 ka 上,但 ka 本身是一个轻音节,语音层面有可能通过辅音重叠或元音延长调整音节重量。玄奘在译音"kali—羯利"中以入声字"羯"对载重轻音节 ka,说明该词最终以辅音重叠方式将载重轻音节调整为重音节,并在玄奘译音中体现为增入梵语标准拼写法中不存在的音节尾。

需要注意的是,Edgerton 书中佛教混合梵语时期辅音重叠的例子中不包括鼻音重叠,鼻音重叠是我们根据规则和实际存在的译音推断出来的。当辅音重叠发生在鼻音上时,增入的辅音尾应该是鼻音而非塞音。然而,玄奘译音的实际情况与理论结果恰好相反,只有少数载重轻音节的重量变化引发了增鼻音尾,相同情况下增入的绝大部分尾音是塞音。对此我们猜想,玄奘译音对于语音表层没有辅音重叠或元音延长变体的载重轻音节有另一种对应方式。

佛教混合梵语的载重轻音节可以应韵律要求调整为长元音开音节或闭音节,在书面文献上体现为-V́.CV-有-V́C.CV-和-V̀.CV-两种变体,然而更多时候载重轻音节以原来的轻音节形式出现在文献中。经师面对文献,可以凭借音系规则判断词中轻音节载重与否,却无法确定载重轻音节是否为实现韵律功能采用了语音形式变体、采用哪种变体。这时,我们需要从韵律学视角重新思考载重轻音节的变体。从音段层面上看,辅音重叠和元音延长是载重轻音节增重的两种不同方式;从音节层面上看,叠音和延音都是通过延长音节长度以增加音节重量。梵语更在意音节整体的长度,音节核和音节尾任一位置的增音都会带来音节重量的增加,因此叠音和延音两种增重方式才会同时存在。除了梵语的文献记载,我们还可以从现代语言例证和声学实验中找到音节长度与重音关系的旁证:现代部分印欧语中,重音所在音节时长会相对较长(如英语、西班牙语见 Charles Hoequist 1983;瑞典语见 Fant,Kruckenberg,& Nord 1992);听感实验中重音节必须比轻音节长(Gordon et al.,2010);英语母语者会倾向于将无意义音节组中较长的音节识别为重音(Smith,1978)。通过上述旁证,我们再次肯定了古典梵语轻音节承载重音时会伴随音节的延长。音节延长可能与佛教混合梵语时期一样通过叠音或延音实现,也可能通过增音等其他方式实现,但具体语音实现并不重要,重要的是中古汉语需要相同的方式对应重音造成的音节延长。目前在现有中古汉语内部材料中,我们看不到汉语元音长短在音系上的差异,那么梵语音节的长短变化在对应汉语时就只能通过音节尾的有无体现。为此,我们假设玄奘对应梵语载重轻音节语音延长时增入了一个不含部位特征的空辅音,随后通过特征扩散成为具体音段。其过程与上一节中闭音节尾获得部位特征相同,这里不再重复说明。

(二)*svarita* 遗存导致增辅音尾

这种增尾音现象发生在长音节或闭音节后(附表2中第二种)。前文提到,一般情况下古典梵语重音落在离词末音节最近的重音节上。对于包含非词末重音节的单词而言,重音一定是落在重音节上的,因此这种增尾音与轻音节载重无关。按照前文提到的古典梵语重音规则,这部分增尾音所在的词均由重音节承载重音,那么这种增音出现的环境就不止是重音节后,而且是载重重音节后。古典梵语中,与音节位置和音节轻重都有关联的音系范畴只有重音,由此我们猜测这部分增尾音体现的是某种早期语音现象或模式的遗存。

Whitney(1869)最早指出吠陀梵语对乐调重音的标记方式比较特殊。他在文中详细说

明这样标注的实际意义,强调了 svarita 作为第三调对语流音变的体现。如果 Whitney 的说法是对的,吠陀梵语以前后音调标 *udātta* 的方法传递了额外的语音信息,那么其他的标法也会有相似功能。Macdonell(1916/1970:448—451)总结了早期梵语声调的四种标注方式。第一种以 Ṛgveda 为代表,*udātta*(高调)本身没有特殊的标记符号,重音前后的两个音节则获得不同的标记符号,分别为 *anudātta*(非高调)和 *svarita*(混合调)。① 第二种见于 *Kāṭhaka Saṃhitās*,虽然 *udātta* 被直接标出,但独立 *svarita* 与后接重音的 *svarita* 标注方式不同。第三种见于 *Sāmaveda*,一般用数字 1、2、3 标注 *udātta*、*svarita* 和 *anudātta*,但后边没有 *svarita* 的 *udātta* 会被标为 2。第四种见于 *Śatapatha Brāhmaṇa*,标且仅标注 *udātta*。在 *Macdonell* 总结的四种标调法中,有三种标注在不同程度上强调了 *svarita* 的实际存在及其特殊性。

俞敏(1989/1999)曾指出,"一直到唐,译咒只分 *udātta* 跟 *anudātta*。从来就没有 *svarita*",并给出 C. Cappleller 的梵语词典和梨俱吠陀中的三调比例以证明。然而梵语词典所收词汇的时域跨度较大,且后来的文献已经不标注 *svarita*,因此我们不能以词典的比例否定 *svarita* 的存在。此外,以波你尼语法为代表的印度传统语法书记载的不是现代语言学意义上的语法,其中总结的规律兼容了语法规则和语言现象。通过定义及产生环境不难发现,*svarita* 不属于梵语音系层面的声调范畴,而是高低乐调间用以过渡的语音表现。既然 *svarita* 与 *udātta*、*anudātta* 性质不同,那么三者在文献中数量的不平衡就可以解释。因此,俞敏先生对 *svarita* 存在的否定在音系范畴上成立,但在语言事实上不成立。

随着梵语重音模式的变化,我们不再能够从书面文献上看到 *svarita*。但鉴于吠陀时期 *svarita* 的特殊地位体现了人们对语音变化的敏锐感知,我们大胆推测这种对语音渐变的处理一直延伸到了后来的古典梵语时代,尽管词重音已经变为规则重音,但重音后的轻音节仍然在语音上与独立的非载重轻音节音存在很大差别,反而与重音节听感更为接近。这样,我们就可以解释玄奘的部分增韵尾行为:以入声字对应这部分轻音节的本质原因与第一种增尾音相同,都是没有重音的汉语音系在适应梵语借词重音过程中做出的补偿性调整。只不过,第一种增尾音对应的是音系和语音层面上都实际存在的重音,而第二种增尾音对应的则是残余 *svarita* 模式影响下听感层面产生的某种"类重音"。

必须要明确的一点是,乐调重音模式很早就消失了。Burrow(1965:114—116)强调,尽管无法判断准确时间,但一般可以认为到公元 1 世纪中古印地语时期乐调重音就已经消失了。既然如此,为什么还要推测第二种增尾音是由 *svarita* 听感模式遗存带来的呢? 这是因为这种增尾音内部还可以按吠陀时期乐调重音所在分出三种情况:

(1)以"*yójana*-逾膳那"为代表,重音落在重音节上;

(2)以"*pipīláka*-比毕洛迦"为代表,重音落在增尾音发生的轻音节上;

(3)以"*śāṇaka*-商诺迦"为代表,不见于吠陀文献,早期重音不得而知。

从(1)来看,第二种增尾音似乎反映 *svarita* 本身的遗留,但这种解释在 *svarita* 已经消失的前提下无法成立。从(2)来看,第二种增尾音似乎是规则重音的例外,是早期重音的遗存,但这样就无法解释重音原本就在长音节上的(1)和没有早期乐调重音的(3)。这样看来,

---

① 为避免概念的混淆,这里我不用"重/轻/次重"的传统译名,而是用"高/低/混合调"直译吠陀梵语时期的三种声调,并在后文行文中使用梵语原文。

尽管方音/古音遗存与 *svarita* 模式遗存的可能性基本相同，但个体语音现象的遗存一无证据，二无规律，会使解释力变弱很多。相比之下 *svarita* 模式遗存尽管在时代上有可疑之处，但可以将更多例外纳入统一的规则下，体现出更好的规律性和逻辑性。因此，本文更倾向猜测第二种增尾音是 *svarita* 模式遗存的对应。

反复强调第二种增尾音是可能的遗存，不仅是因为梵语内部规则的时代变化，还因为玄奘译经中的大量反例。如"*aṅgulimālā*-鸯窭利摩罗，*saṅkakṣikā*-僧却崎"等词中在载重重音节后也有轻音节出现，按照第二种增尾音的出现环境同样需要增韵尾，但玄奘却以开音节对应。这些反例说明第二种增尾音不符合借词音系中增尾音的一般规则。只要我们认同借词音系的普遍存在，同时认可玄奘译音时有自己的统一原则，那么第二种增尾音就只能是某种遗存而非普遍音系规则，只不过具体遗存的内容如何，以及当时语音是否对这种遗存有自己的调整、调整程度如何，我们全都不得而知。

(三)增辅音尾的例外

不同于前文总结的两种增辅音尾现象，附表 2 中第三种增尾音虽然不违反我们已经总结出的增音规律，但也造成了一些例外。按照发生环境对这部分例外做出分类描写，可以发现这种例外增尾音分为 5 种情况：

(1)载重重音节增尾音：*ācāra*-阿折罗、*kuśāgārapura*-矩奢揭罗补罗

(2)非载重轻音节增尾音：

　　a. 载重轻音节后非载重轻音节增尾音：*takṣaṇa*-呾刹那、*kuśinagara*-拘尸那揭罗、*kanakamuni*-羯诺迦牟尼、*kalala*-羯剌蓝

　　b. 载重重音节前轻音节增尾音：*caritra*-折利呾罗、*śaśāṅka*-设赏迦、*kaliṅga*-羯陵伽、*mahoraga*-莫呼洛伽

　　c. 词缀前轻音节增尾音：*khadiraka*-朅地洛迦、*vinataka*-毗那怛迦、*āmalaka*-阿摩落迦、*udakakhāṇḍa*-乌铎迦汉荼、*dhanyakaṭaka*-驮那羯磔迦

　　d. 词尾音节增尾音：*upadeśa*-邬波第铄、*asura*-阿素洛、*kalala*-羯剌蓝

玄奘译音中，梵语长元音开音节无一例外对应汉语开音节，译音用字为阴声韵字。这样看来，(1)中两例载重重音节增尾音显然违反了玄奘译音的一般原则。然而我们知道，佛经的语言层次十分复杂，即使文献主体以古典梵语写成，其中也可能混有不同时期和地域的方音变体。*ācāra* 一词在龙树的《宝行王正论》(*Ratnāvalī*)中有宾格形式 *ācaran*，由此可知长元音开音节 *cā* 又可作 *ca*，*ācara* 译作"阿折罗"属于 *svarita* 遗存导致增辅音尾。*kuśāgārapura* 的异写 *kuśāgara-pura* 尽管不见于唐代佛经文献，却见于 *Tripathi*(1989)、*Buswell* & *Lopez*(2013)等现代著作中，由此可知长元音开音节 *gā* 也可作 *ga*，*gara* 译作"揭罗"属于载重轻音增辅音尾。类似情况还有(2a)中的"*takṣaṇa*-呾刹那、*kuśinagara*-拘尸那揭罗"两例。*takṣaṇa* 在俗语中又作 *tacchaṇa*，此时词首音节是闭音节 *tac*(*h*)，以汉语入声字"呾"对应正合适；*kuśinagara* 在 *Anesaki*(1916)、*Zimmer*(2013)等现代文献中也作 *kuśināgara*，此时 *ga* 译作"揭"属于 *svarita* 遗存造成的增尾音。

至于其他例外，既没有异文，也没有其他音系或语音上的解释，只能留待日后讨论。

三　总　结

　　玄奘译音中的增尾音可以按照增入内容内部的结构关系,分为增辅音尾和增闭音节尾两种类型。玄奘为了拆分辅音丛会增入闭音节,其中闭音节的音节尾是一个空音段,通过辅音丛中的第二个辅音获得部位特征。梵语轻音节载重时可能重叠邻近辅音形成闭音节重音节,受韵律影响的语音变化不必见于标准拼写,却在玄奘译音中以增辅音尾形式体现。古典梵语时期乐调重音消失,但重音重音节后轻音节与独立非重读轻音节的语音差异可能仍然明显,玄奘用增辅音尾的方式改变实际语音特殊的轻音节结构,以此体现这种语音现象的特殊性。少数增辅音尾在词典标准拼写法下属于例外,但其同义异写形式则符合我们总结出的规律,此外另有少数例外暂时无法解释。总的来说,玄奘在他的译音中增入梵语原词不存在的尾音,是为了忠实表现梵语借词的音系和语音特点。

参考文献

[1]洪翔. 借词音系学研究:以梵语佛经中古汉语音译转写为例 [D]. 上海:上海外国语大学, 2016.

[2]柯蔚南. 义净梵汉对音探讨(英文)[J]. 语言研究, 1991(1):68—92.

[3]施向东. 古音研究存稿[M]. 天津:南开大学出版社, 2013.

[4]施向东. 再谈梵汉对音与"借词音系学"的几个问题[M]//西域历史语言研究集刊(第八辑). 北京:社会科学文献出版社, 2015.

[5]俞敏. 俞敏语言学论文集[M]. 北京:商务印书馆, 1999.

[6]Burrow, T. *The Sanskrit Language*[M]. Motilal Banarsidass Publishers, 2001.

[7]Hoequist, Jr C. Syllable Duration in Stress-, Syllable- and Mora-timed Languages[J]. *Phonetica*, 1983, 40(3):203—237.

[8]Edgerton F. Meter, Phonology, and Orthography in Buddhist Hybrid Sanskrit[J]. *Journal of the American Oriental Society*, 1946, 66(3):197—206.

[9]Edgerton F. *Buddhist Hybrid Sanskrit Grammar and Dictionary* (2 Vols.)[M]. Motilal Banarsidass, 1953.

[10]Fant G, Kruckenberg A, Nord L. Prediction of Syllable Duration, Speech Rate and Tempo[M]//Proc. ICSLP 1992, 1992:667—670.

[11]Gordon M, Jany C, Nash C, et al. Syllable Structure and Extrametricality:A Typological and Phonetic Study[J]. *Studies in Language*. International Journal sponsored by the Foundation "Foundations of Language", 2010, 34(1):131—166.

[12]Jain D, Cardona G. *The Indo-Aryan Languages*[M]. Routledge, 2007.

[13]Smith M R. Perception of Word Stress and Syllable Length[J]. *The Journal of the Acoustical Society of America*, 1978, 63(S1):S55—S55.

[14]Whitney W D. On the Nature and Designation of the Accent in Sanskrit[J]. *Transactions of the American Philological Association* (1869—1896), 1869, 1:20—45.

附表 1　玄奘译音中的增闭音节尾现象[①]

增入闭音节尾类型	梵语原词	玄奘译音
-t	*caitra*	制呾罗
	caritra	折利呾罗
	cīna-rāja putra	至那罗阇弗呾逻
	elā patra	医那钵呾罗
	cīna-deva-gotra	至那提婆瞿呾罗
	dharma-trāta	达磨呾逻多
	pūrṇa-maitrā yaṇī-putra	布剌拏-梅呾丽衍尼-弗呾罗
	su-varṇa-gotra	苏伐剌拏瞿呾罗
	vasu-mitra	伐苏蜜呾罗
	drāviḍa	达罗毗荼
	gr̥dhra-kūṭa	姞栗陀罗矩咤
	candra-prabha	战达罗钵剌婆
	krakucchanda	羯洛迦孙驮
	śūdra	戍达罗
	sūdra-piṭaka	素呾/怛缆
	udraka	嗢达洛迦
	guṇa-prabha	瞿拏钵剌婆
	prāg-bodhi	钵罗笈菩提
	prajā-patī	钵逻阇钵底
	pra-sena-jita	钵逻犀那恃多
	prayāga	钵逻耶伽
	gostana	瞿萨旦那
	sarva-artha-siddha	萨婆曷剌他悉陀
	aviddhakarṇa	阿避陀羯剌拏
	pūrṇa-varmā	补剌拏伐摩
	rājya-vardhana	曷逻阇伐弹那
	su-varṇa-gotra	苏伐剌拏瞿呾罗
	ajātaśatru	阿阇多设咄路
	kapilavastu	劫比罗伐窣堵

---

① 表中粗体即为增音发生的音节。有些词中不止一处增音,这些词会以增音产生的不同条件重复出现在不同分类中,每次只有属于该类的增音会被标粗。

续表

增入闭音节尾类型	梵语原词	玄奘译音
	krīta	讫利多
	śrikrītati	室利讫栗多底
	śrāvastī	室罗伐悉底
	śrī-gupta	室利毱多
	śrikrītati	室利讫栗多底
	śrīrāta	室利逻多
	mañjuśrī	曼殊室利
	yaṣṭi-vana	泄瑟知
	kausṭhila	拘瑟祉罗
	jyesṭha	逝瑟咤
	śveta-pura	湿吠多补罗
	śrāvaṇa	室罗伐拏
	śrāvastī	室罗伐悉底
	śrutaviṃśatikoṭi	室缕多频设底拘胝
	gṛdhrakūṭa	姞栗陀罗矩咤
	rājagṛha	曷罗阇姞利呬
	gośṛṅga	瞿室䔲伽
	vṛji	弗栗恃
	maitreya	梅呾丽耶
	kārtika	迦剌底迦
	mātrikā	摩怛/呾理迦
	āmra	庵没罗
	padma-rāga	钵昙摩罗伽
	vikrama-āditya-rāja	毗讫罗摩阿迭多
	muhūrtá	牟呼栗多
-p	*īśvara*	伊湿伐逻
	āśvayuja	頞湿缚庾阇
	īśvara	伊湿伐逻
	pārśvika	波栗湿缚
	avalokiteśvara	阿缚卢枳低湿伐罗
	áśvaghoṣa	阿湿缚窭沙
	áśvajita	阿湿婆恃

增入闭音节尾类型	梵语原词	玄奘译音
	maheśvara-pura	摩酰湿伐罗补罗
-*k*	*jyotiṣka*	珠底色迦
	bhāskaravarman	婆塞羯罗伐摩
	kaniṣka	迦腻色迦
	puṣkalāvatī	布色羯逻伐底
	phālguna	颇勒窭拏

附表 2　玄奘译音中的增辅音尾现象及其分类

增入闭音节尾类型	梵语原词	玄奘译音
第一类	***bhikṣu***	苾刍
	kali	羯利
	kṣaṇa	刹那
	laʋa	腊缚
	madhuka	末杜迦
	mahī	莫酰
	lakṣa	洛叉
	raja	刺阇
	naʋa	纳缚
	vakula/bakula	薄句罗
	yakṣa	药叉
	varuṇa	筏鲁拏
	sanat	萨捺
	ghanam	键南
	garuḍa	揭路荼
	yama	琰魔
	maṇi	末尼
	gaja	揭阇
	kapitha	劫比他
	surā	窣罗
	nakula	诺距罗
	khadiraka	朅地洛迦

续表

增入闭音节尾类型	梵语原词	玄奘译音
	harali	褐剌缡
	takṣa-śila	呾叉始罗
	vasu-bandhu	伐苏畔度
	vasu-mitra	伐苏蜜呾罗
	vana-vāsin	伐那婆斯
	kala-viṅka	羯罗频迦
	jina-putra	慎那弗呾罗
	mala-kūṭa	秣罗矩咤
	nadī-kāśyapa	捺地迦叶波
	kaṭa-pūtana	羯咤布呾那
	muci-linda	目真邻陀
	dhruva-paṭu	杜鲁婆跋咤
	guṇa-prabha	瞿拏钵剌婆
	hiraṇya-vatī	尸/呾赖拏伐底
	mahā-vana	摩诃伐那
	bhādra-pada	婆罗钵陀
	ajita-vatī	阿恃多伐底
	danta-laka	弹多落迦
	ajira-vatī	阿氏罗筏底
	candra-prabha	战达罗钵剌婆
	cīna-pati	至那仆底
	guṇa-mati	瞿那末底
	prajā-patī	钵逻阇钵底
	puṣkalā-vatī	布色羯逻伐底
	tamas-vana	答秣苏伐那
	tathā-gata-gupta	呾他揭多毱多
	kapila-vastu	劫比罗伐窣堵
	mara-kata	末罗羯多
	amalā	阿末罗
	saraṇa	娑剌拏
	sumana	苏末那
第二类	*chandaka*	阐铎迦

增入闭音节尾类型	梵语原词	玄奘译音
	gayā-kāśyapa	伽耶迦叶波
	pūraṇaḥ-kāśyapa	满迦叶波
	īśvara	伊湿伐逻
	kambala	颔钵罗
	ka-potaka	迦布德迦
	kātyāyana	迦多衍/延那
	licchavi	栗呫婆
	magadha	摩揭陀
	mālava	摩腊婆
	pippala	卑钵罗
	piṭṭaka	鞞铎佉
	rājya-vardhana	曷逻阇伐弹那
	prabhākara-vardhana	波罗羯罗伐弹那
	śākala	奢羯罗
	śyāmaka	商莫迦
	śāṇaka-vāsa	商诺迦缚娑
	sarpauṣadhī = sarpa-auṣadhī	萨褒杀地
	śrāvaṇa	室罗伐拏
	śruta-viṃśati-koṭi	室缕多频设底拘胝
	udumbara	乌昙/淡跋罗
	vi-rocana	毗卢折那
	vi-rūḍhaka	毗卢择迦
	nāraka	那落迦
	utpala	嗢钵罗
	nāyaka	那药迦
	vi-nāyaka	毗那药迦
	panthaka	半托迦
	iṅgata	因揭陀
	cūḍa-panthaka	注荼半托迦
	āgama	阿笈摩
	pūtanā	布怛那
	yojana	逾膳那

续表

增入闭音节尾类型	梵语原词	玄奘译音
	paṇḍaka	半择迦
	kosala	憍萨罗
	māṇavaka	摩纳缚迦
	viśvāntara	毗湿饭怛啰
	pipīlaka	比毕洛迦
	yugaṁdhara	逾健达罗
	nimiṁdhara	尼民达罗
	añjana	安膳那
	kaṭa-pūtana	羯咤布怛那
	maskarī-gośālī	末萨羯离瞿舍离
	puṣkalā-vatī	布色羯逻伐底
	mahoraga	莫/牟呼洛伽
第三类	*ācāra*	阿折罗
	kuśā-gāra-pura	矩奢揭罗补罗
	takṣaṇa	呾刹那
	kanaka-muni	羯诺迦牟尼
	kalala	羯剌蓝
	kuśi-nagara	拘尸那揭罗
	kanaka-muni	羯诺迦牟尼
	dhanya-kaṭaka	驮那羯磔迦
	khadiraka	朅地洛迦
	āmalaka	阿摩落迦
	vi-nataka	毗那怛迦
	udaka-khāṇḍa	乌铎迦汉荼
	caritra	折利呾罗
	śaśāṅka	设赏迦
	kaliṅga	羯陵伽
	mahoraga	莫/牟呼洛伽
	upa-deśa	邬波第铄
	asura	阿素洛
	kalala	羯剌蓝

Coda Epenthetic Type of Sanskrit Loanwords in Xuanzang's Transliteration

Zhang Yao

Abstract：Two types of epenthesis happen at syllable final position in Sanskrit loanwords in Xuanzang's transliteration，which can be further classified as close-syllable epenthesis and consonant epenthesis. related to coda position in Sanskrit loanwords transliterated by Xuanzang，divided according to occurring environments. Close-syllable can be epenthesized to break up the consonantal cluster in Sanskrit source words，when the coda of the epenthesized close syllable is firstly inserted as a placeless form and secondly acquires the place feature from adjacent consonants. Consonant can be epenthesized to represent the faithful perception of stressed light syllable and remnant of Vedic svarita.

Keywords：Sanskrit loanwords，syllable-final epenthesis，feature spreading，stress

通信地址：浙江大学紫金港校区文学院
邮　　编：310058
电子邮箱：zhangyao_crane@zju. edu. cn

宋金时代晋西南文人用韵考

田　森

内容提要　宋金时代晋西南地区文人诗、词、韵文用韵的韵母系统可归为 18 部,与同时期通语的韵母系统基本一致。但是,在 18 部之外还有不少特殊用韵,特殊用韵体现的语音特点对研究晋西南地区的语音史具有重要的参考价值。这些语音特点显示出晋西南方音在近千年的历史中一直比较稳定,还反映了中原语音对晋西南文人的影响。

关键词　宋金时代　晋西南　诗词　押韵　方音

一　引　言

田野调查材料显示,现代晋西南方言(或曰汾河片方言)属于晋方言和关中方言的过渡方言,学者们还论证了晋西南方音和唐宋西北方音的密切关系。丁治民先生(2002、2003)曾研究了金末元初晋西南平阳人侯善渊和稷山人段克己、段成己的诗词文用韵情况,归纳出 18 韵部,重点讨论了特殊韵例,概括出金末元初晋西南方音的韵母特点。本文在已有研究的基础上,基于韵字系联的方法,对宋金时代晋西南(相当于今天的临汾、运城两地)籍文人的诗、词、韵文用韵做全面考察,以管窥宋金时代晋西南方言韵母的语音特点。

本文考察所依据的文本包括:傅璇琮等先生编纂的《全宋诗》,唐圭璋先生编纂的《全宋词》《全金元词》,薛瑞兆、郭明志二位先生编纂的《全金诗》,阎凤梧先生主编的《全辽金文》(下文引用时分别标记为 A、B、C、D、E,字母后的数字为引文所在的页码)。根据这五种文本,我们共查得宋金时代晋西南籍文人 64 位,共勾稽出近体诗 2293 首(6440 韵次),古体诗 683 首(4751 韵次),词 497 首(3013 韵次),铭、赞类韵文 11 篇(114 韵次)。通过对韵脚字的系联和归纳,我们得到了宋金时代晋西南文人用韵的 18 韵部,其概貌如表 1 所示。表中"通押情况"以《广韵》同用、独用为标准,合乎同用的押韵归为分押,否则归为通押,此为我们归纳韵部的依据,表中的数字即为分押诸韵相押、通押诸韵相押的次数。表中"特殊用韵"栏说明的押韵情况既与《广韵》同用、独用不合,亦与本文归纳的 18 韵部不符。

表 1　宋金时代晋西南文人用韵之 18 韵部

韵部	对应《广韵》韵目以平赅上去	通押情况	近体诗	古体诗	词	韵文	合计	特殊用韵
支微	支脂之微齐祭废;鱼虞(部分)	分押	703	652	239	8	1602	与庚青部相押 1 次
		通押	147	199	225	1	572	

韵部	对应《广韵》韵目 以平赅上去	通押 情况	近体诗	古体诗	词	韵文	合计	特殊用韵
皆灰	灰咍泰佳皆夬	分押	458	86	103	2	649	与支微部相押 13 次
		通押	14	26	31	0	71	
歌戈	歌戈	——	158	127	60	0	345	与麻车部相押 2 次
麻车	麻,佳夬(部分)	分押	201	83	84	0	368	与月帖部相押 3 次; 与德质部相押 1 次
		通押	28	8	24	0	60	
尤侯	尤侯幽	——	377	304	243	1	925	
鱼模	鱼虞模,尤侯	分押	374	200	121	1	696	与东钟部相押 1 次
		通押	84	72	83	1	240	
萧豪	萧宵肴豪	分押	221	232	111	0	564	
		通押	12	44	100	0	156	
东钟	东冬钟	分押	378	146	88	1	613	与庚青部相押 6 次; 与真痕部相押 25 次
		通押	36	79	30	4	149	
江阳	江,阳唐	分押	434	189	184	46	853	与东钟部相押 2 次
		通押	4	2	7	0	13	
庚青	庚耕清青,登蒸	分押	620	247	143	0	1010	与侵寻部相押 4 次
		通押	110	85	90	2	287	
真痕	真臻谆文欣痕魂,元	分押	721	303	61	0	1085	与庚青部相押 13 次; 与侵寻部相押 2 次
		通押	51	57	30	0	138	
寒先	寒桓山删仙先,元	分押	874	473	323	16	1686	
		通押	80	129	151	1	361	
侵寻	侵	——	215	89	89	5	398	与东钟部相押 1 次
盐谈	覃谈盐添咸衔严凡	分押	110	28	0	0	138	与寒先部相押 11 次
		通押	9	33	2	0	44	
屋烛	屋沃烛,物德(部分)	分押	0	158	14	3	175	与德质部相押 3 次; 与支微部相押 1 次
		通押	0	77	23	0	100	
药铎	药铎	——	1	55	34	0	90	与月帖部相押 5 次
月帖	曷末黠辖月薛屑;觉;合洽 狎叶帖业乏	分押	9	111	61	17	198	月帖、德质部相押 37 次;月帖、德质与支微 部分别押 7 次、8 次; 月帖、鱼模相押 1 次
		通押	2	60	70	2	134	
德质	陌麦昔锡;职德;质术栉物 没;缉	分押	3	168	60	2	233	
		通押	2	158	58	0	218	

注:被统计材料中未见迄韵字和盍韵字。

本文研究的重点是宋金时代晋西南文人特殊用韵所反映的方音特点,同时也会述及晋西南方音和通语所共有的语音现象,具体讨论将从阴声韵、阳声韵、入声韵和异调相押四个方面展开。

二 阴声韵

(一)歌戈与麻车相押

宋金时代晋西南诗词中,果摄和假摄字是明显分开的,果假摄字相叶只有一例,即:

(1)赵鼎《役所寒食即事》$_{A18397}$ 叶:沙$_{麻}$哗$_{麻}$斜$_{麻}$他$_{歌}$嗟$_{麻}$。[1]

大约在 12 世纪中期,麻韵二、三等在中原雅音里已经分化成两类。南宋《增修互注礼部韵略》(成书于 1162 年)微韵后案语有云:"所谓一韵当析而为二者,如麻字韵自奢字以下,马字韵自写字以下,祃字韵自藉字以下,皆当别为一韵,但与之通用可也。盖麻马祃等字喉音,奢写籍等字皆齿音,以中原雅声求之,复然不同矣。"而在宋金晋西南文人用韵中,麻韵二等和三等混用不分,并且直至现代汾河片方言的白读中,麻韵三等的读音仍以[a][ia]为主,其主元音与麻韵二等相同。《切韵》时代,歌韵的音值为[a],而现代汾河片方言中,歌韵字大多数读[o],极少字读[a],"他"即是其中之一。因此,属于麻韵三等的"斜嗟"二字可以和歌韵的"他"相押。

歌麻相押还存在于金代山西的其他地区。根据丁治民先生(2003:111)的研究,晋城李俊民和太原元好问的作品中也存在歌麻相押的情况,包括歌韵字押入麻韵、麻韵字押入歌韵两种情况。所以,歌麻相混当是金代山西多地方音的共同特点。

丁先生(2003:111)还发现稷山人段成己的诗歌存在歌戈部和鱼模部相押的情况,即:

(2)《陈子正容安堂》$_{D四418-419}$[2] 第 22、24、26 句叶:堕$_{果}$污$_{暮}$过$_{过}$。

现代稷山方言中,歌韵字和部分模韵字的韵母相同。不过,鉴于"污"在《集韵》中还有去声过韵的异读,所以本文未将"污"与"堕过"相叶归为鱼模部与歌戈部混押的语例。

(二)佳夬与麻韵字相押

宋金时代晋西南文人用韵反映了中古音蟹摄二等佳夬韵里有一部分字已经转入麻韵。近体诗中,同麻韵字相叶的蟹摄二等字仅有一个"涯"字;古体诗和词中还包括了"佳画话"三个字,所涉诗词如下:

(3)司马光《君倚示诗有归吴之兴为诗三十二韵以赠》$_{A6147}$ 第 34、36、38 句叶:沙$_{麻}$佳$_{佳}$花$_{麻}$;

(4)房暐《送王升卿》$_{D四381-382}$ 叶:月缺别许苦雨马下写画$_{卦}$稼$_{祃}$驾;

---

[1] 小字表示韵脚字在《广韵》中所属的韵,部分语例还会标识开、合等。

[2]《全金诗》每册独立编排页码,如"四"表示第四册,下同。

（5）侯善渊《夜行船·设誓明言衷肠话》_{C509} 上阕叶：话_夬舍_马假价；

（6）侯善渊《西江月·寂静茅庵潇洒》_{C511} 叶：霞斜话_夬沙花下_马；

（7）侯善渊《西江月·尽被家缘担阁》_{C533} 叶：遮邪话_夬花霞夜_祃。①

不过，"涯佳画话"四个字仍然可以和蟹摄韵字相押，这是传统用韵影响文学创作的表现。今汾河片各方言点，"挂画话"这几个中古佳夬韵字的韵母是 ua/ua/uʌ 一类不带-i 韵尾的复合元音（秋谷裕幸，2020：198－199）。涯组字与麻韵字相押不只是汾河片方言的特点。北宋中原词韵中，这几个字已经完全并入麻韵二等（朱晓农，1989：73），《中原音韵》则将"涯画挂罢话"几个字收于家麻韵之下。

（三）支微与皆灰相押

宋金晋西南诗词押韵存在支微、皆灰押韵的情况，共 13 韵次，所涉语例如下：

（8）孙复《又赋十五夜月》_{A1988} 叶：期_之哀_咍时_之；

（9）司马光《燕台歌》_{A6011} 叶：哀_咍谁_脂时飞；

（10）司马光《景福东厢诗·观试骑射》_{A6096} 第 12、14、16、18、20 句叶：志臂_真碎_队侍_志使；

（11）王朋寿《类林百篇赞·禽兽虫鱼篇》_{E1920} 叶：微时宜_支推_灰非_微嘻；

（12）房暐《贫家女》_{D四381} 第 5、6、8 句叶：会态_代翠_至；

（13）段克己《癸丑中秋之夕，与诸君会饮山中，感时怀旧，情见乎辞》_{D四411} 第 21、22、24、26 句叶：再对碎_代废_废；

（14）段成己《赠研师寄寄翁》_{D四417} 第 14、16、18、20、22 句叶：宜私_脂坏_灰离_支漪；

（15）侯善渊《蓦山溪·男儿一志》_{C509} 叶：退队_至弃_至味_未计位地。

和支微部相押的皆灰部字，"哀态碍"属蟹摄开口一等咍韵系，"坏推碎退"属蟹摄合口一等灰韵系。中古的灰韵字和泰韵合口字在《中原音韵》里被并入齐微部，而咍韵字和泰韵开口字则被并入皆来部。朱晓农（1989：85）对北宋中原地区词的用韵情况统计后发现灰韵和泰韵合口字"约有五分之三在蟹辙中，五分之二在止辙"，秋谷裕幸（2020：394）据此推断"早在北宋时蟹摄合口一等转入止摄合口三等的语音演变已经完成了过半的过程"。宋金晋西南诗词中，"坏推"等字和中古止蟹摄细音字相押，这同宋元中原语音演变的趋势相合，而蟹摄开口一等同止蟹摄细音相押则不然，但这个特点还可以在今汾河片方言中找到遗迹，蟹摄开口一等字有极少数字韵母读作细音。"开来"，闻喜、运城、万荣、乡宁、侯马等地方言白读 i 韵母，临汾、洪洞、曲沃、翼城等地读 ie 韵母；"袋"在汾西_{城关}读 tʰ1⁵³（韩沛玲，2012：150；刘丹丹，2020：86、317、318）。而在晋方言五台、大包、上党片中，蟹摄牙喉音腭化发生在 18 世纪以后（乔全生，2008：160）。所以，蟹摄开口一等字读作细音当是宋金时期晋西南方音的一个重要特点。

（四）鱼模与支微相押

宋金晋西南文人用韵的一个特点是遇摄字和止蟹摄细音字的混押，止摄韵字同遇摄韵

---

① 多个语例一般按照作者所处时代前后排序，同一作者语例按引书页码排序。

字共叶 18 次(近体 2,古体 2,词 14);齐祭韵字同遇摄韵字叶 7 次。止摄韵字同鱼韵字相叶在唐代已经出现,绛州龙门诗人王绩《端坐咏思》_{《全唐诗》,1999:10902} 叶:噎之 如鱼 居虚书墟余舒。《唐五代西北音》揭示的对音材料表明止合口三等与遇摄合口三等同音(罗常培,2017:144－145),今汾河片方言白读中也存在止蟹合口三等读 y 的情况(秋谷裕幸,2020:393)。而在宋金晋西南诗词中,遇摄韵字同止蟹摄合口字通叶共 6 次,同开口字却相叶 19 次。遇摄韵字同止蟹摄开口相押的诗词具体如下:

> (16)司马光《送伊阙王大夫歌》_{A6020} 叶:衰知追曦施为之嬉时_{之开}野_语①熙_{之开};
>
> (17)段克己《满江红·重九日,山居感兴》_{C138} 叶:味稚_{至开}趣_遇矣_{止开}事累致翠记;
>
> (18)段克己《蝶恋花·寿卫生袭之》_{C140} 叶:未蕊地_{至开}趣_遇系_{霁开}味意置;
>
> (19)段成己《蝶恋花·卫生袭之生朝……》_{C155} 叶:未蕊地_{至开}趣_遇系_{霁开}味意置;
>
> (20)段成己《蝶恋花·明日,卫生见和,复次韵》_{C155} 叶:未蕊地_{至开}趣_遇系_{霁开}味意置;
>
> (21)侯善渊《洞天春·剖判初分》_{C510} 叶:仪飞离微奇_{支开}同_鱼辉机归;
>
> (22)侯善渊《黄莺儿·欢喜欢喜》_{C512} 叶:喜计底系际_{祭开}去_御;
>
> (23)侯善渊《酹江月·浮生似梦》_{C520−521} 叶:许_语系_{霁开}替翳计缀致桂;
>
> (24)侯善渊《益寿美金花·混元一炁》_{C528} 叶:炁济珑沉蒂_{霁开}去_御心金;
>
> (25)侯善渊《益寿美金花·固穷妙理》_{C529} 叶:理底凝清丽_{霁开}去_御元先;
>
> (26)侯善渊《西江月·务本颐生至理》_{C534} 叶:机疑趣_遇池枝视_{至开};
>
> (27)侯善渊《夜行船·可惜芳年穷妙理》_{C539} 叶:理_{止开}主_虞雨语委水;
>
> (28)侯善渊《七言绝句一百五首·其五十五》_{D二287} 叶:期机_{微开}同_鱼;
>
> (29)侯善渊《七言绝句六十首·其三十四》_{D二308} 叶:夷机_{微开}拘_虞。

宋元韵图对遇摄字的开合处理不一致,《切韵指掌图》将遇摄归为合口独摄,《韵镜》将鱼韵归为开口、虞模两韵归为合口。但即使按照《韵镜》的开合标识,上文所示的 14 首诗词中仍有 7 首存在开合混押,即例(17)(18)(19)(20)(26)(27)(29)。

受限于当时方言调查材料,丁治民先生(2002:19)认为鱼模韵押入支微部在"在今晋南方言中已消失,只在晋东南方言区晋城片高平点中还有一点痕迹"。其实,今汾河片方言中还有鱼模韵混入支微部的遗迹,笔者家乡(山西侯马)土语中"去"读作开口 tɕʰi⁵³,而根据刘丹丹的调查(2020:93、314),"去"读作 tɕʰi 还存在于临汾、乡宁、襄汾、曲沃、翼城、古县等地,"女"在翼城_{城关}、吉县_{柏山寺}方言中白读为[iɿ]韵母。除方言外,晋西南传统戏剧蒲剧中还可以见到鱼模韵混入支微部。张钰(2010:23、34)发现蒲剧中的支虞部"主要包括《广韵》的之韵,支、脂、齐、微、祭等韵的开口字,入声烛、质、术、物、迄、辖、陌、昔、锡、职、缉等韵的部分字,以及虞、鱼韵的部分字","鱼虞居韵没有与模姑胡韵相押,却与支思机韵相押 78 次","鱼虞居韵应与支思机韵同部,押支虞部;模姑胡韵独自成部,押姑模部"。蒲剧用韵说明宋金时代鱼模韵押入支微部不是偶然现象,考虑到蒲剧诞生于明代前中期(张烽、康希圣,1983:1),所以鱼模混入支微的现象应当在明代中期还广泛地存在于晋西南地区。

---

① 该诗第 19、20 句为:"予愿解冠弃佩兮,受一廛于伊之野。"野,《广韵》有二切,承与音;义"田野";羊者切,义"田野",《说文》云郊外也"。《集韵》又收有"演女切",义"郊外曰田野"。鉴于被统计材料中有歌戈、麻车相押语例,而未另见止摄字同麻韵字相押的语例,故本文取"演女切"。

(五)尤侯与鱼模相押

宋金晋西南诗词存在尤侯韵与鱼模韵混押的情况,丁治民先生(2002:19)认为这应是方音的反映,而且"侯、段的方言比现代方言还要复杂,因为遇摄不仅限于一等,而且三等也与流摄相押"。除了一等、三等相押外,尤侯韵与鱼模韵混押还有一个特点,即同遇摄相押的流摄字为牙喉音字、舌齿音字,所涉诗词为:

(30)段克己《满江红•清明与诸生登西硇柏岗》_{C137} 叶:住_遇 旧_宥 九_首 口_酒 候_候 去_语 许;

(31)段克己《渔家傲•不是花开常欷酒》_{C141} 叶:酒_有 暮_暮 句 住缕雾觑处去雨;

(32)段克己《渔家傲•诗句一春浑漫与》_{C142} 叶:与土缕絮语所处去住_遇 后_厚;

(33)段克己《渔家傲•断送春光惟是酒》_{C142} 叶:酒手就皱溜丑旧后_厚 举_语 瘦_宥;

(34)侯善渊《首》_{D二351} 叶:首牖斗_厚 主_麌 肘_有 口有。

引文中的流摄字"旧后"属牙喉音,"酒瘦肘"属舌齿音;遇摄字"住主"属舌齿音,"举"属牙音,"暮"属唇音。

宋代音释及押韵材料中,流摄和遇摄相混一般限于唇音,而根据丁治民先生(2003:112)的研究,在宋金时期及更早时代的山西诗、词、韵文材料中,尤侯韵唇音字押入鱼模韵的现象都是非常少见的,这表明此时期晋西南方音中尤侯韵的唇音字可能还未与鱼模韵合流。传统蒲剧和今汾河片方言中也存在流摄字读如遇摄字、遇摄字读作流摄字的情况,其条件是流摄尤侯韵唇音字转入遇摄、遇摄模韵泥精组字和鱼虞韵庄组字转入流摄(乔全生,2008:157)。鉴于蒲剧诞生于明代前中期,尤侯韵的唇音和鱼模韵在晋西南方言中合流可能发生于明代前中期。

三 阳声韵

(一)跨摄同部位韵尾相混

1. -ŋ韵尾字

宕江摄韵字混押、曾梗摄韵字混押在两宋诗词韵文中比较常见,宋金晋西南诗词用韵也反映了这一情况。宕江摄韵字混押计 13 次(近体诗 4 次,古体诗 2 次,词 7 次),而江摄字自相押韵不过 6 次(近体诗 6 次)。曾梗摄韵字混押计 57 次(近体诗 12 次,古体诗 26 次,词 19 次),而曾摄字自相押韵 47 次(近体诗 24 次,古体诗 21 次,词 2 次)。"曾/梗分立,曾摄与通摄舒声的后鼻韵尾前化并入臻、深摄,梗摄舒声失落鼻尾变为阴声韵"是汾河片闻喜方言白读音和西夏对音文献所反映的西北方音的共同特点之一(王洪君,1987:24),闻喜人赵鼎的诗词中就未出现曾梗摄韵字相混的情况,但总的来看,宋金晋西南文人并未将"曾/梗分立"这一方音特点带入文学创作中。根据薛凤生先生的研究(1991:258—260),宕江摄混并产生于中唐洛阳一带,曾梗摄混并发生于宋初汴洛一带,从诗词用韵看,宋金晋西南文人接受了中原雅音的宕江混并、曾梗混并。

今汾河片方言异于中原官话其他片的一个特点是新绛、万荣话中古宕江曾梗通合为一套韵母,aŋ,əŋ,iaŋ,iŋ,uaŋ,uŋ,三对韵母不分(侯精一,2002:28)。这个特点在北宋甚至唐代就已现端倪。从宋金晋西南诗词押韵的情况看,通摄、宕江摄、曾梗摄虽然仍旧维持着三分,但存在少量通梗摄韵字混押、通宕摄韵字混押的例子,即:

(35)司马光《瞻彼南山·其三》$_{A6050}$ 叶:枞逢噰䲔雍恭$_{钟}$明$_{庚}$融$_{东}$;

(36)侯善渊《上平西·启玄精》$_{C541}$ 叶:中融蓉宫空珑$_{东}$清$_{清}$风$_{东}$;

(37)刘志渊《江神子令·一江九曲虎龙奔》$_{C577}$ 叶:奔雄融坤空$_{东}$弘$_{登}$穷$_{东}$踪通风;(以上三例通梗混押)

(38)侯善渊《西江月·迷则身沉苦海》$_{C533}$ 叶:江香梦$_{送}$阳昌上$_{漾}$。(通宕混押)

侯善渊词中的通宕摄韵字混押不是晋西南方音在金代才出现的,早在唐代柳宗元(河东人)诗中就已经出现,四言古体诗《方城命愬守也卒入蔡得其大丑以平淮右》$_{《全唐诗》,1999:3928-3929}$第66、68、70、72句叶:功庸$_{钟}$邦江$_{从钟}$;又79、80句叶:功$_{东}$方阳。所以,uaŋ/uŋ不分当是晋西南方音从古至今的一个特色,其历史超过了一千年。

2.-n 韵尾字

元韵和臻、山摄诸韵都带-n韵尾。宋金晋西南诗、词、韵文中,元韵字既与臻摄字相押,也与山摄字相押。

关于元韵同臻、山二摄的亲疏,《广韵》要求元韵与魂、痕同用,但唐代诗歌中就已经出现元韵和山摄六韵混押的情况(鲍明炜,1990:191),而北宋中原地区的词中,元韵字和山摄字混押明显增多,且以开合、声组为条件和山摄字进行了重组,桓韵和元韵合口、元韵非组字归并为一辙,仙先二韵和元韵开口归并为一辙(朱晓农,1989:61)。本文统计的材料中,元韵字自相押韵51次(近体22次,古体诗28次,词1次),同山摄韵字相押93次(近体20次,古体诗48次,词25次),同臻摄韵字相押97次(近体46次,古体诗51次)。元韵字仍同臻摄韵字相押乃是受到了韵书同用、独用规则的影响,但元韵在实际语音中已经转入山摄。不过,宋金晋西南文人用韵并未像北宋中原词韵一样显示出元韵发生了分化,例如元韵合口字同桓韵相押6次、同先仙二韵字相押32次,参见表2。表中"/"前后分别是近体诗和"古体诗+词"的押韵次数(铭、赞中无元韵韵脚字)。

表 2　元韵开口、合口及非组字同山摄诸韵的押韵次数

元(非)	元开	元合	寒	桓	删	山	先	仙	
3/3	1/4	5/11	0/1	0/4	2/6	0/7	0/2	1/6	元(非)
	2/1	4/7	1/1	1/0	0/0	0/0	4/4	3/5	元开
		7/3	1/1	0/6	1/1	0/3	3/10	3/16	元合

(二)-m、-n、-ŋ 三类韵尾字的混押

宋金时代晋西南的诗、词、韵文中,-m和-n尾韵字相押13次,其中,咸山摄韵字混押11次(古体3次,词8次),臻深摄韵字混押2次(近体1次,词1次);-m和-ŋ尾韵字相押3次,其中,深梗摄韵字混押2次(词2次),深通摄韵字混押1次(词1次);-n和-ŋ韵尾字相押共36次,其中,臻通摄韵字混押25次(古体11次,词14次),臻梗摄韵字混押7次(古体2次,

词4次,文1次),臻梗摄韵字相混4次(近体2次,词2次)。-m尾韵字相押韵次合计580次(近体334次,古体150次,词91次,文5次),而-m与-n、-ŋ尾字相押合计只有14次,可见-m韵尾在当时仍是比较稳定的。-n尾韵字相自押韵3272次(近体1726次,古体964次,词565次,文17次),-ŋ尾韵字自相押韵2828次(近体1484次,古体749次,词542次,文53次),-n、-ŋ鼻音韵尾混押次数较低也说明-n和-ŋ仍在音系中保持着对立。需要强调的是,宕江摄江阳唐三韵字没有出现和-n、-m韵尾字相叶的情况。

不同阳声韵尾的混押早在唐代晋西南文人诗作中已经出现了,如司空图《虞乡北原》$_{《全唐诗》,1999:7321}$ 叶:狞$_{庚}$耕$_{耕}$金$_{侵}$;杨巨源《和刘员外陪韩仆射野亭公宴》$_{《全唐诗》,1999:3730}$ 叶:簪沉$_{侵}$声清$_{清}$心$_{侵}$林。这说明宋金时代晋西南文人作品中不同韵尾的阳声韵混押也是一项古已有之的方音特色。

此类相混中,通摄字和臻摄字相叶次数较高,且混押集中于侯善渊(诗5首,11次;词9首,10次)和刘志渊(词2首,4次)的作品之中,丁治民先生(2002:19－20)结合现代汾河片方言将侯氏诗词里的通、臻两摄字合并为一个东真部,并指出通、臻两摄在金末元初的晋西南方言中完全合流。不过,就本文的统计材料而言,绝大多数作家未将通臻不分这一方音特点带入到文学创作中,故本文仍将通、臻两摄字各归为一个韵部。

不同韵尾之间跨韵部混押的一般情况是:洪音和洪音字混押,细音和细音字混押。但是,被统计材料中存在洪音和细音的混押现象,这种情况主要集中于侯善渊的作品之中,所涉诗词如下:

-n:-ŋ

(39)赵鼎《怨春风·闺怨》$_{B942}$ 叶:莹影$_{梗三}$恨$_{恨一}$冷病粉闷困;

(40)侯善渊《声声慢·刚强柔弱》$_{C506}$ 叶:同$_{东一}$贫$_{真三}$门人人尊伦巾;

(41)侯善渊《诉衷情·古今多少利名人》$_{C513}$ 叶:人$_{真三}$功$_{东一}$空中童风;

(42)侯善渊《诉衷情·众生薄福乐真闻》$_{C513}$ 叶:闻$_{文一}$功$_{东一}$空中风通;

(43)侯善渊《减字木兰花·秋风浩浩》$_{C514}$ 叶:浩绕花家郁室春$_{谆三}$同$_{东一}$;

(44)侯善渊《长思仙·勿行功》$_{C516}$ 叶:功$_{东一}$神$_{真三}$真尘身人轮春;

(45)侯善渊《长思仙·既为人》$_{C516}$ 叶:人循$_{谆三}$能$_{登一}$尘$_{真三}$真神轮纯;

(46)侯善渊《南柯子·决列心清操》$_{C539}$ 叶:真$_{真三}$坑$_{庚二}$清明成星;

(47)侯善渊《龙》$_{D二352}$ 叶:龙群雄风$_{东三}$坤$_{魂一}$仑闻;

(48)侯善渊《彔》$_{D二358}$ 叶:彔动用缝弄$_{送一}$近$_{隐三}$韵;

(49)刘志渊《江神子令·一江九曲虎龙奔》$_{C577}$ 叶:奔$_{魂一}$雄$_{东三}$融$_{东三}$坤$_{魂一}$空$_{东一}$弘穷踪通风。

-n:-m

(50)段克己《南乡子·寿县大夫薛君宝臣》$_{C146}$ 叶:全偏传$_{仙三}$官$_{桓一}$廉$_{盐三}$怜弦年;

(51)侯善渊《无梦令·愁对碧溪南岸》$_{C509}$ 叶:岸限见叹$_{翰一}$泛$_{梵三}$;

(52)侯善渊《甈华胥·古岸蟠桃初绽》$_{C538}$ 叶:绽灿盼叹$_{翰一}$梵$_{梵三}$;

(53)侯善渊《真人》$_{D二323}$ 叶:尊$_{魂一}$林$_{侵三}$音;

(54)侯善渊《闲》$_{D二355}$ 叶:闲$_{山二}$凡$_{凡三}$寰$_{删二}$攀关山间。

-m:-ŋ

(55)侯善渊《益寿美金花·混元一炁》$_{C528}$ 叶:炁济珑$_{东一}$沉$_{侵三}$蒂去心金。

　　汉语诗歌韵文押韵的基本规则是韵基(韵腹＋韵尾)相同,像《诗经》中通转、旁转等特殊用韵,则要求韵腹和韵尾至少有一者相同或相似。由此推断,宋金晋西南文人诗词阳声韵字洪细相押意味着相关韵字的主元音相同或相似。这个推断可以和根据现代方言重建的原始音系相互印证,秋谷裕幸(2020:396－405)将原始汾河片方言中的通摄、臻摄、曾摄和深摄舒声字的主元音构拟为相同的*ə,将梗摄舒声开口三四等的韵母构拟为*iæ̃,将咸山两摄舒声字的主元音构拟为*a。

(三)阳声韵字与阴声韵字相押

　　本文主要统计的五种文本中,阳声韵字与阴声韵字相押仅两例,即:

　　　　(56)侯善渊《益寿美金花·灵源虚静》$_{C528}$ 叶:静镜光常性$_{劲}$始$_{止}$全然;

　　　　(57)侯善渊《益寿美金花·回头省悟》$_{C530}$ 叶:悟$_{暮}$梦$_{送}$真尘静莹神春。

　　关于这两例在今汾河片方言中的语音证据,丁治民先生(2002:21)已经说明,此不赘述。侯善渊诗中这两例阳声韵字与阴声韵字相叶反映了曾、通摄韵字韵尾在彼时晋西南方言中可能已经脱落。

　　除了曾、通摄韵字和阴声韵字相混外,北宋河东人杨献民残存的诗句还反映了唐韵字和歌韵字相混,张师正《倦游杂录》卷五"语讹"条云:"关右人或有作京师语音,俗谓之獠语,虽士大夫亦然。有太常博士杨献民,河东人,是时鄜州修城,差望青斫木,作诗寄郡中寮友。破题曰:'县官伐木入烟萝,匠石须材尽日忙。'盖以乡音呼忙为磨,方能叶韵,士人而徇俗不典,亦可笑也。""萝"是歌韵字,"忙"是唐韵字,歌、唐不能相押,而"磨"是戈韵字,歌、戈同用。杨献民的乡音中,"忙""磨"同音,故杨氏以"忙"韵"萝",这说明唐韵已经失去了鼻音韵尾。这个现象与唐宋时代西北方音宕摄字读同歌韵相一致(乔全生,2008:190－194),而在今汾河片中,许多宕摄字伪读作阴声韵,但"忙"字读音却普遍带有-ŋ韵尾,只是霍州、翼城等少数土语读作阴声韵或鼻化韵。"忙"字在晋西南方言中古今阴阳转换的具体原因还不清楚,值得进一步研究。

四　入声韵

(一)入声韵部之间的混押

　　一般认为,通、江、宕、梗、曾五摄入声带-k韵尾,臻、山两摄入声带-t韵尾,深、咸两摄入声带-p韵尾。我们考察的材料中,-p、-t、-k三类入声韵字之间存在大量混押,特别是-p类同-t、-k类韵字相押的次数(计64次)已经超过了-p类韵尾字自相押韵的次数(计40次)。不同塞音韵尾字的混押在北宋时代已经出现,如:

　　　　(58)司马光《今古路行》$_{A6222}$ 叶:测$_{职}$客$_{陌}$侧$_{职}$邑$_{缉}$益$_{昔}$直$_{职}$翼$_{职}$立$_{缉}$忒$_{德}$棘$_{职}$迹$_{昔}$僻$_{昔}$逼$_{职}$色$_{职}$陌$_{陌}$失$_{质}$识$_{职}$魄$_{铎}$。

　　一首诗内就出现了三类塞音韵尾字相叶,这表明三类塞音韵尾对立在宋金时代晋西南方音中已经消失。除了塞音韵尾消失外,四个入声韵部之间的互押也值得关注。

1. 月帖、德质两部的关系

月帖、德质两部相押 37 次,这之中又以古山摄同曾梗摄入声字相押为主,计 29 次(古体诗 4 次,词 25 次)。由于相押次数较高,似乎月帖、德质两部应当合并,或者说古山摄入声字至少有一部分字应与曾梗摄入声字同属一部。这个问题需要结合具体的韵脚字和方音作一番讨论。

山摄入声和曾梗摄的陌、麦、昔、职四韵相叶,所涉山摄入声字如下:月$_月$、铁洁$_屑$、彻折灭说辙缺$_薛$,以上与陌韵相押;阙$_月$、括$_末$、节结$_屑$、雪灭裂折$_薛$,以上与麦韵相押;洁节楔$_屑$、说$_薛$,以上与昔韵相押;阔$_末$、诀$_屑$、雪裂$_薛$,以上与职韵相押。所涉山摄入声字以三四等字为主(只有两个一等字,即括、阔),而这些字中的"月洁彻说缺结雪诀"诸字又可与咸摄入声字相押。和山摄入声字相押的曾梗摄入声包括:白赫客貊$_陌$、脉摘册策隔$_麦$、尺惜昔$_昔$、色臆息$_职$。既有洪音字,又有细音字。

秋谷裕幸(2020:396－405)的构拟认为:咸山两摄入声开口三四等细音均读作 *iəʔ,山摄入声合口三四等一般读作 *yəʔ,月韵非组读作 *aʔ,见晓组读作 *yəʔ;陌麦韵读作 *æʔ,昔韵读作 *iʔ̣,职韵庄组读作 *æʔ,其他职韵字读作 *iʔ 或 *iʔ̣。从构拟方案的主元音来看,除月韵非组外,咸山摄入声无疑更加接近,而山摄入声字则不宜与曾梗摄入声字并为一部。

今汾河片方言陌、麦及职韵庄组字一般派入假摄,主元音多读 a/ɛ。不过,现代汾河片方言的部分土语存在曾梗摄入声读 ə 的情况。其中,陌、麦及职韵庄组字(宋元韵图都排在二等位置)的韵母在现代汾河片方言的土语中读作 ə 或 iə,但昔韵和职韵庄组以外的字的韵母没有读作 ə 或 iə 的,参见表 3。虽然有学者认为汾河片方言中陌、麦韵字及职韵庄组字主元音读 ə 是在较晚的时代才形成的,因为许多土语还未演变成 ə(乔全生,2008:241),但宋金晋南文人的用韵表明部分曾梗摄入声字和山摄入声字相押应有实际语音支持。这个现象反映了当时晋西南方言内部入声韵演变的复杂性。

表 3　曾梗摄入声字在汾河片方言点的读音举例

	白	客	脉	摘	册	尺	惜	色	只
霍州	pʰiə	kʰiə	miə	tsə	tsʰə	tʂʰʅ	ɕi	sə	tsʅ
临汾	pʰə	kʰə	mə	tʂə	tsʰə	tʂʰʅ	ɕi	ʂə	tsʅ
新绛	pʰei	kʰe	mei	tsei	tsʰei	tʂʰʅ	ɕi	sei	tsʅ
翼城	pei	kʰə	mei	tʂei	tsʰei	tʂʰʅ	ɕi	ʂei	tsʅ
万荣	pʰia	tɕʰiɛ	mia	tʂa	——	tsʰʅ	ɕi	ʂa	tsʅ
韩城	pʰei	kʰei	mei	tsei	tsʰei	tʂʰʅ	ɕi	sei	tsʅ
合阳	pʰɪ	kʰɪ	mɪ	tsɪ	tsʰɪ	tʂʰʅ	si	sɪ	tsʅ

注:表中各方言点语音材料皆取自秋谷裕幸(2020),引用时删去了声调,秋谷氏书中未收录"臆""息"二字方言读音,故引用职韵章纽字"只"以示之。

2. 觉韵归属，以及药铎、月帖两部的关系

宋金晋西南文人的作品中存在中古觉韵字与咸山摄入声押韵的情况，但未见觉韵字和宕摄入声字相押的情况，这和通语中觉韵与宕摄药、铎两韵合为一部不同。所涉诗词皆为侯善渊所作：

(59)《望远行·太玄妙诀》$_{C541}$ 上阕叶：诀$_{屑}$说$_{薛}$觉$_{觉}$彻$_{薛}$月$_{月}$缺$_{薛}$；

(60)《七言绝句六十首·其十九》$_{D二307}$ 叶：匝$_{合}$角$_{觉}$发$_{月}$；

(61)《觉》$_{D二354}$ 叶：觉$_{觉}$匝$_{合}$朴$_{乏}$法$_{乏}$瞎$_{辖}$邈$_{觉}$撒$_{曷}$；

(62)《蛇》$_{D二356}$ 叶：蛇$_{马}$八$_{黠}$啄$_{觉}$雅$_{马}$觉$_{觉}$撒$_{曷}$匝$_{合}$。

丁治民先生(2002:20—21)将觉韵和咸山入声韵归为月帖部，并指出这个特点在今天的晋西南方言中已经找不到踪迹了。根据秋谷裕幸(2020:209—223)的调查，今霍州、新绛、翼城方言白读里，中古觉韵字有四个字读作[a ia]韵(即"角饺剥桌")，这和宕江摄绝大多数入声字读音不同，而与咸山摄的一部分入声字读音相同。这几个读[a ia]韵的觉韵字，或许正是觉韵字与月帖部混用的残迹。

需注意的是，段克己、侯善渊的作品中还存在月帖、药铎两部互押的现象，相关月帖部韵脚字都来源自山摄一等末韵：

(63)段克己《兴上人驻锡姑射之麓，他日邀余所居之静乐斋勉为赋此》$_{D四391}$ 叶：脚$_{药}$壑$_{铎}$寞$_{铎}$薄$_{铎}$落$_{铎}$钵$_{末}$缚$_{药}$药$_{药}$错$_{铎}$乐$_{铎}$凿$_{铎}$著$_{药}$廓$_{铎}$；

(64)侯善渊《樟樟樟·锐出玄精终宵末》$_{C512}$ 叶：末$_{末}$恶$_{铎}$过可作错个我；

(65)侯善渊《樟樟樟·玄溟精心从初末》$_{C512}$ 叶：末$_{末}$恶$_{铎}$过可作错个我；

(66)侯善渊《一叶舟·万象冲开寥廓》$_{C537}$ 叶：廓托金心豁$_{末}$约$_{药}$琳岑。

秋谷裕幸(2020:399—402)认为宕摄入声字的韵母在原始汾河片方言中一般读作 *ɕoʔ/ *ɕiʔ；而山摄合口一等末韵的帮组字韵母读作 *ɕoʔ，其余字的韵母读作 *ɕuɤ，和山摄其他合口入声字的韵母 *uaʔ/ *yɤʔ 不同。段、侯二人作品中的月帖、药铎两部互押反映了至少部分末韵字和宕摄入声字的韵基在金代晋西南土语中的读音一致，这印证了秋谷先生的构拟，而末韵字和宕摄入声字主元音在今临汾①方言中多读 ɔ 的历史或许可以上溯至金代。

3. 屋烛、德质两部的关系

宋金晋西南文人的作品中存在屋烛、德质两部互押的情况：

(67)麻革《送杜仲梁东游》$_{D四277—278}$ 第13、14、16句叶：骨$_{没}$黢$_{烛}$腴；

(68)段克己《满江红·登河中鹳雀楼》$_{C137}$ 叶：矗续$_{烛}$迹$_{昔}$急客隔$_{昔}$碧窄；

(69)段成己《满江红·偶睹春事阑珊，谨用遯庵登鹳雀楼韵，以写所怀》$_{C147}$ 叶：矗续$_{烛}$迹$_{昔}$急客隔$_{昔}$碧窄。

以上三例可以分成两类，一类是例(67)通摄入声合口三等知章组字和臻摄入声合口一等没韵字互押，另一类是例(68)(69)通摄入声合口三等精组字和梗摄入声开口三等昔韵字相押。

秋谷裕幸(2020:400、405)将原始汾河片方言里的通摄三等屋烛韵非组字韵母构拟为 *uʔ，将知章组字韵母构拟为 *ɕueʔ，将其余字的韵母构拟为 *yʔ；而臻摄入声合口一等没韵字的韵母被构拟为 *uʔ/ *ʊʔ，梗摄入声开口三等昔锡韵字韵母被构拟为 *iʔ。以这个构拟方案

---

① 侯善渊隐居的姑射山即在今临汾市尧都区。

论之,屋烛、德质两部互押的三个例子反映了相关韵字语音相近,但音值仍有差异。不过,结合鱼模韵押入支微韵的事实,例(67)(68)可能显示的是塞音韵尾消失后,烛韵部分字和昔韵读音相同了,而传统蒲剧支虞部就包括了部分烛韵和昔韵字(张钰,2010:23)。

(二)舒入相押

宋金时代晋西南文人的诗、词、韵文中,舒声韵和入声韵共相押 22 次,所涉舒声韵皆为阴声韵,共涉及 15 首诗词,即:

(70)司马光《道傍田家》$_{A6015}$ 叶:白息箕$_之$稷$_职$家$_麻$腹足;

(71)司马光《送李汝臣同年谪官导江主簿》$_{A6016}$ 第 22、24、26 句叶:跬$_纸$嶷$_职$鄙$_旨$;

(72)司马光《怀素书》$_{A6031}$ 第 1、2、4 句叶:稀遗$_脂$轴$_屋$;

(73)司马光《和仲通追赋陪资政侍郎吴公临虚亭燕集寄呈陕府祖择之学士》$_{A6040}$ 第 12、14、16、18、20 句叶:折缬$_屑$芮$_祭$说$_薛$烈;

(74)司马光《夏夜》$_{A6050-6051}$ 叶:叠叶$_叶$惬频猎$_叶$蔺荠浥$_缉$;

(75)司马光《赠道士陈景元酒》$_{A6052}$ 叶:叶惬蔺荠惬$_帖$接;

(76)司马光《谢王道济惠古诗古石器》$_{A6053}$ 叶:济意器际$_祭$厕月$_月$思$_志$世智市类愧;

(77)段克己《岁己酉春正月十有一日……四篇—其二》$_{D四389-390}$ 叶:鹘烈穴绝$_薛$泄$_祭$餮$_屑$血决劣说辙咽;

(78)元吉《自葫芦河至居庸关》$_{D四531}$ 第 2、4 句叶:绁$_祭$色$_职$;

(79)侯善渊《醉江月·茅庵潇洒》$_{C520}$ 上阕叶:僻$_昔$计$_霁$世契;

(80)侯善渊《渔家傲·百岁光阴如奔骑》$_{C534}$ 上阕叶:骑$_寘$陈$_陌$力息的;

(81)刘志渊《水龙吟·宦途驰骤心贪职》$_{C574}$ 上阕叶:职毕$_质$济$_霁$遂计味;(以上 12 例,止蟹摄字同-p、-t、-k 三类入声韵字相叶)

(82)麻革《题李氏寓酒轩》$_{D四280-281}$ 第 35、36、38 句叶:遇去$_御$月$_月$;(鱼韵字同-t 类入声韵字相叶)

(83)侯善渊《减字木兰花·淫声美色》$_{C515}$ 叶:色$_职$舍$_马$妻伊欲玉金寻;(麻韵字同-k 类入声韵字相叶)

(84)侯善渊《姹》$_{D二356}$ 叶:姹$_马$八$_黠$啄$_觉$雅$_马$觉$_觉$撒匝。(麻韵字同-t、-k 两类入声韵字相叶)

以上 15 例表明宋金时代晋西南语音中已经不能分辨-p、-t、-k,甚至反映了塞音韵尾已经消失。15 例中有两例还需单独说明。

例(72)“遗”在中古音属脂韵开口,“轴”属合口屋韵,它们的混押似不合理。“轴”应当失去了塞音韵尾,而且转入了遇摄之中(《中原音韵》的鱼模韵入声作平声就收有“轴”),所以“遗”“轴”的相押类似于鱼模与支微相押。

例(84)马韵与黠、觉韵相押同属二等韵押韵,而例(83)则是二等马韵和三等职韵字相押。“色”字被宋元韵图排在审纽二等的位置,“色”字已经属于洪音了。而今汾河片万荣方言中“色”读 ʂa,而万荣方言中的“马”读 ma,秋谷裕幸(2020:390、403)把原始汾河片方言麻韵开口二等牙喉音以外的字的韵母构拟为 *a,职韵庄组字韵母构拟为 *æʔ,“色”“马”二字的主元音音值接近,与例(83)的职、马相押相印证。

五　异调相押

全浊上声归去声是近代汉语语音的一项重要音变,诗、词、韵文材料也有所体现,即全浊上声字和去声字通押。宋元诗歌中的上去相押并非罕例,宋金晋西南古体诗及韵文中的上去声韵字相押共 117 次,合计 60 字,其中,全浊上声 31 字:动近技市峙浼似士荠绔牝存卷缓断睨善兆道祸惰堕社强幸静咎后像象荡;次浊上声 11 字:靡美挽暖眼老我么马蕊里;全清上声 16 字:踵纸髓委纪鬼子鼠暑海早洒舍掌狗广;次清上声 2 字:垲取。这种情况不能确证全浊上声转入去声,因为全清、次清、次浊上声字也可与去声字相押。而且,汾河片方言古全浊上声字的演变规律和通语并不一致,在汾河片方言的一些方言点中,如侯马、闻喜、洪洞、霍州等地,古全浊上声字和古清音上声字、去声字仍属于不同的调类(包旭玲,2008:5),所以宋金晋西南古体诗及韵文中的上、去声韵字相押不宜视为是方音影响的结果。

宋金时代晋西南诗、词、韵文中还存在平上相押的例子,即:

(85)司马光《送伊阙王大夫歌》 A6020 叶:衰知追曦施为之嬉时之野语熙之。

由于语例太少,平上相押是否反映了方音还难以确定。而且,虽然现代汾河片方言的一些方言点中,如洪洞、汾西等地,阴平字和上声字的调型相近,但在司马光的家乡夏县,阴平、阳平和上声的调型都不相同(包旭玲,2008:2)。

六　结　语

宋金时代晋西南文人用韵为 18 部,和通语韵系 18 韵部大体相当,这表明通语对当时晋西南文人的诗、词、韵文创作有重要影响。不过,即使像司马光、赵鼎等深受科场用韵规范影响的名士,他们的用韵仍然或多或少流露出当时晋西南语音的特点,而金末道士侯善渊不追求科场功名,创作诗词时受到的限制少,其诗词用韵反映了更多的方音特点。结合古今材料可知,宋金时代晋西南的诗、词、韵文中特殊用韵反映的语音特点在今天汾河片方言中还大体保留着,这说明晋西南方音具有较强的稳定性,近千年来一直维持着自身的特色。

征引书目

宋·毛晃、毛居正《增修互注礼部韵略》,北京图书馆出版社影印版,2005。

宋·张师正《倦游杂录》,全宋笔记第八编第 9 册,大象出版社,2017。

清·彭定求《全唐诗》(增订本),中华书局,1999。

《全宋诗》,傅璇琮等主编,北京大学出版社,1991。

《全宋词》,唐圭璋编,中华书局,1965。

《全金元词》,唐圭璋编,中华书局,1979。

《全金诗》,薛瑞兆、郭明志编纂,南开大学出版社,1995。

《全辽金文》,阎凤梧主编,山西古籍出版社,2002。

参考文献

[1]鲍明炜. 唐代诗文韵部研究[M]. 南京:江苏古籍出版社,1990.

[2]包旭玲. 中原官话汾河片方言声调的类型及演变[J]. 沈阳大学学报,2008(6):1—5.

[3]丁治民. 金末道士侯善渊诗词用韵与晋南方言[J]. 古汉语研究,2002(3):17—22.

[4]丁治民. 李俊民、段氏二妙诗词文用韵考[J]. 东南大学学报(哲学社会科学版),2003(2):110—113.

[5]韩沛玲. 山西方言音韵研究[M]. 北京:商务印书馆,2012.

[6]侯精一,温端政主编. 山西方言调查研究报告[M]. 太原:山西高校联合出版社,1993.

[7]侯精一主编. 现代汉语方言概论[M]. 上海:上海教育出版社,2002.

[8]刘丹丹. 山西临汾十七县市方言研究[M]. 上海:上海辞书出版社,2020.

[9]罗常培. 唐五代西北方音[M]. 北京:商务印书馆,2017.

[10]鲁国尧. 论宋词韵及其与金元词韵的比较[M]//鲁国尧. 鲁国尧语言学论文集. 南京:江苏教育出版社,2003.

[11]乔全生. 晋方言语音史研究[M]. 北京:中华书局,2008.

[12][日]秋谷裕幸. 中原官话汾河片音韵史研究[M]. 北京:商务印书馆,2020.

[13]王洪君. 山西闻喜方言的白读层与宋西北方音[J]. 中国语文,1987(1):24—33.

[14][美]薛凤生. 方音重迭与普通话文白异读之形成[M]//《纪念王力先生九十诞辰文集》编委会主编. 纪念王力先生九十诞辰文集. 济南:山东教育出版社,1991.

[15]张烽,康希圣整理. 蒲剧音乐[M]. 太原:山西人民出版社,1983.

[16]张威娜. 中原官话汾河片语音研究[D]. 北京:北京语言大学,2015.

[17]张钰. 晋南传统蒲剧用韵考[D]. 长沙:中南大学,2010.

[18]朱晓农. 北宋中原韵辙考[M]. 北京:语文出版社,1989.

The Study on the Rhythm in Poems, Cis and Essays by Authors from Southwest Shanxi during Song-Jin Dynasties

Tian Sen

Abstract：The rhyme system of literati from Southwestern Shanxi during the Song-Jin dynasties can be classified into 18 rhyme parts, which is basically consistent with the rhyme system of common language in the same period. However, there are many special interchangeable rhymes besides the 18 rhyme parts, and the phonetic characteristics displayed by these special interchangeable rhymes have importance for studying the phonetic history of the Southwestern Shanxi. These phonetic features demonstrate that the Southwest Shanxi dialect has remained relatively stable throughout nearly a thousand years, and also reflect the influence of the Central Plains phonetics on the literati from Southwest Shanxi.

Keywords：Song-Jin Dynasties，Southwest Shanxi, poetry, rhyme，dialect

通信地址:上海市杨浦区邯郸路 220 号复旦大学古籍整理研究所

邮　　编:200433

E-mail:zmkzhq@163.com

《孟子》“百亩之粪”辨正*

李润生

内容提要 《孟子》“百亩之粪”的“粪”,其词义训释历来歧解纷呈,归纳起来,其中有两种意见需加以辨正:一种意见认为“粪”是“加粪”或“耕种”之义;另一种意见认为“粪”假借为“分”,表“等级”之义。本文认为:“粪”,本字当作“分”,义为“收获的产量”,该义从“分”的“本分、职分”义引申而来;后来,由“分”字孳乳出“秎”字,专门表示“收获的产量”义。

关键词 百亩之粪 粪 分 秎 《孟子》

一 引 言

《孟子·万章下》孟子说“周室班爵禄”之制,其中一段云:

> 耕者之所获,一夫百亩。百亩之粪,上农夫食九人,上次食八人,中食七人,中次食六人,下食五人。庶人在官者,其禄以是为差。

“百亩之粪”,《礼记·王制》作“百亩之分”,郑玄注:“分,或作粪。”自东汉赵岐以来,关于“百亩之粪”中“粪”的训释,历代训诂学家歧见纷呈。归纳起来,主要有以下四种意见:

①“粪”为本字,其义或以为是“加粪”,如赵岐(1990:179)、朱熹(1987:78),或以为兼表“耕种”义,如焦循(1987:689)、宋翔凤(2002:50)、杨伯峻(1960:236—237)等。

②“粪”假借为“分”,“分”为“等级”义,持此说者有王夫之(2002:713)、倪思宽(2002:595)、钱大昕(1983:56)、邹汉勋(2008:126)、赵仲邑(1980:34)等。

③“粪”当读为“播”,义为“种”,台湾学者陈鸿森(2013)持此说。

④“粪”与“分”,杨天宇(2007:560)认为两者异文异义,朱承平(2005:53)以为它们异字同义。

以上四说,第四种意见杨天宇以为“粪”与“分”异文异义,但没有任何版本依据,乃推测之辞;朱承平“异字同义”说,前后矛盾,难以信从,故第四种意见可置之不论。第三种意见亦不可取,“粪”的甲骨文字象手持箕帚扫除秽物之形,战国古玺、《说文》小篆、秦汉简牍文字与甲骨文字形相比,虽略有小变,但一脉相承,俱为会意字,陈鸿森不顾“粪”的古文字形中表“箕”的部件“”与“番”中表兽足形的部件“”之间的差别,强将“粪”的古文字形解释为“从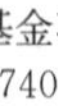番声”的形声字①,有违汉字构形系统的客观事实,其结论显然是不可靠的。那么,第一

* 基金项目:本成果受教育部人文社科一般项目“现代汉语方言农业词汇的语言地理学研究”(项目编号:20YJA740025),中国历史研究院“绝学”学科扶持计划“古典文献学”(批准号:2024JXZ002)资助。《汉语史学报》匿名审稿人提出了建设性的修改意见,谨致谢忱!

① 陈鸿森(2013):“余疑‘粪’‘播’二字本为一字之别体,从手从𦥑古者无别。……余意‘粪’字当从手,番声,与‘播’字从手番声者同。”

种意见与第二种意见，孰是孰非？"百亩之粪"的"粪"的意义究竟应该怎么理解？本文试对以上问题作出回答，以就正于方家。

二　"粪"之"耕种"义辨正

"粪"，甲骨文写作"𤲱"（《甲骨文合集》18181），《说文》云："粪，弃除也。"①本义为"扫除"。例如：

（1）张趯使谓大叔曰："自子之归也，小人粪除先人之敝庐。"（《左传·昭公三年》）

"粪"由"扫除"动作转指"所扫除之物"，引申出"秽物"义。例如：

（2）朽木不可雕也，粪土之墙不可杇也。（《论语·公冶长》）②

先秦古人很早就认识到扫除的尘土、垃圾等秽物具有改良土壤的作用，"粪"又引申出"以秽物肥田"（即"施肥"）义。例如：

（3）树落则粪本。（《荀子·致士》）

（4）上不事马于战斗逐北，而民不以马远淫通物，所积力唯田畴，积力于田畴必且粪灌，故曰："天下有道，却走马以粪也。"（《韩非子·解老》）

遍考先秦文献，"粪"的词义系统由"扫除、秽物、施肥"三个意义构成，在先秦古籍中，这三个意义分布如下表：

"粪"的词义系统及其义项分布

先秦古籍＼义项分布		周易	尚书	毛诗	周礼	仪礼	春秋左传	论语	孟子	国语	战国策	晏子春秋	荀子	商君书	韩非子	墨子	老子	庄子	楚辞	管子	吕氏春秋
"粪"出现次数		0	0	0	2	2	4	1	2③	5	2	2	3	0	3	0	1	0	1	3④	2
「粪」的义项	扫除				1	1	2			2		2	1								1⑤
	秽物						2	1		3	2								1	2	
	施肥				1	1			1				2		3		1				1

从上表可知，以上20种先秦文献中，"粪"的词义系统中没有"耕种"这个义项。"粪"在上下文语境中是否可能产生"耕种"义位变体呢？有的训诂学家持肯定态度，如杨伯峻《孟子译注》"百亩之粪"一段的译文：

　　　　耕种的收入，一夫一妇分田百亩。百亩田地的施肥耕种，上等的农夫可以养活九个人，其次的养活八个人，中等的养活七个人，其次六个人，下等的五个人。老百姓在公家

---

①　段玉裁《说文解字注》"粪"字下注云："按，'弃'亦'粪'之误。亦复举字之未删者。'粪'方是'除'，非'弃'也。"

②　刘宝楠（1990：178）："此经'粪土'犹言'秽土'。"

③　"粪"字在《孟子》出现两次，"百亩之粪"之"粪"是其中之一，未考明其义之前，本表暂不将这个粪字列入统计。

④　黎翔凤（2004：399）云：《管子》中的"粪除其颠旄"之"粪"，宋翔凤、俞樾认为假借为"班"，刘绩认为假借为"分"，义为"分列"。本表在统计"粪"的义项时，将该例"粪"字剔除。

⑤　《吕氏春秋·上农》："野禁有五：地未辟易，不操麻，不出粪。"农学家王毓瑚（1981：7）认为这里"粪"当是"清除杂秽"义。

当差的他们的俸禄也比照这个分等级。

杨伯峻先生以"施肥耕种"对译"粪",揣测其意,杨伯峻或以为"粪"的"施肥"义在语境中可以衍生出"耕种"的含义。杨伯峻的看法来自清代训诂学家焦循《孟子正义》:

> 同受此百亩之田,而其所得谷,或足以食九口,或足以食八口,或足以食七口,以至仅能食六口五口,所以多寡不一者,以粪种培溉之有殊也。《地官·草人》:"掌土化之法,以物地相其宜而为之种。凡粪种,骍刚用牛,赤缇用羊,坟壤用麋,渴泽用鹿,咸潟用貆,勃壤用狐,埴垆用豕,强㯺用蕡,轻爂用犬。"《秋官·薙氏》:"掌杀草,若欲其化也,则以水火变之。"注云:"谓以火烧其所芟萌之草,已而水之,则其土亦和美矣。"《月令》:"季夏烧薙行水,利以杀草,如以热汤。"是其一时著之,此皆粪饶之事也。

焦循以"粪种培溉"释"粪"。所谓"培溉",即下文"粪饶之事",《广雅·释诂》云:"粪,饶也",故"培溉"即"粪"之"施肥"义;焦循所谓"粪种",其义盖与杨伯峻所言"耕种"同。

"百亩之粪"之"粪",是否可以解释为"粪种"? 清代皮锡瑞《王制笺》于《礼记·王制》"制农田百亩"一章笺注云:

> 此与《孟子》所说略同。百亩之分,《孟子》作"粪"。注云:"分,或为粪。"则此书亦有同《孟子》作"粪"者,而注疏皆不解"粪"字,则自当以"分"字为正。《孟子》云"百亩之粪",似亦当作"分"字。粪种,但云"百亩之粪",文义鹘突不明,故以此书作"分"为优。

皮锡瑞认为以"粪种"解释"百亩之粪"的"粪",文义鹘突不明。[①] 何以言之?"粪"一字不能兼"粪种"二字之义也。

首先,《周礼·地官·草人》"粪种"中的"粪"没有"种"义。《周礼》中的"粪种",训诂学家有两种解释:郑众、郑玄认为,"粪种"是以动物骨汁渍种;[②]江永认为"粪种"指粪其地以种禾。[③] 依郑众、郑玄之说,"粪种"为动宾结构,"粪"是"施肥(于种)"义;依江永之说,"粪种"为连动结构,"粪"是"施肥(于地)"义。因此,不管取哪种解释,"粪种"的"粪"都是"施肥"义,它并不兼有"种"字之义。

其次,"粪"在语境中也没有产生出"耕种"义位变体。

在一定的上下文语境中,"粪"可训为"治",如《孟子·滕文公上》:"凶年粪其田而不足,则必取盈焉。"赵岐注云:

> 至于凶年饥岁,民人粪治其田尚无所得,不足以食,而公家取其税,必满其常数焉。

"治"用于"治田",可以泛指农事活动,其义与"耕种"同,如《荀子·王制》:"相高下,视肥硗,序五种,省农功,谨蓄藏,以时顺修,使农夫朴力而寡能,治田之事也。"赵岐以"粪治"释"粪",其中"治"是泛指耕种过程呢,还是特指"施肥"之事呢? 焦循《孟子正义》疏证赵岐"粪治其田"云:

> 《周礼·地官·司关》"国凶札",郑司农注云:"凶,谓凶年饥荒也。"《孟子》亦言凶年

---

① 鹘突,即"模糊,混沌"之义,例如,《朱子语类·大学一》:"伊川旧日教人先看《大学》,那时未有解说,想也看得鹘突,而今看注解,觉大段分晓了,只在子细去看。"《聊斋志异·婴宁》:"设鹘突官宰,必逮妇女质公堂,我儿何颜见戚里?"

② 《周礼·地官·草人》郑玄注:"凡所以粪种者,皆谓煮取汁也。……郑司农云:'用牛,以牛骨汁渍其种也,谓之粪种。'……"

③ 江永(1935:37):"《草人》'种'字皆当读去声。凡粪种,谓粪其地以种禾也。后郑谓凡所以粪种者皆谓煮取汁;先郑谓用牛则以牛角汁渍其种;王氏谓用麻实捣汁渍种,是读'种'为上声,恐皆是臆说。凡粪当施之土,如用兽则以骨灰洒诸田,用麻子则用捣过麻油之渣布诸田。若土未化,但以汁渍种,如何能使其土化恶为美,此物理之易明者。因读种字误,遂为曲说。今人粪田,未见有煮汁渍种者。"

饥岁,是凶年即饥岁也。《礼记·月令》"季夏,大雨时行,烧薙行水,利以杀草,如以热汤,可以粪田畴,可以美土疆。"孔氏正义云:"粪,壅苗之根也。蔡云:'谷田曰田,麻田曰畴,言烂草可以粪田使肥也。'"是粪其田即是治其田,故云粪治其田。

据此可知,赵岐注的"粪治"同义并列,"治"特指"施肥",《孟子》"粪其田"之"粪"仍是"施肥"义。

又如《道德经·俭欲第四十六》:"天下有道,却走马以粪。"西汉河上公章句云:

> 粪者,粪田也。[治国者]兵甲不用,却走马[以]治农田,治身者却阳精以粪其身。①

河上公训"粪"为"治",并将"治身"与"治农田"类比,"治农田"指施粪肥田,"阳精"如粪肥,"身"如田地,"粪其身"如施粪肥以养田地。由此可见,河上公章句中的"治"与"粪"义同,都指"施肥"而言。

综上所述,从"粪"的词义系统以及"粪"在先秦文献中的使用情况看,"粪"字没有"耕种"义,"百亩之粪"的"粪"不当以"耕种"解之。

三 "粪"之"加粪"义辨正

《孟子》"百亩之粪"的"粪"流行最广的解释是"加粪"(即"施肥"义)。② 该释义首见于赵岐《孟子章句》:

> 获,得也。一夫一妇,佃田百亩。百亩之田,加之以粪,是为上农夫。其所得谷,足以食九口。庶人在官者,食禄之等差由农夫,有上中下之次,亦有此五等,若今之斗食佐史除吏也。

朱熹《孟子集注》对赵岐注进一步阐发:

> 一夫一妇,佃田百亩。加之以粪,粪多而力勤者为上农,其所收可供九人。其次用力不齐,故有此五等。庶人在官者,其受禄不同,亦有此五等也。

对于赵岐、朱熹的解释,清人王夫之表示异议,并指出其存在的主要问题是:"文势不顺"。王夫之《四书稗疏》"百亩之粪"条云:

> 集注云:"加之以粪,粪多而力勤者为上农",其说本之赵注,然文势不顺。《王制》作"百亩之分",注曰:"农夫皆受田于公,田肥墩有五等,收入不同也。"盖分者,田高下之分等也。此语总冒下五句,于文为顺,此经当从之。"耕者之所获,一夫百亩",此言所得受于公之田;"百亩之分"以下,又言田虽同名百亩,而肥墩之差又自有五等也。③

王夫之的意思是,《孟子》这段话应当分为两层:"耕者之所获,一夫百亩"为一层,"获"的语义指向百亩之田;"百亩之粪"以下为一层,下面五个分句是对"百亩之粪"的具体解释。其

---

① 引文依据王卡点校《老子道德经河上公章句》,中华书局,1993年,第181页。

②《孟子》的各种注疏以及多种农史著作引用《孟子》"百亩之粪",都将"粪"解释为"加粪"。"百亩之粪"之"粪",赵岐、朱熹以"加之以粪"释之,可见他们认为"粪"是动词,义为"施肥",非为名词"粪肥"义。

③ 此条引自光绪十三年(1887年)潞河啖柘山房精校重刊《四书稗疏》,同治四年(1865年)湘乡曾氏刊《船山遗书》中的《四书稗疏》"百亩之粪"条与此条不同。从文字上看,曾氏刊本"百亩之粪"条当为初稿,精校重刊本为修正稿。曾氏刊本云"此言'百亩之粪',系之'耕者之所获'之后,则是从获而计之,而非追论其既往力耕之事",精校重刊本概而言之曰"文势不顺";同时,精校重刊本纠正了对赵岐、朱熹"粪"字训释的误解,梳理了"粪"的词义系统,删除了曾氏刊本"百亩之粪"条对"粪"的误训。

语义层次关系可图示如下：

耕者之所获，一夫百亩。｜百亩之粪，上农夫食九人，上次食八人，中食七人，中次食六人，下食五人。①

而根据赵岐、朱熹的意思，《孟子》这段话当理解为："耕者之所获"总冒以下各句，"获"指"所得谷"，"上农夫食九人"以下五句说明"所得谷"之等差，"一夫百亩，百亩之粪"为插入语，补充说明上中下农夫所食人数多少的原因。焦循《孟子正义》对赵岐注的疏证，准确地表达了赵岐、朱熹对这段话各句之间语义关系的理解：

同受此百亩之田，而其所得谷，或足以食九口，或足以食八口，或足以食七口，以至仅能食六口五口，所以多寡不一者，以粪种培溉之有殊也。

焦循以"所得谷"补足了赵岐"获，得也"的语义指向，以"所以多寡不一者，以粪种培溉之有殊也"一语，阐明了赵岐、朱熹将"一夫百亩，百亩之粪"视为插入语的意图。因此，赵岐、朱熹所理解的这段话的语义层次关系可图示如下：

耕者之所获，【一夫百亩，百亩之粪】，上农夫食九人，上次食八人，中食七人，中次食六人，下食五人。

从语义的衔接与连贯来看，赵岐、朱熹认为"一夫百亩，百亩之粪"插在主谓语之间，确如王夫之所说："文势不顺"。

退一步讲，姑且承认赵岐、朱熹对这段话的语义层次分析合理，但是，他们对于"百亩之粪"的解释仍存在以下问题：

首先，当"百亩之粪"作插入语时，它解释说明上农夫、中农夫、下农夫所食人数差别的原因，但赵岐"百亩之田，加之以粪，是为上农夫"仅就"上农夫"而言，那么，"中农夫、下农夫"是否也"加之以粪"呢？如果中农夫、下农夫也"加之以粪"，那么"农夫"之所以有"上、中、下"之别，是因为"加粪"多少的缘故？

然而，庄稼收获量的多少，是否仅取决于"加粪"之多少呢？显然不是。因此，朱熹在解释这段话时，在赵岐注的基础上，又加入"农夫用力"这一要素，朱熹《孟子集注》说："加之以粪，粪多而力勤者为上农，其所收可供九人。其次用力不齐，故有此五等。"但是，对于这种解释，朱熹也不完全肯定，所以当他回答学生"均受田百亩，何以所食人多少不同"的疑问时，他又着重强调"用力"这一要素，认为农夫有"勤惰之不齐"，对于"粪"的涵义反而有所忽略。②

焦循《孟子正义》似乎对于赵岐偏于"加粪"、朱熹偏于"用力"都不太满意，故他又引用《周礼·地官·草人》的"粪种"来诠释"百亩之粪"的"粪"，也就是说，焦循试图从"粪"的词义中推衍出"种"义（即"耕种"义），既补救赵岐之偏，又将朱熹"用力"之意落到实处。然而，如上一节所论，"粪"并没有衍生出"耕种"义来，在语境中也不能产生出"耕种"义位变体。

因此，不管是从语义衔接与连贯，还是从朱熹、焦循对于赵岐注阐发与补救而不得的训诂实践来看，"百亩之粪"的"粪"解释为"加粪"并不妥当。③

其次，从历史文献记载的实际情况看，"上农夫、中农夫、下农夫"所食人数之不同，不是

---

① "｜"表示层次划分，"___"表示主语部分，"___"表示谓语部分，"【 】"表示插入语。

② 《朱子语类·礼四·王制》："问：'一夫均受田百亩，而有食九人、八人、七人、六人、五人多少之不等者，何以能均？'曰：'田均受百亩，此等数乃言人勤惰之不齐耳。上农夫勤于耕，则可食得九人；下不勤底，则食得五人。故庶人在官者之禄，亦准是以为差矣。'〔淳〕"参见黎靖德（1986：2235）。

③ 王筠《说文句读》"粪"下云：《孟子》"百亩之粪"的"粪"用为静字，即"粪肥"义，亦不妥当。

因为农夫加粪之多少、用力之勤惰,而是因为农夫一家人口多少之不同。"上农夫"与银雀山汉简《田法》中"上家"、《周礼·地官·小司徒》的"上地之家"同义:

(5)食口七人,上家之数也。食口六人,中家之数也。食口五人,下[家之数也]。(《银雀山汉墓竹简(一)》)

(6)乃均土地,以稽其人民,而周知其数:上地家七人,可任也者家三人;中地家六人,可任也者二家五人;下地家五人,可任也者家二人。(《周礼·地官·小司徒》)

《周礼·地官·小司徒》郑玄注:"一家男女七人以上,则授之以上地,所养者众也。男女五人以下,则授之以下地,所养者寡也。"又,《周礼·地官·旅师》云:"凡新甿之治皆听之,使无征役,以地之美恶为之等。"郑玄注:"新甿,新徙来者也。……以地美恶为之等,七人以上授以上地,六口授以中地,五口以下授以下地,与旧民同。"由此可见,据《周礼》记载,周代根据家庭人口的多少授以肥瘠不等的田地。

四 "分"之"等级"义辨正

(一)"粪"假借为"分"

"百亩之粪"中的"粪"不能解释为"加粪"或"耕种"义。明清以来,不少训诂学家主张:"粪"是"分"字之借。除了上文提到的王夫之、皮锡瑞以外,倪思宽《二初斋读书记》云:"百亩之粪,窃谓当从《王制》作'分'为长,盖声相近而误。"钱大昕《十驾斋养新录》云:"百亩之粪,'粪'字当依《王制》作'分'。"

(二)"分"释为"等级"存在的问题

"粪"假借为"分","分"的词义该怎么解释呢?王夫之(2002:713)云:"盖分者,田高下之分等也。"今人赵仲邑(1980:34)亦云:"这里的'粪'字,就不是大粪的'粪',而是'分'(去声)'的借字,作'等级'解。"

然而,"百亩之分"解释为"百亩之田等级不同",同样会导致文势不顺、语义不谐等问题。

首先,"上农夫"的涵义在上下文语境中不和谐。

依据王夫之的解释,"百亩之分"总冒"上农夫食九人"以下五句,这五句的意思是"田虽同名百亩,而肥墝之差又自有五等"。也就是说,王夫之认为,"上农夫、中农夫、下农夫"是"田地"的等级。[①] 邹汉勋(2008:126)承袭王夫之说,[②]亦认为"上农夫"是"上田"之义:

田有五等,上田岁耕百亩,而食九人。《管子》:"亩钟之田。"《周官》:"不易之地,家

---

① 王夫之《四书稗疏》"夏后氏五十而贡"条云:"上田,岁耕百亩而可食九人,《管子》'亩钟之田',《周官》'不易之地家百亩',《孟子》'上农夫食九人',《吕氏春秋》'上田夫食九人',《春秋传》'井衍沃'是已。……下田,休二耕一,凡三百亩而食五人。《周官》'再易之地家三百亩',下地,食者三之一,家五人,田百亩,莱二百亩;《孟子》'下农夫食五人',《吕氏春秋》'下田夫食五人',《春秋传》'町原防'是已。"(王夫之,2002:704-705)

② 据杨坚《船山全书》"船山全书序例",邓显鹤主持《船山遗书》守遗经书屋本刊刻时,邹汉勋负责校雠。

百亩。"《孟子》"上农夫食九人。"《吕氏春秋》作:"上田夫食九人,下田夫食五人。"《孟子》"上农","农"字即"田"字假借。《孟子》"百亩之粪","粪",《王制》作"分","粪"亦"分"之假借。

《礼记·王制》与《孟子·万章下》说"周室班爵禄"之制相同。《礼记·王制》"诸侯之下士视上农夫,禄足以代其耕也"上承"上农夫食九人","诸侯之下士视上农夫"中的"上农夫"以"人"而言,而"上农夫食九人"却以"地"而言,语义不顺,上下不谐。且据《春秋繁露·爵国》:

> 方里八家,一家百亩,以食五口。上农夫耕百亩,食九口,次八人,次七人,次六人,次五人。

《春秋繁露·爵国》"上农夫耕百亩,食九口"与《礼记·王制》"上农夫食九人"同义。显然,这里"上农夫"当以"人"而言,不当释为"上田"。

其次,"禄"的词义与上文的意义难以贯通。

"百亩之粪"的下文"庶人在官者,其禄以是为差"中"禄"指"谷粟"。庶人在官者,如府、史、胥、徒之属,无田,其禄来自公家之谷禄。[①] 如果"百亩之粪"指田地之等级,"上农夫、中农夫、下农夫"是田地等级的差别,那么,"谷禄"之差等如何比照"田地"之差等?

有意思的是,以上所论的矛盾之处,讲究"文势"的王夫之其实也发现了。当他作《礼记·王制》章句(王夫之,1991:301—302)疏通"其禄以是为差"的含义时,上下文义迫使他将"分"的词义改释为"所收粟之等",而非其《四书稗疏》所释的"田高下之分等":

> 分,所收粟之等也。一人之食,以中岁为率,月食三鬴,岁三十六鬴,鬴六斗四升,凡二百三十斗四升。……庶人在官者,府、史、胥、徒、工、贾、奄、奚之属,其署有尊卑,局有闲冗,因以制其差也。凡此皆公田所入,公家敛之,以岁月颁之,而不分以田也。

不过,我们不禁要问:王夫之以"所收粟之等"释"分",其中"所收粟"的意义从何而来?它是不是"分"的词义结构中应有的意义内涵?

五 "百亩之粪"的词义确诂

通过以上讨论可知,《孟子》"百亩之粪"的"粪"是"分"的假借字,但"分"训释为"(田地的)等级",产生了文势不顺、词义龃龉等问题。我们认为,"百亩之分"的"分",其义为"作物收获应有的产量",王夫之在贯通上下文意时凭语感推导出的"所受粟"之义,正是"分"必不可少的词义内容。

(一)"分"义为"作物收获应有的产量"

"百亩之分",其义当与《论衡·效力》"五亩之分"同:

> 地力盛者,草木畅茂,一亩之<u>收</u>,当中田五亩之<u>分</u>。

---

① 《孟子·万章下》"下士与庶人在官者同禄,禄足以代其耕也。"朱熹集注:"士之无田,与庶人在官者,则但受禄于官,如田之入而已。"

"一亩之收"与"五亩之分"对文同义，"收"为"收获"义，"分"也当为"收获"义。①

《玉篇·八部》："分，刈禾分齐也。"②"刈禾"，即"获"也，《玉篇·禾部》："获，刈禾也。""分齐"，即"限量"之义。《尔雅·释言》："将，齐也。"郭璞注："谓分齐也。《诗》曰：'或肆或将。'"郭璞以"分齐"释"齐"，"齐"义又为"多少之量"。③ 魏晋隋唐时期，"分齐"大量用于汉译佛经，表示"限量、分量"之义。例如：

　　(7)云何请夜有限齐，药无限齐？彼作夜分齐，不作药分齐。"我与尔许夜药。"是谓请夜有分齐，药无分齐。(东晋·佛陀耶舍等译《四分律》)④

　　(8)随我住定时节远近，随诸众生多少分齐，欲除众生身心之病。(东晋·昙无谶等译《大须弥集经》)

　　(9)如学文字，得少分智，继念修行，亦复如是；得少分智，犹如算师总计无量，知其分齐，不退转心，亦复如是。(隋·毗尼多流支译《佛说象头精舍经》)

　　(10)欲界、色界乃至色究竟天，我皆往彼随其形量长短分齐，广如上说。(唐·义净译《根本说一切有部毗奈耶杂事》)

因此，"分"的"刈禾分齐"义，即是"收获之限量"，更具体地说，就是指"作物收获应有的产量"。

(二)"分"之"收获"义的意义来源及其特点

《礼记·王制》"百亩之分"，《经典释文》云："分，扶问反。"它的意义，盖从"分"的"本分、职分"义广义分化而来。先秦时期，"本分、职分"是"分"的常用义，例如：

　　(11)男有分，女有归。(《礼记·礼运》)

　　(12)故礼达而分定，故人皆爱其死而患其生。(《礼记·礼运》)

例(11)(12)中的"分"，《经典释文》皆云："分，扶问反。"《礼记·礼运》"男有分"，郑玄注："分犹职也。"孔颖达正义："分，职也，无才者耕，有能者仕，各当其职，无失分也。""分"与"职"同义，在上下文语境中，它或与"职"对举，或与"职"构成双音词"分职"，例如：

　　(13)心之在体，君之位也。九窍之有职，官之分也。耳目者，视听之官也，心而无与于视听之事，则官得守其分矣。(《管子·心术上》)

　　(14)上之人，明其道；下之人，守其职，上下之分不同任，而复合为一体。(《管子·君臣上》)

　　(15)是以上有余日，而官胜其任，时令不淫，而百姓肃给，唯此上有法制，下有分职也。(《管子·君臣上》)

　　(16)万物殊类殊形，皆有分职，不能相为，故日地道方。(《吕氏春秋·圜道》)

---

① 蒋礼鸿(2001:268)"效力"条下云："礼鸿案：分读作粉。《广韵》去声二十三问韵：'穧、粉，获也。'《管子·立政》：'岁虽凶旱，有所粉获。'"我们认为，分，本有"收获"义。

② 胡吉宣(1989:5765)"分"字下云："又'刈禾分齐也'者，文经删失，不成字义，《中华大字典》引用之，非也。"我们认为，胡先生此条注释是未经深入研究而得出的结论。

③《诗·小雅·楚茨》："或剥或亨，或肆或将。"毛传："将，齐也。或陈于互，或齐其肉。"段玉裁《说文解字注》"将"下云："或肆，蒙'或剥'，言剥之乃陈于互也；或将，蒙'或亨'，言烹之必剂量其水火及五味之宜，故云'齐其肉'也。"依据毛亨、段玉裁，"齐"是"剂量"之义。又《周礼·天官·亨人》："亨人掌共鼎镬，以给水火之齐。"郑玄注："齐，多少之量。"

④ 李维琦(2004:121—122)"分齐"义项二"分量"引此例并解释云："这些话是说，只讲用药时间在夜里，没有说用药的分量是多少。"

例(13)(14)中，上文言"职"，下文言"分"，两者对举同义；例(15)(16)中，"分职"是同义并列复合词，"分"与"职"以及"分职"三者都是"分内应做的事"之义。从"分"与"职"所指的对象看，范围很广：既可以指人体器官应有的功能[如例(13)]，也可以指社会中不同地位、身份的人应有的职责[如例(14)]，还可以指万事万物本身所具有的位置与功用[如例(16)]。[①]

当"职"特指土地的"本分、职分"时，分化出"土地之出产"义。例如，《周礼·夏官·大司马》："施贡分职，以任邦国。"郑玄注："职，谓职税也。"税者，田地之出产也。《急就篇》"种树收敛赋税租"，颜师古注："敛财曰赋，敛谷曰税，田税曰租。"又如，《管子·问》："民荒无苟，人尽地之职。"《史记·平准书》："禹贡九州，各因其土地所宜，人民所多少而纳职焉。"

同样，当"分"特指土地的"本分、职分"时，分化出"收获"之义，如《礼记》"百亩之分"、《论衡》"五亩之分"。[②] 又如山东临沂银雀山汉墓所出竹书《田法》篇：

(17)邑啬夫度量民之所田小……□明示民，乃为分职之数，齐其食畲(饮)之量，均其作务之业。[《银雀山汉墓竹简(一)》]

例(17)中，"分职之数"的上文是"民之所田"，下文是"齐其食畲(饮)之量"[③]，因此，"分职之数"指官府规定的"田地应收获的粮食产量"，确不可移。

后来，"分"的这个意义独立成词，产生了专门记录该词的"秎"字，例如：

(18)决水潦，通沟渎，修障防，安水藏，使时水虽过度，无害于五谷，岁虽凶旱，有所秎获，司空之事也。(《管子·立政》)

"秎"，《玉篇·禾部》："扶问切，秎穧也。"《广雅·释诂》："秎，穧也。"《广韵·问韵》："秎，穧；秎，获也。"

从词义特点看，"分"有"分齐"的意义内涵，也就是说，"分"不仅表示"收获"义，它的词义还具体指土地"应有的产量"。"分"的这个意义内涵，在"秎"的词义中表现得也非常明显。《集韵·问韵》："秎，穧也；一曰：秎，穧禾有限也。""穧禾"，即是"获禾"[④]，《玉篇·阜部》："限，度也，齐也"，"限"即"限度、分齐"义，"穧禾有限"指作物收获应有的产量。[⑤] 可见，"秎"是"分"的同源分化字，它承继了"分"的词义特点。

(三)来自出土文献的史料证据

"百亩之分"的确切含义是"百亩土地应当收获的产量"。先秦时期，统治者管理农业生产时，确实是严格规定土地产量的。银雀山汉墓竹简《田法》记载了战国时期的农业生产管理情况：

---

① "分职"与"分""职"的所指相同，如《吕氏春秋·圜道》云："先王之立高官也，必使之方，方则分定，分定则下不相隐。""分"与例(15)中的"分职"同义，其所指相同；又如，《管子·君臣上》："是以为人君者，坐万物之原，而官诸生之职者也。"黎翔凤注："'诸生'，见《水地》，犹佛教言众生，现代言生物。"该句中的"职"与例(16)"分职"所指相同。

② 《汉书·艺文志》收录先秦两汉"农家者流"的著作九种共一百四十八篇，这些著作除了《氾胜之书》的部分内容保存在《齐民要术》中以外，其他均已散佚。现存先秦两汉著作中关于农业的文字，常常是一鳞半爪，不成片段，因而，传世文献中的古代农业词汇"分、秎"等，目前只找到这两条实际运用于交际的文献语料，吉光片羽，弥足珍贵。

③ 银雀山汉墓竹简《守法守令等十三篇·七》对普通百姓"食饮之量"有具体规定："岁十月，卒岁之餐具，无余食人七石九斗者，亲死不得含。十月冬衣毕具，无余布人卅尺，余帛人十尺者，亲死不得为帏(幪)。中□之木把 扌开(窠)以上，室中不盈百枚者，亲死不得为郭(椁)。无井者，亲死不得浴。无堂者，亲死不得肂(肂)。"

④ 《尔雅·释诂》："穧，获也。"郭璞注："获禾为穧。"《说文》："穧，获刈也。"段玉裁注："获刈谓获而芟之也。"

⑤ 宗福邦、陈世铙、萧海波(2003：1621)引《集韵·问韵》此字断句为："秎，穧，禾有限也。"我们认为，"禾有限"，语不成辞，断句有误。

(19)岁收:中田小亩亩廿斗,中岁也。上田亩廿七斗,下田亩十三斗,太上与太下相覆以为率。[《银雀山汉墓竹简(一)》]

中等年成时,中田每亩收 20 斗,以此为标准,上田每亩应收 27 斗,下田每亩应收 13 斗。这个亩产量的规定写入了《田法》,如果农民耕种没有达到规定的收获产量,就要受到法律惩治。《田法》还规定了惩罚的量刑标准:

(20)卒岁田入少入五十斗者,□之;卒岁少入百斗者,罚为公人一岁;卒岁少入二百斗者,罚为公人二岁,出之之岁[□□□□]□者,以为公人终身;卒岁少入三百斗者,黥刑以为公人。[《银雀山汉墓竹简(一)》]①

"田入",即耕种之收入也。② 一年终,邑啬夫考核农民收入是否达到了年初规定的"分职之数",并根据少收入的情况,进行不同程度的处罚。

六　结　论

本文运用词义系统研究法、上下文语境分析法以及史料实证法等方法研究证明:《孟子》"百亩之粪"的"粪",本字当作"分",其义为"收获的产量","分"的这个意义从其"本分、职分"义分化而来,特指耕种土地收获的产量。当"分"表示"收获的产量"义时,分化出专用字"秎",从词义类别上看,"秎"与"穧、获"同义,从词义特点上看,"秎"承袭了"分"表示"限量、分齐"的意义特点。

据此,《孟子·万章下》"耕者之所获,一夫百亩。百亩之粪,上农夫食九人,上次食八人,中食七人,中次食六人,下食五人。庶人在官者,其禄以是为差"这段话的正确译文应如下:

耕种的人分得的田地,一夫一妇共计百亩。百亩所收获的产量,上农之家养活九口人,其次养活八口人,中农之家养活七口人,其次养活六口人,下农之家养活五口人。老百姓在官家当差的,他们的谷禄也比照这个分等级。

征引书目

战国·荀况撰,唐·杨倞注《宋本荀子》,国家图书馆出版社,2017。

战国·韩非著,宋·谢希深注《影钞宋本韩非子》,国家图书馆出版社,2018。

战国·吕不韦编著,许维遹撰、梁运华整理《吕氏春秋集释》,中华书局,2009。

西汉·董仲舒著,苏舆义证《春秋繁露义证》,中华书局,1992。

西汉·赵岐注,宋·孙奭疏《孟子注疏》,上海古籍出版社,1990。

东汉·王充著,黄晖校释《论衡校释》,中华书局,1990。

清·王夫之《四书稗疏》,《续修四库全书》第 164 册(清光绪十三年潞河啖柘山房精校重刊本),上海古籍出版社,2002。

清·阮元校刻《十三经注疏》(清嘉庆刻本),中华书局,2009。

---

① 这一段,银雀山汉墓竹简整理小组(1985:147)认为:"言处罚缺粮农民之法,其意与商鞅变法'怠而贫者举以为收孥'(《史记·商君列传》)相近。"田昌五(1986)认为:"'公人'即无偿为官府服劳役的人,相当于'收奴'。这在秦国是用来对付那些'事末利及怠而贫者'的,而此处却是要惩罚那些完不成规定产量的人。"

② "田入"的例子又如《宋书·王僧达传》:"妻子为居,更无余累,婢仆十余,粗有田入,岁时是课,足继朝昏。"

清·皮锡瑞《王制笺》，《续修四库全书》第 107 册（清光绪三十四年思贤书局刻本），上海古籍出版社，2002。

王卡点校《老子道德经河上公章句》，中华书局，2006。

参考文献

[1]陈鸿森.孟子"百亩之粪"、"粪其田而不足"解[M]//中国经学（第十一辑）.桂林：广西师范大学出版社，2013.

[2]胡吉宣.玉篇校释[M].上海：上海古籍出版社，1989.

[3]江永.周礼疑义举要[M].上海：商务印书馆，1935.

[4]焦循.孟子正义[M].北京：中华书局，1987.

[5]蒋礼鸿.蒋礼鸿集[M].杭州：浙江教育出版社，2001.

[6]黎靖德编.朱子语类[M].北京：中华书局，1986.

[7]李维琦.佛经词语汇释[M].长沙：湖南师范大学出版社，2004.

[8]刘宝楠.论语正义[M].北京：中华书局，1990.

[9]倪思宽.二初斋读书记[M]//续修四库全书（第 1156 册）.上海：上海古籍出版社，2002.

[10]钱大昕.十驾斋养新录[M].上海：上海书店，1983.

[11]宋翔凤.孟子赵注补正[M]//续修四库全书（第 159 册）.上海：上海古籍出版社，2002.

[12]田昌五.谈临沂银雀山竹书中的田制问题[J].文物，1986(2)：57－62.

[13]王夫之.船山全书·礼记章句（第四册）[M].长沙：岳麓书社，1991.

[14]王夫之.四书稗疏[M].同治四年湘乡曾氏刊本《船山遗书》二十一。

[15]王毓瑚.先秦农家言四篇别释[M].北京：农业出版社，1981.

[16]杨伯峻.孟子译注[M].北京：中华书局，1960.

[17]杨天宇.郑玄三礼注研究[M].天津：天津人民出版社，2007.

[18]银雀山汉墓竹简整理小组编.银雀山汉墓竹简（一）[M].北京：文物出版社，1985.

[19]赵仲邑.蜗庐漫笔[M].广州：广东人民出版社，1980.

[20]朱承平.异文类语料的鉴别与应用[M].长沙：岳麓书社，2005.

[21]朱熹.孟子集注[M].上海：上海古籍出版社，1987.

[22]宗福邦，陈世铙，萧海波主编.故训汇纂[M].北京：商务印书馆，2003.

[23]邹汉勋.读书偶识[M].北京：中华书局，2008.

The Interpretation and Clarification of "*Bai Mu Zhi Fen*（百亩之粪）" in *Mencius*

Li Runsheng

Abstract：The interpretation of "*fen*（粪）" within the phrase "*bai mu zhi fen*（百亩之粪）" from Mencius has been a contentious issue，with scholars offering a variety of explanations. The two main interpretations are as follows：one view holds that "*fen*（粪）" refers to the act of "fertilizing" or "cultivating," while another suggests that "*fen*（粪）" is a phonetic loan for "*fen*（分）"，implying "differences". This study posits that "*fen*（粪）"，as a phonetic loan for "*fen*（分）"，conveys the concept of "crop yield"，drawing from the original sense of "duty" or "responsibility" inherent in "*fen*（分）". Later on，the character "*fen*（粉）" was specifically created to denote "crop yield," diverging from the broader connotations of "*fen*（分）".

Keywords：*bai mu zhi fen*（百亩之粪），*fen*（粪），*fen*（分），*fen*（粉），*Mencius*

通信地址：北京语言大学北京文献语言与文化传承研究基地/国际中文学院

邮　　编：100083

E-mail：lirunsheng@126.com

汉语钟点类时间词来源研究*

刘 曼

内容提要 汉语钟点类时间词的产生是语言接触所引发的词汇演变。明清时期,中欧语言接触发生在东南亚、中国澳门和内地等处,欧洲传教士是一大主体,"点钟、时、小时、下钟"等由他们输入汉语。新词在造词方式、用法、语体等方面存在诸多差异,乃由各地传教士传教方式、传教对象及传教语言的不同造成。中国人在接受过程中,通过简省、增加新义新用法、区分语体等对这些新词加以改造。清末以降,中国人又自创"句钟、打钟、钟头、钟点"等新词,部分受到"点钟"的类推影响。从西人输入到国人自创,在汉语近现代新词的来源中具有一定共性。新词的来源和流传体现了明清以来东南亚汉语和中国本土汉语之间的互动。

关键词 钟点类时间词 来源 语言接触 东南亚 中国本土

中国古人使用漏刻计时,将一昼夜等分为十二时辰,用十二地支加"时"标示,每个时辰相当于现代的两小时。明末,西方计时工具——钟表及二十四小时制开始由欧洲传入东南亚和中国,输入新的计时单位,催生了"点钟、小时、下钟、句钟、钟头"等表示一昼夜二十四分之一的钟点类时间词,包括时点词和时段词,均属近现代新词。为行文简洁,统称为"新词"。关于其来源,学界研究不多,相关工具书所列部分新词的始见年代嫌晚,如《近现代汉语新词词源词典》《近现代汉语辞源》中"点钟、点"以及"时"表时点,且个别新词未见收录,如"钟";李娜(2013)虽提及"点钟、小时、钟头"的来源,但所指"点钟"产生时代太晚,未指明新词新义的源语,无法准确分析新词的产生方式。有鉴于此,本文在语言接触的视角下重新予以考察,重点关注不同西人群体在东南亚和中国所创新词的差异及其对中国人用词的不同影响,中国人从接受、改造西人所创新词到进一步自创新词的过程,也试图讨论这组个案所反映的明末以降东南亚汉语与中国本土汉语的互动。

一 西人输入的新词

明末,天主教传教士从欧洲来到东南亚(如菲律宾)、中国澳门和内地,为了传教,学习汉语,其所操语言与汉语发生直接接触;也带来了机械钟和小时制,进而将一些新词输入汉语。在菲律宾的传教士创制了时点词"点钟"(记作"点钟₁",余词同),在华传教士创制了时段词"时"(记作"时₂",余词同)、"小时"和"下钟",均属语言接触引发的词汇演变。新词语义来自传教士所操欧洲语言,构成成分来自汉语。其造词方式和所选语素迥然有别,用法、初现

* 基金项目:国家社科基金项目"语言接触视域下近现代新词演变研究"(22XYY034)和国家社科基金重大项目"近代北方汉语语言接触演变研究"(23&ZD315)。

语境、语体色彩也不同。以下分而述之。

(一)在菲律宾的西班牙传教士与"点钟₁"

"点钟₁",明末见于在菲律宾的西班牙多明我会士笔下:

(1)绵挨氏十二点钟时,被人钉在居律上,至三点钟时魂乃离身死矣。(高母羡《天主要理》,引自张西平 2014:(38)150)

该书作于菲律宾,其中多闽南语词(方豪,1973),说明作者所学汉语应是当地福建移民的闽南语,在语言接触中,从西班牙语给闽南语带来了新的计时单位,创造了新词。

汉语"点"本是计时单位,一夜分五更(从晚上七时到次早五时),一更分五点,有"几更几点"之说;皇家报时"更以击鼓为节,点以击钟为节"(《旧唐书·职官志》),如《元史·兵志》:"一更三点钟声绝,禁人行;五更三点钟声动,听人行"(《汉语大字典》4747 页)。"点钟"本是名词,唐代已有,指报"点"时的响器钟或司钟之官职(李娜,2013)。时间词"点钟₁"未必是旧瓶装新酒的语义新词,原因是名词"点钟"口语中鲜见,检索北京大学 CCL 语料库,该词清代以前未见,不太可能被用来承载新义;"点钟₁"应是组合新词,用汉语语素重新组合而来(马西尼,1997:182-183),受到西班牙语和汉语的双重影响。前者表现在:西班牙语用数词加 en punto 表示整点,en 是介词,表示在……上;(西)瓦罗《华语官话词典》将 punto 译为"点"(Coblin,2006:470),西班牙传教士在将这种表达方式输入汉语时,也选择了语素"点"。后者表现在:语素"钟"的选用应受到中国人生活习惯的影响。明清两代省会都邑、各府州县建钟鼓楼计更,以钟鼓声向民间报时(王尔敏,2002:25,27),西人逢整点击钟报时、机械钟整点敲击与之类似。①

"点钟₁"及其简省形式"点₁"后为东南亚菲律宾、印尼、马来西亚等地的福建移民和中国侨民所用,见于其对当地的记述,如:

(2)巴礼者,番僧也。以濂水为令,将昼作夜,院各击钟以定时,子午为中天初点,未亥各十二点钟。(黄可垂《吕宋纪略》)

(3)礼拜寺楼极高。钟声四处皆闻,日夜敲打,子午为一点钟,至十二点而止,午后为二点钟,则家家闭户而卧,路无行人,是一日如两日,一世如两世矣。(王大海《海岛逸志·三宝垄》,成书于1791 年)

吕宋即菲律宾群岛;三宝垄即印尼中爪哇省首府。黄可垂(1720-1772)、王大海均为福建漳州人,黄曾到菲律宾经商,王曾侨寓爪哇十余年,后回到故里。

"点钟₁、点₁"应是由这些侨民传入中国东南沿海。② 澳门先于大陆使用,乾隆年间《澳门

---

① 内田庆市教授在 2020 年 4 月 29 日 bilibili 网站公开课中提到长崎县立历史博物馆藏 19 世纪初唐话资料《和汉俗语呈诗等杂字》中以下例句:你出去看看。几/八点时候来了。今日差不多有九点。刚刚打/钟了九点鼓/钟。(https://www.bilibili.com/video/BV1Tt4y1m7Zj? from=search&seid=7072370470339480648)其中,"八点、九点"并非二十四小时制表达,分别指十二时辰里的丑初或未初(一点或十三点)、子初或午初(二十三点或一点)。已请教内田教授,不能确定这种说法是否在"点钟₁"出现之前已有。如早于"点钟₁",则新词的产生与这种表达方式直接相关。钟打九下到四下("点")本依次与十二时辰之初(子初/午初、丑初/未初、寅初/申初、卯初/酉初、辰初/戌初、巳初/亥初)相应,后近似地对应于西洋钟打几下就是几点。

② 其著作的流传也促进了新词的传播,徐继畲任职福建时著成《瀛寰志略》,曾参阅《海岛逸志》,书中"点钟₁、点₁"即引自后者;魏源《海国图志》中"点₁"或引自《吕宋纪略》。

纪略》已见。后又传入邻近的广东其他地方,包括广州,19 世纪初,"点钟、点"表示时点和时段(记作"点钟$_{1,2}$、点$_{1,2}$",余词同)已见于彼处西方传教士笔下,如(英)马礼逊、(美)裨治文等:

(4)a. CLOCK,……What o'clock is it？是几点钟. (Morisson,1822:72)

b. HOUR, the twenty fourth part of a natural day,半个时辰,'half a she shin'; or 一点钟 'one stroke of the clock. '(Morisson,1822:215)

应习自当地中国人。例(4a)中"点钟"表时点,例(4b)中表时段。鸦片战争以后,通商口岸的开放促进了钟表和新时制的扩散(湛晓白,2013:203,215),中国官员和知识分子也开始使用这些新词,如徐继畬、魏源、魏秀仁等;此后进一步传播扩散,最终进入汉语共同语(详见刘曼,2020)。

(二)在华传教士与"时$_2$、小时、下钟$_1$"

"时"本表示时辰,如:

(5)五更归梦三百里,一日思亲十二时。(宋·黄庭坚《思亲汝州作》)

可前加十二地支表示时点:

(6)每至日方未时,即有气出于石穴中。(宋·彭乘《续墨客挥犀·未石》,转引自《汉语大词典》第 4 卷 689 页)

明末钟表和小时制传入中国后,西学著作中开始用"时"表示小时,如:

(7)右图且以四刻为一时,以便推算。每时共六十分,每刻得一十五分,而以一分为六十秒,一秒为六十忽。(《浑盖通宪图说》,1607 年,转引自黄河清,2020:1654)

"且以四刻为一时",说明开始是临时用法,后来逐渐固定下来,成为语义新词。该书是意大利耶稣会士利玛窦口授、李之藻笔述的天文学著作,节译自利玛窦老师德国人克拉维乌斯《论星盘》一书(杨泽忠,2004)。李之藻不懂西文,语言接触应发生在兼晓欧洲语言和汉语的利玛窦身上,新义借自西方语言,用汉语旧词形表示,不排除李之藻的参与,但主要应归功于利玛窦。

时辰可分为两个小的时段,分别以"初""正"命名,或称为"小时辰",见于欧汉双语书,[①]本土文献未见。清初又有"小时",或是"小时辰"之省,或来自在"时"之前添加限定性语素"小"。先为欧洲耶稣会士所用,如汤若望、南怀仁、利类思等:

(8)以一日诸行止率为实,以二十四小时为法除之,则得一时之行。(徐光启、李之藻、李天经、汤若望等编译《崇祯历书·五纬诸表》,1634 年)

(9)晚课,即夜课经也。古时分夜有四节,每节具三小时。夜自酉时起,候一节尽,始念夜课经。[利类思译《司铎典要》,1676 年,引自张西平,2014:(8)359]

与《浑盖通宪图说》类似,《崇祯历书》的中国编者不懂西文,新义当由传教士输入汉语;新词创制中,可能有中国合作者的参与,故选择改造汉语旧词的方式。

在京法国耶稣会士贺清泰白话圣经译稿中已用"下钟"表示时辰,如:

---

① The Chinese divide the twenty一four hours into twelve 时辰；……The European-Chinese books call an hour a 小时辰. (Morrison,1822:215)

（10）耶稣说："十二下钟，不是一天么？"（《古新圣经残稿》第 8 册 2944 页）

19 世纪初，在澳门的葡萄牙遣使会士江沙维《汉字文法》（1829 年）、《洋汉合字汇》（1831 年）中出现和"点钟$_1$"同义的"下钟$_1$、下$_1$"：

（11）你是几下钟起来的？我七下二刻起来了。（《汉字文法·问答》）

"下钟$_1$"可以说是对"点钟$_1$"的中国化改造，以中国人熟悉的"下"替换了译自西班牙语的"点"。动量词"下"南北朝时期已用（向熹，2010：348），至迟明代已可表示人敲打钟的动作数量，如《西游记》第八〇回："故此拾一块断砖，把钟打一下压胆"。在中国本土使用"点钟$_1$"之前，国人用"钟打/敲几下"表示自鸣钟所指时间已不少见。如《红楼梦》"自鸣钟已敲了四下""也没留心听钟几下了"等。19 世纪中期以后，"下钟$_1$、下$_1$"在中国人著作中沿用，如魏秀仁《花月痕》《筹办夷务始末》、郭连城《西游笔略》、清末"四大谴责小说"等。传教士早于国人使用，可能是新词创制者。两位传教士虽然一北一南，但江沙维很有可能知晓贺清泰的著作和用词，从而加以改造。因所见资料有限，不能排除"下钟$_1$、下$_1$"为中国人所创的可能。

上述新词可分为两组："时$_2$、小时"和"点钟$_1$、下钟$_1$"，其间存在诸多差异。其一，造词方式不尽相同。"时$_2$"是语义新词，"小时""点钟$_1$、下钟$_1$"则是组合新词。组合新词简单、易使用，相较之下，语义新词的创造更需要知识修养（马西尼，1997：182，183）。在中国内地的耶稣会士，由于传教对象是知识分子，使用文言和官话，故注重对文言的学习和掌握，汉语传统知识比较深厚，加上中国知识分子的辅助，具有创造语义新词或改造旧词成为新词的条件。在菲律宾的多明我会士，由于传教对象是福建移民，文化水平不高[①]，使用方言，故用方言传教，不太注重对文言的学习，创制语义新词的能力不强，因而造出组合新词；在澳门的江沙维也用口语传教，故编写口语教材，改造口语词成为"下钟$_1$"。两类新词的影响也不同。组合新词可带动其他词语连同发展（马西尼，1997：183）。清末，中国人自创新词"句钟"就受到"点钟、下钟"的类推影响，详下。

其二，用法不同。"时$_2$、小时"表时段，"点钟$_1$、下钟$_1$"表时点。原因在于：在菲律宾和澳门，机械钟和小时制已进入社会公共生活，如例（3）所示，需表达钟楼和自鸣钟所报时点，故"点钟"初创即表时点，"下钟"在澳门获得时点用法；在中国内地，直至清代同治朝以前，钟表虽进入宫廷和贵族家庭，但表上刻度仍循中国计时法，钟表及小时制均未进入社会生活（王尔敏，2002：25），没有表达时点的需要，因此"时$_2$、小时"作为时段词出现。

其三，初现语境不同。"点钟$_1$"出现在口语性强且带有方言色彩的宣教著作中，"下钟$_1$"见于汉语口语教材，"时$_2$、小时"则主要见于用文言写成的、书面语性强的著作中。原因除了前述传教对象文化水平及其所用语（方）言不同外，还有各地传教士传教方式的差异。西班牙殖民者在菲律宾执政，葡萄牙殖民者在澳门执政，当地传教士可口头传教；在华耶稣会士则受排外和禁教政策所限，主要靠文书传教、科技传教。因此，各地传教士汉语著作的内容和语体有所不同。

其四，初现语境的不同影响了新词的语体色彩。"点钟$_1$、下钟$_1$"口语性强，"时$_2$、小时"书面语性强；又影响了各自在不同中国人群体中的使用，"点钟$_1$"先为社会地位和文化水平不高的东南亚中国移（侨）民所接受，"下钟$_1$"先为东南沿海下层民众所接受，《花月痕》中见

---

① 到达吕宋并居留于彼者有海商和各种手工艺者，还有文化教育以至演艺人员（周振鹤，2018：95）。总体而言，文化水平不高。

于跟班、小童、青楼女子等人之口,也见于知识阶层之口;"时₂、小时"则为清廷所接受,用于御定数学著作或官修史书等,如:

(12)又有日十二时,(又为二十四小时),时八刻,又以小时为四刻,刻十五分,分以下与前同。(康熙御定、梅毂成等编纂《数理精蕴》下编卷一,转引自湛晓白,2013:213—214)

(13)日周分一千四百四十,时二十四(每时六十分),刻九十六(每刻十五分)。(《明史》卷三七,定稿于 1739 年)

后为中国知识阶层所沿袭,如钱大昕《十驾斋养新录》、恽毓鼎《澄斋日记》等。

在华传教士和在菲律宾的传教士所造新词存在语体差异的不限于这一组。明末清初,表示一周七天和星期,前者创用了较为文雅、书面语性较强的"瞻礼+数字"和"瞻礼",也用"主+数字/日"和"主日",后者则创造了更为通俗的"礼拜+数字/日"和"礼拜"(刘曼,2019)。体现了两地传教士传教语言的整体性差异。

(三) 中国人对新词的改造

中国人(包括移民、侨民)对西人输入的新词并非只是被动地接受,而有消化、改造的过程,以使新词更加适应汉语的特点和表达需要。具体手段包括简省、增加新义新用法、区分语体等。

1. 简省

"点钟₁"进入汉语后,先后出现了两个简省形式——"点₁"和"钟₁",均先见于中国人笔下。"点₁"19 世纪前后已见于菲律宾的中国侨民笔下,如例(3);"钟₁"大致同时见于中国本土,19 世纪末以后才较为多见,如:

(14)洋字十二时音译:Ⅰ,丑未初,一钟;Ⅱ,丑未正,二钟;……。(徐朝俊《自鸣钟图说》7 页上,转引自庄钦永、周清海,2010:136)

(15)西人于廿二至念四日连日驰马角胜负,定于十二钟驰三次,停一点钟,稍为休息再驰,至夜方散。(《申报》,1872 年 4 月 30 日)

从"一至十+点钟"这种单双式偏正结构,一般不为汉语所接受(参见冯胜利,1997:9,14);从"点钟"到"点、钟",省略了一个音节,符合语言的经济原则;而且"一至十+点/钟"所形成的双音节,正好是汉语的一个韵律单位,优于"一至十+点钟"所形成的超音步。"下钟"简称为"下"亦然。同理,由西人输入的"礼拜几",中国人或省略成"拜几"或"礼几",如:

(16)每拜六日讨账,往往其人他适,则无可追寻。(叶羌镛《吕宋记略》)

(17)十九日己丑,晴,礼二。七点起,收拾定。(祁兆熙《游美洲日记》,1874 年,转引自《近现代汉语新词词源词典》155 页)

2. 增加新义新用法

至晚 18 世纪初,"点钟、点"可表时段,如:

(18)守者晴则持铳,雨则施枪,每人轮值两点钟,绕行不息,虽夜不休(……凡轮哨依泛防官栅连派定,过二点则交代)。(程逊我《噶喇吧纪略》)

之前未见天主教传教士使用,可能是中国人后增的新用法;先出现在东南亚,可能也自彼传入中国本土。[①]"下钟"亦见表小时的时段用法,先见于中国白话小说,后也收于(美)卢公明《英华萃林韵府》、(德)赫美玲《标准官话英汉词典及翻译手册》等,如:

(19)一下多钟,荷生汗出,人略松些,方才睡下。(《花月痕》第一八回)

"钟"亦然,如:

(20)合验磷与钙,阅两钟不成。(《女子白话报》第二期,1912 年 11 月 1 日)

清末,中国人还给"时"增加了表时点的用法,如:

(21)验时球每日十一点三刻升起半杆,十一时五十五分升至杆顶。(《申报》,1885 年 1 月 28 日)

3.区分语体

前文论及"点钟$_1$、下钟$_1$"与"时$_2$、小时"存在语体差异,因而初期分别在不同中国人群体中使用,下面介绍这种差异后来如何影响中国人的用词。

19 世纪后半期,"点钟$_{1,2}$"经由东南方言进入官话,域外官话教材多见,如(英)威妥玛《语言白迩集》,(日)吴启太、(日)郑永邦《官话指南》,(朝)李应宪《华音启蒙谚解》、(美)狄考文《官话类编》等;"点钟$_{1,2}$"也进入了书面语,《筹办夷务始末》中的外交文书、海关章程、官员奏折均用,但始终保持着口语色彩,清末白话小说频见,如《海上花列传》、"四大谴责小说"、《小额》等。"下钟$_{1,2}$"也主要用于口语文献,如前述白话小说;清末民初虽也偶见于文言日记、南方报刊等,但始终保持较强的口语性。

同时,中国人开始在书面语中有意使用"时$_1$、钟$_1$"作为"点钟$_1$、点$_1$"的替代(如例 21、15)、"时$_2$、小时"作为"点钟$_2$"的替代,如文言的报刊文章、日记、小说等:

(22)上图又后于前一图半小时,在晨间十时半所摄也。(《世界》1907 年第 1 期,48 页)

(23)伏案奏刀,二时始就。(《玉梨魂》第二章)

例 22 中"时"表时点,例 23 中"时"表时段。(日)冈本正文《北京纪闻》(1904)白话部分用"点钟$_1$",文言部分则主要用"钟$_1$、时$_1$"。上述白话小说中仅见"钟$_1$""小时"各 1 例,"时$_{1,2}$"未见。

至此,"时$_{1,2}$、小时"和"点钟$_{1,2}$、点$_1$"从并存于不同人群到形成语体互补,知识分子在不同语体中有意对两组词加以区分。

二　中国人自创新词

19 世纪中叶以后,钟表的流通更为广泛,二十四小时制影响日隆(湛晓白,2013:215,217),中国人表达新时制的需求更加旺盛,除了沿用西人输入的词语外,也自创了一些本土化或地方化的新词"句钟、打钟、钟头、钟点"等,均是组合新词,其中或有西人所创新词的类推影响。创制新词的中国人未必懂欧洲语言,故所创新词并非来自直接的语言接触,而是在西人输入的新词的影响下产生。

[①] "点钟$_2$"今仍用于中国台湾、马来西亚、泰国、印尼(李宇明,2016:338)。

(一)句(记)钟、打钟

19 世纪末 20 世纪初,江浙地区(包括上海)出现"句钟$_{1,2}$",如:

(24)厚斋兄阁下:弟于今夜九句钟时在渭泉楼书场候兄一叙。(上海《奇新报附张》,1902 年 531 期 1 页)

(25)由沪至此,四百八十英里,仅行三十四句钟。(林炳章《癸卯东游日记》,1903 年,转引自黄河清,2020:852)

又写作"勾钟"。大致同时,还出现了"打钟$_{1,2}$",见于《清议报》、庞观山《梁卓如先生澳洲游记》等,用例稀少。和"下钟$_{1,2}$"一样,系模仿"点钟$_{1,2}$"类推而来,体现了"序数词＋X＋钟"词模的生成能力。二者词源类似,源自钟打几下就是几点钟,如《红楼梦》"钟打过十一下了",因此人们将钟表敲打报时的物理现象与其所报时间联系起来,如《花月痕》"听得挂钟已是八下了"。"下""句"都是动量词,"下"南北朝时期已用,吴语说"记","句"是其同音替代,杨泗孙(1823－1889)纂《光绪常昭合志稿》卷六即指出:"近人每谓几句钟,因嘉兴人读'句'如'记',故借用之耳。"(宫田一郎等,2003:334)以"下/句"替换"点钟"中的"点"构成新词,理据更为显豁。"下钟"是在华传教士对"点钟"的中国化改造,"句钟"则是吴语区人士对"点钟、下钟"的地方化改造,"打钟"亦应如此。吴语小说《九尾狐》中既有"点钟、下钟",又有"句(记)钟"。[日]前田清哉《支那语学校讲义录》(1901－1902)中则将"记"和"点钟"分别作为南北方言用词差异的代表。

(二)时段词"钟头、钟点"

19 世纪中叶以后,"点钟$_2$"口语、书面语通用,但兼表时点,表义不够明晰;"小时"使用人群范围太小,又局限于书面语;在汉语词汇系统的内在结构压力下,20 世纪初,中国人自创的专任时段词"钟头"在口语中兴起,如:

(26)雪渔道:"要动起手来,三个钟头就完了事了。"(《二十年目睹之怪现状》第三七回)

白话小说中用例不少。"钟头"虽与汉语本指司钟的僧人之职的旧词同形(李娜,2013),但表示小时与此无关,应系量词"点钟$_2$"的省称"钟"加名词词尾"头"构成,其前可加量词"个";"头"六朝以后虚化为词尾,可以放在单音名词后面构成复音词,无实义(向熹,2010:272,287－289)。

民国后期又出现了另一时段词"钟点",如:

(27)别忙,密司张,还差半个钟点哪!(《子夜》九)

系"点钟$_2$"逆序造词,可视为量词"点钟$_2$"的名词化,本表示课时,如:

(28)近日学部已派员调查京城内外各学堂课程钟点,每日限六点钟为率。(《四川学报》,1906 年第 10 期 15 页)

又泛化表示一般时段。"钟头"是附加式造词,"钟点"是逆序造词,都利用了汉语常见的构词方式。

新时段词的发展似乎受到汉语旧时段词"时辰"的影响。该词是名词,其前可加量词"个"。[①] "钟头"出现以前,由时点词兼任的时段词"点钟₂、点₂、钟₂、下钟₂、句钟₂、打钟₂"等均是量词,其前不可再加量词"个";而"钟头"是名词,其前可加"个",终与"时辰"一致;"小时、钟点"受其类推影响,进入民国之后也可加"个"。

(三)从输入到自创

从西方传教士输入到中国人自创,在汉语近现代新词来源中具有一定共性。

明末清初,汉语与欧洲语言接触,诞生了"礼拜(+数字)""瞻礼(+数字)""主+日/数字"等表示星期和一周七天的新词,均系西方天主教传教士输入;19 世纪末,随着星期制度在中国的扩散和普及,中国人又自创了"星期、来复"等新词(刘曼,2019);民国时期,又借入日语"周"表示星期,并在其基础上自创了"周+数字/日",如:

(29)下周一起四点钟收盘。(《新闻报》,1936 年 2 月 21 日 16 版)

三 明清以来东南亚汉语与中国本土汉语的互动

第一,东南亚汉语方言中产生的新词进入中国本土汉语共同语。

明末清初,中西文化交流、语言接触不只发生在中国本土,也发生在东南亚。彼处主要是欧洲语言与闽南语、粤语等南方方言接触,出现了一些由西人输入闽粤方言、表达西方文化概念的新词,如"点钟₁""礼拜"等,当地中国移(侨)民受而用之,并传入中国本土,进入了汉语共同语。由于彼处汉语方言相对于中国本土共同语是下层语言,因此,主要影响共同语口语。

第二,中国本土的自造新词、词语替换影响东南亚汉语。

"句钟₁,₂"自吴语兴起,清末民国时期进入南北方报刊广为传播,又传入东南亚汉语,见于 1911—1912 年新加坡《叻报》、1928 年《菲律宾苏洛华侨当仁学校刊》等。"句钟₁"今仍用于泰国等地,"句钟₂"今仍用于香港、澳门、马来西亚、泰国(李宇明,2016:826)。"钟₁"也见于 1922 年《叻报》。

中国本土共同语作为上层语言,主要影响东南亚汉语共同语——华语及其书面语,尤其是在五四运动以后。邱克威(2014)即指出:"五四新文化运动的冲击对新马华人词汇由方言到华语的转换影响是很关键的。""时₁、小时"都是中国本土产生的书面语词,在有些本土报章,如上海《新闻报》中,20 世纪 10 年代,"时₁"已明显超过"点钟₁、点₁";20 世纪 20 年代,"小时"已取代"点钟₂"(详见刘曼,2020)。《叻报》中,20 世纪 20 年代以后,"时₁"取代"点钟₁、点₁";也出现了"小时"(周琼,2017);今当地华语仍用(陆俭明,2018:324,326)。

前述表示星期和一周七天的新词是两地汉语互动的又一例证。"礼拜"由西班牙传教士输入闽南语,后传入中国本土,进入汉语共同语;后来在中国本土书面语中被中国人自创的"星期"所替代(刘曼,2019),又影响了东南亚华语,1925 年以后,《叻报》中"星期"取代"礼

---

① 如清·孔尚任《桃花扇·媚座》:"昼短夜长,差了三个时辰了。"(《汉语大词典》,第 5 卷 695 页)

拜"(车淑娅、周琼,2018),今新加坡华语中仍与"礼拜几、拜几"并用(陆俭明,2018:321)。

四 结 语

汉语钟点类时间词在中欧语言接触下产生。主要来源有三:明末在菲律宾,西班牙语与闽南语接触中,西班牙传教士创造了"点钟$_1$";在中国内地和澳门,明末至鸦片战争以前,欧洲语言与汉语共同语接触中,欧洲传教士创造了"时$_2$、小时"和"下钟$_1$";鸦片战争以后,中国人自创了"句钟$_{1,2}$、打钟$_{1,2}$、钟头、钟点"等。此外,还有中国人改造西人所创新词形成的"点钟$_2$、点$_{1,2}$、钟$_{1,2}$、时$_1$"等。结合同时期其他新词的演变,可以看出从西人输入到国人自创在汉语近现代新词的来源中具有一定共性。

各地天主教传教士所造新词存在诸多差异,大致反映了天主教不同地域的传教方式、传教对象对其传教语言的不同影响。又分别影响了中国人的口语用词和书面语用词。中国人自造新词则表现出本土化和地方化倾向。新词的来源和流传体现了明清以来东南亚汉语和中国本土汉语之间的互动。

征引书目

宋·黄庭坚撰,刘尚荣校点《黄庭坚诗集注》,中华书局,2003。

明·吴承恩《西游记》,人民文学出版社,2020。

清·程逊我《噶喇吧纪略》//王大海撰著,姚楠、吴琅璇校注《海岛逸志》,香港学津书店,1992:174-182。

清·黄可垂《吕宋纪略》//王锡祺《小方壶斋舆地丛钞》第十秩,杭州古籍书店,1985。

清·王大海《海岛逸志》//王锡祺《小方壶斋舆地丛钞》第十秩,杭州古籍书店,1985。

清·魏秀仁著,晓蓓、茜子校点《花月痕》,齐鲁书社,1998。

清·吴沃尧著,张友鹤校注《二十年目睹之怪现状》,人民文学出版社,1996。

清·叶羌镛《吕宋记略》//王锡祺《小方壶斋舆地丛钞再补编》第十帙,杭州古籍书店,1985。

清·张廷玉等《明史》,岳麓书社,1996。

茅盾《子夜》,人民文学出版社,1961。

徐枕亚《玉梨魂》,春风文艺出版社,1997。

[法]贺清泰《古新圣经残稿》,中华书局,2014。

参考文献

[1]车淑娅,周琼. 语言接触视角下的清末民初新加坡华文报章时点时间词研究[J]. 中国语文, 2018 (4):493-509, 512.

[2]方豪. 明末马尼拉华侨教会之特殊用语与习俗[J]. 现代学苑, 1973(15):177-193.

[3]冯胜利. 汉语的韵律、词法与句法[M]. 北京:北京大学出版社,1997.

[4][日]宫田一郎,石汝杰主编. 明清吴语词典[M]. 上海:上海辞书出版社,2003.

[5]汉语大字典编辑委员会. 汉语大字典[M]. 成都:四川辞书出版社;武汉:湖北辞书出版社,1986.

[6]黄河清. 近现代汉语辞源[M]. 上海:上海辞书出版社,2020.

[7]《近现代汉语新词词源词典》编辑委员会编. 近现代汉语新词词源词典[M]. 上海:汉语大词典出版

社，2001.

[8]李娜. 谈民国时期词语的过渡状态——由"点钟"的时间义说起[J]. 绥化学院学报，2013（5）：35
—40.

[9]李宇明主编. 全球华语大词典[M]. 北京：商务印书馆，2016.

[10]刘曼. "礼拜"和"星期"流传替换考[J]. 澳门理工学报，2019（3）：55—63.

[11]刘曼. 汉语钟点类时间词的更替及语体对立的形成[M]//汉语史研究集刊（第二十八辑），成都：四
川大学出版社，2020.

[12]陆俭明. 新加坡华语语法[M]. 北京：商务印书馆，2018.

[13]罗竹风主编. 汉语大词典[M]. 上海：汉语大词典出版社，1986—1993.

[14][意]马西尼. 现代汉语词汇的形成：19世纪汉语外来词研究[M]. 黄河清，译. 上海：汉语大词典出
版社，1997.

[15]邱克威.《叻报》的词语特点及其词汇学价值管窥[J]. 语言研究，2014（4）：102—107.

[16]王尔敏. 明清时代庶民文化生活[M]. 长沙：岳麓书社，2002.

[17]向熹. 简明汉语史（修订本）[M]. 北京：商务印书馆，2010.

[18]杨泽忠. 利玛窦与非欧氏几何在中国的传播[J]. 史学月刊，2004（7）：36—40.

[19]湛晓白. 时间的社会文化史：近代中国时间制度与观念变迁研究 [M]. 北京：社会科学文献出版
社，2013.

[20]张西平主编. 梵蒂冈图书馆藏明清中西文化交流史文献丛刊（第一辑）[M]. 郑州：大象出版
社，2014.

[21]周琼. 新加坡《叻报》时间词研究[D]. 南京：南京师范大学，2017.

[22]周振鹤. 晚明时期中国福建漳泉地区对吕宋的移民[M]//周振鹤编. 中欧语言接触的先声：闽南语
与卡斯蒂里亚语初接触. 上海：复旦大学出版社，2018.

[23]庄钦永，周清海. 基督教传教士与近现代汉语新词[M]. 新加坡：青年书局，2010.

[24]W. South Coblin. *Francisco Varo's Glossary of the Mandarin Language*[M]. Sankt Augustin：
Monumenta Serica Institute，2006.

[25]Robert Morrison. *A Dictionary of the Chinese Language*[M]. Macao/London：Black，Parbury and
Allen，1822.

On the Origins of Chinese Hourly Time Words

Liu Man

Abstract：The emergence of Chinese hourly time words is the result of lexical change caused by language contact. During Ming and Qing Dynasties, Chinese and European languages contacted in Southeast Asia, Macao and Chinese mainland, in which European missionaries were one of the major groups. New words like "dianzhong, shi, xiaoshi, xiazhong" were imported to Chinese by them. There are some differences in the aspects of word creation, usages and style among them, which caused by the differences of missionary methods and missionary objects in these places. In the process of acceptance, Chinese reformed these new words by abbreviating, adding new meanings and new usages, and distinguishing the styles. After the end of the Qing Dynasty, Chinese people created "juzhong, dazhong, zhongtou, zhongdian", partly were the analogy of "dianzhong". From

Westerners' importing to Chinese people's self — creation is relatively common in the sources of modern Chinese new words. The origin and spread of new words reflects the interaction between Chinese in Southeast Asia and Chinese in China's mainland since the Ming and Qing Dynasties.

Keywords：hourly time words，origins，language contact，Southeast Asia，Chinese mainland

通信地址：西安外国语大学中国语言文学学院
邮　　编：710128
E-mail：liuman_322@163.com

烹饪动词"煤"的词义演变及其文化动因 *

翁琳佳　　盛益民

摘　要　本文是一项对烹饪动词"煤"从符意学角度进行的个案研究。主要涉及语素同一性的判定、具体演变过程的考察、演变动因的探究三个方面。"炸"是"煤"的异体字,中古音韵地位是咸开二入洽崇,本义是"焯水"。本文采用义素分析法,考察历时文献中"煤"从焯水义到油炸义的词义演变。同时,从食用油的普及以及铁质炊具的盛行这两方面,分析了社会生活变化对"煤"油炸义产生的推动作用。

关键词　"煤"　义素分析　词义演变　演变动因

一　引　言

Traugott & Dasher(2002)、吴福祥(2019)等著作主张,符意学(semasiology)和定名学(onomasiology)是研究词汇演变的两种主要方法或视角。[①] 符意学着眼于形式到功能的映射(从语言符号到现实世界),关注的是某个特定的词项如何获得新的意义;定名学则着眼于功能到形式的映射(从现实世界到语言符号),关注的是某个特定的概念如何获得新的名称或说话人如何为某个特定的概念找到新的表达形式。本文从符意学角度对烹饪动词"煤"(后起俗字为"炸")进行个案研究,以期解释汉语词汇演变的个性如何形成。

符意学主要关注某个特定形式的具体词义演变,我们认为至少涉及语素同一性的判定、具体演变过程的考察、演变动因的探究等多个方面。其中,语素同一性的判定对词汇研究至关重要。词汇研究领域所关注的字词关系问题,已经注重到了同一性问题;而本文认为,在讨论词汇的语音来源时也需要重视同一性的判定。在符意学的具体词义演变过程的揭示方面,需要注重细节的展现,诸如哪些变化是演变的开端、哪些变化导致了最终词义的演变等。为此,本文引入义素分析法,深入共时层面词义的内部的微观结构,揭示义素的组合和聚合规律。

同时,本文打算着重讨论文化因素在词义演变过程中的推动作用。吕叔湘(1988)认为,词汇的历史最能反映人们生活和思想的变化。吴福祥(2017)指出,人类语言的语义演变既决定于认知—语用的普遍性,也受制于文化—历史的相对性,由此才会形成词义演变的共性与个性。而受制于文化—历史的主要动因,包括汪维辉(2018:22—26)提到的"同音竞争""避讳""文化因素"等方面,最能体现汉语词义演变的个性,很有必要予以更多关注。

本文首先从义、音、形三方面对"煤"语素同一性进行详细讨论(第二章);在第三章中通

---

* 盛益民为本文通讯作者。本文为国家社科基金重大项目"清末民国汉语五大方言比较研究及数据库建设"(项目号:22&ZD299)的阶段性成果。本文写作及修改过程中,承蒙汪维辉、李豪、戴佳文、赵川莹等师友的指正。《汉语史学报》编辑部及外审专家提出了宝贵的修改意见,一并致谢。

① 本文"符意学"和"定名学"的翻译根据吴福祥(2019)。

过不同时期文献的梳理,进一步考察其从焯水义到油炸义的词义演变,并通过义素分析法展现演变细节;由于焯水义到油炸义的演变背后涉及特定的社会文化生活的变迁,第四章着重从这个角度考察词义演变的动因。第五章是全文的总结。

二 "煠"的语素同一性认定

吴连生(1997)是我们所见仅有的一篇专门讨论"煠"的论文,文章认为"煠"有两个读音、四个义项:一个是读丑涉切,义同"焯",意为"将蔬菜放入沸水中略煮即行捞起";另一个是读士洽切,包含"把食物放在沸油里弄熟""将食物放在清水里用火猛煮,并且煮较长的时间""将菜蔬放在清水里白煮,不放任何佐料"三个义项。我们认为吴文割裂了"煠"的语素同一性,下文将从三个方面对此展开讨论。

(一)"煠"的词义

"煠"在《现代汉语词典》(第 7 版)中有两个义项:①烹调方法,把食物放在沸油里弄熟,比如"～油条"。②<方>焯:把菠菜放在开水里～一下。

除了焯水义和油炸义之外,"煠"在方言中还可表示水煮义。吴连生(1997)认为应该区分"将食物放在清水里用火猛煮,并且煮较长的时间"和"将菜蔬放在清水里白煮,不放任何佐料",不过我们认为,后一种义项强调的是短时间和不放佐料,且搭配对象一般都是蔬菜,与焯水义并无本质区别,不必单列。

石声汉(2009[1957]:258)指出,油炸义全国普遍可见,焯水义在山东、河北、河南、安徽、湖南和西粤方言中保存着。盛益民、翁琳佳(2022)统计了《现代汉语方言大词典》所收 42 种方言中,除银川、武汉、忻州、于都、东莞五地未收"煠"外,"煠"①油炸义②水煮义③焯水义三个义项的具体分布,转引为表 1 所示。由表 1 可知,焯水义南北皆有,油炸义主要分布于北方方言,而水煮义则只见于南方方言。

表 1　汉语方言"煠"的词义分布

方言点	焯水	油炸	水煮
哈尔滨、济南、牟平、徐州、乌鲁木齐	+	+	
洛阳、西安、西宁、扬州、南京、成都、贵阳、太原、万荣、丹阳、长沙、娄底		+	
崇明、绩溪、厦门	+		+
柳州、苏州、上海、金华、南昌、广州、南宁平话、雷州、海口			+
温州、萍乡、黎川、梅县、建瓯、福州		+	+
杭州、宁波①	+	+	+

---

① 本刊外审专家指出:宁波方言焯水义不说"煠"。不过,我们调查了多位母语者,发现不少人接受"菠菜煠一煠"这种表示焯水义的例子。

在以上三种义项中,缪启愉(1998[1982])、陈立中(2020)、贺晓雅(2020)等普遍认为焯水义是"煠"的本义,尤其是缪启愉(1998[1982]:570)对此有非常明确的说明:"《集韵·入声·三十二洽》'煠''渫'同字,引《广雅》:'瀹也。'即在汤中暂沸即捞出,目的在解去某种蔬菜和肉类的苦涩或腥膻的气味,正系半生半熟。"

不过"煠"字不见于先秦文献,《说文》也未收录,其何以具有焯水义?洪勇明(2010)提出来自方言,但是这种方案并未实质性解决"煠"的词源问题。

本文认为,表示焯水义的"煠/渫"应该与本义为除去义的"渫"存在语源上的关联。《说文》中"渫"的释义为"除去也,从水枼声","煠/渫"表给食物去腥的焯水义应该就来自于"渫"的除去义,可以看成除去义动词专化为了烹饪动词。①

(二)"煠"的语音形式

在确定"煠"不同词义的词源后,我们需要进一步从语音角度进行语素同一性的判定。"煠"在《王三》《广韵》和《集韵》中都有三个音韵地位,总结为下表:

表 2 《广韵》《集韵》"煠"的音韵地位

	《王三》	《广韵》		《集韵》	
①以母叶韵	与涉切	与涉切	煠煸	弋涉切	爥也
②崇母洽韵	士洽切	士洽切	汤煠	实洽切②	《博雅》:瀹也。
③彻母叶韵	丑辄切	丑辄切	爥煠	勑涉切	《博雅》:瀹也

《汉语大字典》"煠"条将焯水、油炸二义概括为"食物放入油或汤中,一沸而出称煠",读音标的是《广韵》的士洽切;但是吴连生(1997)认为油炸义的"煠"来自士洽切,焯水义的"煠"来自丑辄/丑涉切。本文认为吴文的说法并不准确,焯水、油炸、水煮三个义项都应当来自士洽切,理由如下:

一方面,在古籍中,已有明确提及具体读音的书证。《齐民要术·八和齑第七十三》"宜以鱼眼汤渫"的"渫"后,崇文院刻本、日本农林综合研究所影印金泽文库旧抄本有"银洽反"、明钞本有"録洽反"的音注,石声汉(2009[1957]:806)指出:"'渫'字无用'银'字或'録'字为声母来拼音的道理,怀疑'録'字是'银'字看错,'银'字又是'鉏'字写错。……这里的'渫',也应当是'渫'字或'煠'字。"我们赞同该论断,"鉏"就是中古崇母字,可证焯水义来自崇母的士洽切。唐代李匡乂《资暇集》卷下"生肝镂聚"条就对"煠"两个音韵地位所对应的词义进行过详细辨析:"字书内'煠'字,音丑猎者,讹呼丑甲反尔。此字火旁云下木,别有火旁世世③下木,音士甲反,是沸汤渫菜字。其音丑猎者,义由暗爥也。"其中的士甲反对应于《广韵》士洽切,"沸汤渫菜"已经明确指出其义就是表示焯水。再比如在裴务齐正字本《刊谬补缺切韵》中将士洽反的"煠"释为"汤中小煮",敦煌文献《俗务要名林》的乙卷中"煠"后注为"汤中煠物。士匣反",都已经明确提出焯水义当读崇母洽韵。

另一方面,现今方言的读音也能反映其历史来源。从表1可知,同时具有焯水与油炸两

---

① 当然,李豪(私人交流)指出:"煠"读成士洽切不符合谐声规则,可能是误读。这个问题还有待于进一步研究。
②《广韵》的"士洽切"整个小韵在《集韵》中反切写成了"实洽切"。
③ 原文中有两个"世",其中一个当为衍文。

义只分布于北方方言和杭州话,各地两者的读音完全相同:哈尔滨两义都音 tʂa²⁴、济南音 tʂa⁵¹、牟平和乌鲁木齐音 tsa⁵¹、徐州音 tsa⁵⁵、杭州和宁波音 zaʔ²。因此,两义也不可能有不同的音韵来源。而用"煠"表焯水义的各方言点中,其声母都是不送气塞擦音或者擦音,除了以上各点外,再如:绩溪 soʔ³¹、崇明 zæʔ²、厦门 saʔ。因此,从语音演变规律上看,焯水义的"煠"也不可能来源于中古的丑辄/丑涉切。

综上,焯水、油炸二义均来源于中古崇母洽韵的士洽切,两者仅是反映了词义演变的不同阶段。清代翟灏《通俗编·杂字》中对"煠"有如下说明:"按今以食物纳油及汤中一沸而出,曰煠。"早已看到两者之间的密切联系,这点后文将会有详细讨论。

(三)"煠"的字形

字形往往会干扰语素同一性的判定,因为常常同一个语素可以用不同的字形表示,研究者有时会误解它们代表不同的语素,而实际上,它们只是异体字的关系。

"煠"在先秦文献和《说文》中均未见,辞书记载最早见于三国魏张揖的《广雅》:"覶、衷、腊、爚、煠、汤,爓也。"

而"煠"在文献中最早的用例则见于北魏贾思勰的《齐民要术》(四部丛刊景明钞本),有"煠""渫""涾"三种字形,均表示焯水义:[1]

(1)野取,色青,须别铛中热汤暂煠之,然后用;不煠则苦涩。(羹臛法第七十六)

(2)作胡荽菹法:汤中渫出之,著大瓮中,以暖盐水经宿浸之。(种胡荽第二十四)

(3)未尝渡水者,宜以鱼眼汤涾半许,半生用。(八和齑第七十三)

到了唐代,为避李世民之讳,"煠"字改形为"煠""燤",或者缺笔写作"煠"等。在张涌泉主编的《敦煌经部文献合集》(2008)中,各类字形较为丰富,比如:

(4)燤:沸陽[□□□]。(《俗务要名林·饮食部》,据张涌泉主编,2008:3611)[2]

(5)煠:汤煠。(蒋斧印本《唐韵》残卷,据张涌泉主编,2008:3373)

当"煠"发展出油炸义之后,也同样存在"煠""涾""渫"等多种写法。例如:

(6)油燦。䭀䬽。(S·5671《诸杂字》,引自张涌泉主编,2008:4257)

(7)似这等油煠猾猴般性轻狂。(元·杨梓《元刊杂剧三十种·霍光鬼谏》第一折)

(8)他当时曾下九鼎油锅,就渫了七八日也不曾有一点泪儿。(世本《西游记》三十四回,引自陈敏,2018)

有意思的是,部分文献对不同的词义进行了字形分化,如《东京梦华录》用"渫"表示焯水义,"煠"表示油炸义。[3]

而在元明文献中,开始大量地改变"煠"的声符或采用同音字,于是出现了"鍤"、"扎"、

---

① 此外,缪启愉(1998[1982]:591)提到,《食经》有个特用动词"沙"表示焯水义,并认为"沙"是"燦""煠"的借音字。不过,汪维辉(2003)指出,"沙"在语音上与"煠"相差较远,不大可能是"煠"的借音字,确切含义待考。我们赞同汪文这种审慎的态度。

② 张涌泉主编(2008:3612)校曰:"'燦'乙卷作'燦',皆为'煠'字避唐讳的改写字。注文'阳'庆谷及《汇考》皆校作'汤',是,'沸汤'二字甲写在双行注文的右行,左行空白,应有脱字,故拟补不明字数的脱字空格;乙卷注文作'汤中燦物。士匣反',疑甲三所脱为'燦物士匣反'五字。"

③ 此外,石声汉(2009[1957]:258)对"作胡荽菹法:汤中渫出之,着大瓮中,以暖盐水经宿浸之"中的"渫"注曰:"'渫':在沸水中煮叫'渫',在沸油中煎叫'煠'。"陈敏(2018)已经指出这个说法并不准确。

"炌""义("叉"的俗字)"、"劄"等多种其他字形,例如:

(9)又不曾将他去油鼎内义,剑树上蹅。(《元刊杂剧三十种·看钱奴买冤家债主》,引自陈敏,2018)

(10)将孙行者下油锅扎他一扎。(《西游记》二十五回,引自曾良,2009:296,陈敏(2018)指出《正旨》后字作"炌")

(11)又奏道:"和尚身微骨嫩,俱劄化了。"(世本《西游记》四十六回,引自陈敏,2018)

(12)钟馗斩了替死鬼,油鑔了赌钱鬼并他六个儿子老婆,还有一个暗鬼。(《古本小说集成》清刊本《唐钟馗平鬼传》十二回,引自曾良,2009:296)

至于"煠"写作"炸",《汉语大字典》举的是清代的例子。的确是到了清代,"炸"的字形开始大量替换"煠"的字形,《红楼梦》[据乾隆五十六年(1791年)活字印本]中就有大量"炸"的用例。比如:

(13)那盒内是两样炸的,一样是只有一寸来大的小饺儿。(《红楼梦》四十一回)

(14)切成碎丁子,用鸡油炸了。(《红楼梦》四十一回)

现如今,油炸义的"煠"只有"炸"一个字形,受同形字的干扰,如台湾等地区也将其读同去声"炸弹"的"炸"。

尽管"煠"有众多异体字,但在历时文献中"煠"字出现的频率最高,为行文方便,下文讨论时会以"煠"赅其他字形。

三　"煠"的词义演变

符意学研究的另一个要点则是有关演变过程的考察。在讨论了"煠"的语素同一性之后,我们希望通过梳理文献中"煠"的用例明确从焯水义到油炸义演变发生的时间,并且通过义素分析法考察其具体演变的过程,展示演变细节。

(一)"煠"的焯水义

2.1节已经指出,"煠"的本义为焯水,指食物放入沸水后立刻捞出,以达到断生去苦腥的目的。

该词在《齐民要术》中总共出现10次,7处写作"煠",2处作"渫",1处作"㳠"。除了2.3节所举三个例句之外,其余七次的例句列举如下:

(15)焦菌法:……当时随食者,取,即汤煠去腥气,擘破。(素食第八十七)

(16)焦茄子法:用子未成者,以竹刀、骨刀四破之,汤煠去腥气。(素食第八十七)

(17)作汤菹法:……收好菜,择讫,即于热汤中煠出之。若菜已萎者,水洗,漉出,经宿生之,然后汤煠。煠讫,冷水中濯之。(作菹、藏生菜法第八十八)

(18)釀菹法:沸汤煠,即出;于水中净洗。(作菹、藏生菜法第八十八)

(19)食经藏梅瓜法:……细切瓜,令方三分、长二寸,熟煠之,以投梅汁。(作菹、藏生菜法第八十八)

　　(20)作裹①菹者,亦须渫去苦汁,然后乃用之矣。(种胡荽第二十四)

除了例(19)、(20)之外,"渫(渫)"字前均有"汤"字,"汤"表示热水、沸水,说明"渫"包含[＋沸水下锅]这一义素。在《齐民要术》中,"渫"只作为烹饪的一个中间步骤出现,目的是使蔬菜断生,亦或是除去苦汁。另一方面,"渫"搭配的对象有胡荽、菌、茄子、菜、瓜等,可见限于瓜果蔬菜类。

在唐代文献中,"渫"的词义与魏晋南北朝时期一致,都表示"沸水去腥",强调食物入锅时应当是沸水下锅,如例(21－22);不过在本时期,"渫"的搭配对象从瓜果蔬菜类扩展到了内脏类,如例(23),"渫"用"微"作为状语修饰,表明这是一种在锅内停留的时间较短的焯水义。

　　(21)先煮椒桂,或豆蔻、生姜缕而渫之。(刘恂《岭表录异》卷下)

　　(22)或蒸一升麻,或渫两把菊,用以阅幽奇。(陆龟蒙《松陵集》卷一《吴中苦雨因书一百韵寄鲁望》)

　　(23)汤微渫肺,即薄切之。(孙思邈《千金翼方》卷十九)

宋代以后,"渫"还偶有焯水义的用例,以下是宋代以来"渫"焯水义的部分例证:

　　(24)麸,夏月易坏,用白汤渫过,自然如初。(宋•释赞宁《物类相感志》)

　　(25)霜后,芋子上芋白擘下,以滚浆水渫过,晾干,冬月炒食,味胜蒲笋。(元《农桑辑要》卷五引金代农书《务本新书》)

在宋明文献中,"渫"还有少量用作水煮义。不过,一方面用例非常少;另一方面,大部分用例要在"渫"之前加上"煮"字,以区别于油炸义的"渫"。比如:

　　(26)炒蟹、渫蟹、洗手蟹之类,逐时旋行索唤,不许一味有阙。(《东京梦华录》卷二)

　　(27)师曰:煮渫不烂。(圆极居顶《续传灯录》卷二十)

结合表1水煮义"渫"在汉语方言中的分布样态,盛益民、翁琳佳(2022)认为该义属于南方方言的用法。当然,由于水煮义的"渫"曾出现于文献之中,在3.2节进行义素分析时,我们也将其一并纳入讨论。

(二)"渫"的油炸义

"渫"的油炸义始见于晚唐五代的敦煌文献,但用例很少,请看:

　　(28)油煠。餲餻。□饼。馓饼。餰□。馓饺。餬饼。□饼。黐粎。饙头。煮菜。餺饦。(S•5671《诸杂字》,引自张涌泉主编,2008)

到了北宋时期,油炸义的"渫"开始常见于文献,比如:

　　(29)百滚油铛里,恣把心肝渫。(苏轼《十二时中偈》)

　　(30)命其徒击鼓吹笛奏藩乐,烧油渫鱼,香达于外。(洪迈《夷坚乙志》卷十五)

不仅如此,宋代街市上还出现了许多以"油渫"命名的菜肴,比如"油渫春鱼、油渫鲂鱼、油渫夹儿、油渫假河豚、油渫山药"等(徐海荣,2014)。

南宋以后的文献中,"渫"的油炸义逐渐取代焯水义成为其主导义项,焯水义的形式则被"焯"取代,"焯"的焯水义用法较早见于林洪的《山家清供》。例(31)"焯"与"渫"在同一个句

---

① 石声汉(2009[1957]:258)指出书中无"裹菹",可能是"醸菹"之讹。

子中共现,前者表示焯水,而后者表示油炸;例(32)中,用"煮"表示水煮。说明当时已经形成了如今普通话中"煠""煮""焯"的三分格局,三者分工明确。

(31)姜薄切,葱细切,以盐汤焯,和白糖白面,庶不太辣,入香油少许,煠之,能去寒气。(《山家清供》卷下)

(32)采山桃,用米泔煮熟。(《山家清供》卷上)

在金元以来的文献中,"煠"的油炸义占绝对优势。金元时期文献较少,"煠"字出现的频次也不高,不过元代菜谱《饮膳正要》中,"煠"只作油炸义使用;而到了明清时期,油炸义的"煠"在文献中更是大量出现。例如:

(33)淹拌少时,入小油煠熟,次用。(元·忽思慧《饮膳正要》卷一)

(34)用白面三斤作河㹠,小油煠熟。(元·忽思慧《饮膳正要》卷一)

(35)下十分滚油,煠过取出。(元·韩奕《易牙遗意》卷下)

(36)取来洗净,加盐少醃,和粉作饼,油煠,香美可食。(明·高濂《遵生八笺》卷十二)

(37)只要净肉,切成碎钉子,用鸡油煠了。(清·曹雪芹《红楼梦》四十一回)

(38)或宜砂仁,或用油煠。(清·顾仲《养小录》卷中)

(39)接着又是一盘油煠菊花叶。(清·魏秀仁《花月痕》二十三回)

此外,"煠"发展出油炸义之后,还进一步扩展到了烹饪领域之外的工艺、医药等领域,例如:

(40)用文武火煎桐油令清,先煠胶令焦,取出不用,次下松脂,搅候化。(宋·李诫《营造法式》卷十四《彩画作制度·炼桐油》)

(41)香油十二两,将药煠枯,捞去渣。(清·吴谦等《医宗金鉴》卷六十五《外科心法要诀·鼻疮》"黄连膏"注)

(三)"煠"词义演变过程中的义素变化

从文献中可以看出,"煠"先有焯水义,再有油炸义,笔者赞同油炸义来源于焯水义的观点。本文认为可以使用义素分析法进一步明晰"煠"词义演变的过程,更好地从符意学角度进行阐释。蒋绍愚(1981、1985)的系列论文用义素分析法对词义演变进行分析,取得了令人瞩目的成绩。对于烹饪动词所处的语义场,已有诸多文献从义素分析的角度进行区分,因此很有必要引入该方法进行讨论。本小节打算在两种语义的义素分析的基础上,具体讨论演变过程。

Lehrer(1972)指出烹饪词语的语义场内存在七个核心义素:[±媒介是水]、[±媒介是油]、[±直接加热][①]、[±大火]、[±烹饪时间长]、[±媒介淹没食材]、[±媒介与食材混合]。并以汉语中四个烹饪词语"煮""蒸""烤""炒"为例说明它们义素的异同:

---

① 指不需要依靠容器,食材直接接触火焰。

表 3　Lehrer(1972)对汉语烹饪词语的义素分析

	媒介是水	媒介是油	直接加热	大火①	烹饪时间长	淹没食材	与食材混合
煮	＋	－	－	/	＋	＋	＋
蒸	＋	－	－	/	＋	－	－
烤	－	－	＋	/	/	/	/
炒	－	＋	－	/	/	－	－

　　本文采取同样的方法对历时文献中"煠"的词义进行义素分析。3.1 节中提到,"煠"的初始义强调"沸水下锅"以达到去腥的目的,沸水下锅相比冷水下锅,烹饪时长更短,因此焯水义的"煠"存在[－烹饪时间长]的语义特征;油炸的目的之一是使食物快速定型,因此也存在[－烹饪时间长]的语义特征。尽管 Lehrer(1972)分析"煮"有[＋媒介与食材混合]的特征,但在历史文献中,"煠"后面所搭配的食物并没有和媒介混合。如"蟹""鸡蛋""毛豆"等是带壳的食物,无法与媒介混合。而"焯水"义则是强调食物短时间过一下水,食物并不会和媒介混合,区别于煮粥、煮汤这种食物与媒介混合的烹饪方式。因此其语义特征是[－媒介与食材混合]。

表 4　对"煠"的三个义项的义素分析

	媒介是水	媒介是油	直接加热	烹饪时间长	淹没食材	与食材混合
煠_{焯水义}	＋	－	－	－	＋	－
煠_{油炸义}	－	＋	－	－(/)②	＋	－
煠_{水煮义}	＋	－	－	＋	＋	－

　　由表 4 可知,在义素层面,由焯水义演变到油炸义,只是烹饪媒介发生了变化,其他义素均未发生改变;而在方言中由焯水义发展到水煮义是[－烹饪时间长]转变为了[＋烹饪时间长],其他义素也均未发生改变。

四　"煠"的词义变化与社会生活变迁

　　第三章从义素分析的角度指出,"煠"从焯水义到油炸义只是发生了烹饪媒介从水到油的改变。本文认为,这与植物油的大规模使用和铁锅的普及有密切的关系,体现了社会文化变迁对词义的外部影响。我们认为这种历史—文化的因素塑造了词义演变的个性,对"煠"的词义演变产生了重要的推动作用。

---

　　① 本文讨论的问题不涉及次义素,故在表 3 中删除。
　　② 油炸时间一般长于焯水但短于水煮,一般在方言中会区分短时水煮(焯)和长时水煮(煮),但对油炸时间的长短不做区分。

(一)"煠"油炸义的产生与植物油的大规模使用

在唐宋以前,很少有专用于有关用油的烹饪动词①,这是因为植物油的引入相对较晚。而在植物油引入之前,古人所食的油脂主要来自动物脂肪,即"猪肪取脂"。动物油的主要作用在于军事、照明等用途;同时,动物油相比于植物油,更易凝固,不利于油炸等烹饪方式。因此在植物油引入之前,中国的烹饪方式基本以煮、蒸、烤为主。

直至汉代,胡麻油传入中国,《梦溪笔谈》记载:"汉史张骞始自大宛得油麻种来,故名胡麻。"胡麻油即现今的芝麻油,北宋庄绰《鸡肋编》中记载:"油通四方,可食与然者,惟胡麻为上,俗呼脂麻。"由于当时的压榨技术落后,麻籽出油率很低,直到唐五代时期,麻油的售价都很高(徐晓卉,2008),当时的油主要用于照明和火器,将油没过食材来进行烹饪是很奢侈的事情。不过相比于中原地区以及南方地区,西北地区更早接触到了西域传来的胡麻,这也解释了为何"煠(煤)"首次表油炸义见于唐五代敦煌文献。此后渐渐又出现了"大麻油""蓖麻油""苣麻油"等等,但这些油都只能用来点火照明,不宜食用。

到了宋代,豆油才进入到可食用阶段(徐海荣,2014)。根据文献记载指出我国古代的豆油制作始于北宋。此外宋代植物油的制作技术也飞速发展,主要有舂捣法、水代法、油榨法、磨法四种,其中油榨法提升了出油率和产油效率(胡蝶,2017)。与宋代之前直接在油料上施加压力挤压出油的压油法不同,榨油法使用了特殊的工具"油榨",原理是通过一套独特的装置将外力转化为压力施加在油料上,算是榨油技术上的重大突破。随着榨油技术的发展和植物油种类的增多,食用油渐渐在平民百姓中普及,需要使用大量食用油作为媒介的烹饪方式"煠"也渐渐出现在大众视野中。宋朝都城开封、临安,人口逾百万,商贾聚集,酒楼林立,给食用油带来了广阔的市场发展空间,于是在城市中便出现了集加工和销售于一体的油铺。吴自牧在《梦粱录》中就曾有"油作"的记载,就是专门制作食用油的作坊。沈括《梦溪笔谈》中载:"如今之北方人喜用麻油煎物,不问何物,皆用油煎。庆历中,群学士会于玉堂,使人置得生蛤蜊一簧,令饔人烹之,久且不至。客讶之,使人检视,则曰:'煎之已焦黑而尚未烂。'坐客莫不大笑。"

食用油的普及时间与"煠"开始有油炸义的时间基本一致,在第二节中已经提到,唐五代敦煌文献中最先出现了"煠"表油炸义的用例。胡麻油从西域传来,西北地区可能较早大规模地使用油进行烹饪。而到了宋代,豆油开始普及后,中原地区也可以大规模使用食用油烹饪,油炸义的"煠"大规模在文献中出现。

我们认为,当宋代开始大规模使用植物油烹饪后,需要词语为这种烹饪方式命名,因此原本表示焯水的"煠"词义扩大,媒介除了是水之外,也可以是油。而在"焯"替代了"煠"的本义后,"煠"彻底完成了从焯水义到油炸义的演变。新的烹饪方式通过"旧瓶装新酒"的方式得以命名,社会生活的变迁促使词义发生了改变。

---

① 赵川莹(私人交流)指出,在中古时期,"煮"也可以用于用油的烹饪,例如:
(1)竹杓中下沥五升铛里,膏脂煮之熟。(《齐民要术·饼法》)
(2)颜之推云:"今内国馉饳,以油苏煮之,江南谓蒸饼为馉饳,未知何者合古?"(唐段公路《北户录》)
我们认为,当时"煮"是一个上位义词,对介质是油还是水并不区分,这从一定程度上说明早期油炸可能还不是一种独立的烹饪方式。

(二)"煠"油炸义的产生与铁锅的普及

除了植物油的大规模生产和使用之外,"煠"的语义演变也与铁器的普及以及铁锅的大规模生产密切相关。

铁质炊具的诞生也是油炸烹饪方式产生的必要条件之一;在铁锅出现以前,中国百姓大多用陶制的釜或者甑作炊具,这种器具保温性能好,更适合蒸煮。缺点是热传导性较差,而食用油的沸点远高于水,因此陶制的烹饪工具很难使油达到高温,不利于煎炸。再有,油炸是需要放许多油在器具里的,但由于陶器的热传导性较差,易使锅内的油受热不均,从而导致器具炸裂。

我国最早对铁器的记载见于《左传》,战国时期就已经有铁鼎的出现。汉代有《盐铁论》,讲的是国家对铁的把控。因为当时铁的产量很少,开采和冶炼技术都不成熟,铁锅只能是皇家之物。筱田统(1987)指出,烹调用具的局限性致使喜欢油脂的人们不去选择油炒、油炸等烹饪方法:青铜器具一直贵重,难以走入寻常百姓家;而铁的产量有限,优先用于兵器和农业,《盐铁论》有"铁器者农夫之生死也"的说法,因此铁的使用轻易轮不到厨房炊具上。宫崎市定(1963)指出,尽管战国以后有大量铁器出土,但冶铁技术一直很不发达,到了三国以后,连年战乱导致生产遭到严重破坏,铁质产品严重萎缩,甚至连脚镣和长枷这样的刑具也开始用木制品代替,直到唐末宋初铁产量才开始激增。吉田光邦(1959)对中国铁的产量进行过推算,汉代最盛时期一户只有 1.6 千克,而到了唐代也只增长到 3 千克。

唐宋之际,中国的冶铁技术取得了重大进步,灌钢法大规模使用,铁质器具也开始走入寻常百姓家。《梦溪笔谈》中已对此有所记载:"所谓钢铁者,用柔铁屈盘之,乃以生铁陷其间,泥封炼之,锻令相如,谓之团钢,亦谓之灌钢。"此外,自宋代开始大量使用煤炭冶铁,大大提升了产铁量。苏轼《石炭诗引》中有"北山顽矿何劳锻,为君铸作百炼刀"的诗句。宫崎市定(1963)指出,一旦进入利用煤炭炼铁的阶段,铁产量大大提高,价格也随之低廉,从而促进大规模铁器的生产。直到宋神宗元丰元年(1078 年),铁的年产量已经到达了 15 万吨。

随着宋代冶铁技术的进步,铁的使用得到普及,平民百姓渐渐用铁锅取代了过去陶制的烹饪器具,也就可以更自如地使用油作为媒介去烹饪菜肴。宋代沉船南海一号上考古发掘了以吨量计的铁锅,从侧面印证了宋代铁锅的普及。陈明富(2016)对文献中"釜"与"锅"的出现频次的考察也指向烹饪器具的更替影响了词汇的更替,他发现自宋元开始,铁铸器具"锅"的使用频率明显增加,而"釜"的使用则日益衰落。

铁锅的大规模量产,为油炸法的产生也提供了炊具条件,也是"煠"从焯水义发展为油炸义的重要条件之一。

五　结　论

本文通过对烹饪动词"煠"从符意学角度进行的个案研究,详细探讨了该词的词义演变及其文化动因。通过语素同一性、词义演变过程及文化动因三个方面的深入分析,我们得出以下结论:

首先,通过对"煤"在历时文献中的用例进行分析,可以确定其本义为"焯水",中古音韵地位是咸开二入洽崇。这一义项在魏晋南北朝及唐代文献中均有广泛的使用,主要用于表示将食物放入沸水中短暂加热,以去除苦味或腥味。

其次,通过梳理文献,本文指出"煤"焯水义的具体用例最早见于北魏的《齐民要术》,而由焯水义向油炸义的演变发生在唐末至五代时期。在这一时期开始出现油炸义,并在宋代以后逐渐取代焯水义,成为主导义项。

再次,在明晰了"煤"在历时文献中的词义演变脉络之后,本文通过义素分析法说明从焯水义到油炸义的过程中只发生了[+烹饪媒介为水]到[+烹饪媒介为油]的替换,其他义素基本未发生改变。

最后,文化因素在"煤"词义演变中起到了关键作用。随着食用油的普及和铁质炊具的盛行,人们的烹饪方式发生了显著变化,从而推动了"煤"从焯水义向油炸义的转变。这一过程中,文化生活的变迁不仅影响了词义的扩展,也反映了社会经济和技术的发展。因此,社会生活变迁这一语言外部条件是推动"煤"词义演变的重要动因。历史—文化因素塑造了"煤"词义演变的个性。

词义演变是一个复杂的过程,受到多重因素的影响。本文通过对"煤"词义演变的个案研究,为汉语词汇演变的研究提供了新的视角,同时也揭示了社会文化变迁对词汇发展的深远影响。

参考文献

[1]陈敏.《西游记》俗语词考释四则[M]// 汉语言文字研究(第二辑),上海:上海古籍出版社,2018.

[2]陈明富. 古代炊具"釜""锅"之发展及相关语言文化考察[J]. 汉字文化,2006(1):62—66.

[3]陈立中. 异形词与方言词源研究[M]//词汇学理论与应用(五),北京:商务印书馆,2010.

[4]高山.《齐民要术》单音节动词同义词研究[M]. 长春:吉林文史出版社,2018.

[5]宫崎市定. 宋代的煤和铁[M]//宫崎市定亚洲史论考. 上海:上海古籍出版社,2017.

[6]贺晓雅. "煮"义动词的历时演变和共时分布研究[D]. 开封:河南大学,2020.

[7]洪勇明. 中国涮食法的渊源流变[J]. 扬州大学烹饪学报,2010(1):1—4.

[8]胡蝶. 宋代膏油研究[D]. 开封:河南大学,2017.

[9]吉田光邦. 中国古代的金属技术 [J]. 东方学报,1959(29).

[10]蒋绍愚. 古汉语词义的一些问题[M]//语言学论丛(第七辑),北京:商务印书馆,1987.

[11]蒋绍愚. 词义的发展和变化 [J]. 语文研究,1985,(02):7—12.

[12]吕叔湘. 南北朝人名与佛教[J]. 中国语文.1988(4):241.

[13]缪启愉. 齐民要术校释(第二版)[M]. 北京:农业出版社,1998[1982].

[14]盛益民,翁琳佳. 烹饪动词"煤"的南北差异及其成因[M]//语言与文化论丛(第六辑),上海:上海辞书出版社,2022.

[15]石声汉. 齐民要术今释[M]. 北京:中华书局,2009.

[16]篠田统. 中国食物史研究[M]. 高桂林,薛来运,等译,北京:中国商业出版社:1987.

[17]徐海荣主编. 中国饮食史[M],杭州:杭州出版社,2014.

[18]徐晓卉. 唐五代宋初敦煌麻的种植及利用研究[D]. 兰州:西北师范大学,2008.

[19]汪维辉.《齐民要术》校释商补[J]. 文史,2003,(3).

[20]汪维辉. 纵横结合研究汉语词汇[M]//21 世纪的中国语言学(二),北京:商务印书馆,2006.

［21］汪维辉. 汉语核心词的历史与现状研究［J］. 汉语学报，2018，（03）：97.

［22］吴福祥. 试谈语义演变的规律［J］. 古汉语研究，2017，（01）：2－20＋103.

［23］吴福祥. 语义演变与词汇演变［J］. 古汉语研究，2019，（04）：2－10＋103.

［24］吴连生. 释"煠"［J］. 辞书研究，1996，（03）：117－118.

［25］曾良. 明清通俗小说语汇研究［M］. 南昌：江西教育出版社，2009.

［26］曾良. 明清小说俗字研究［M］. 南昌：江西教育出版社，2017.

［27］张涌泉主编. 敦煌经部文献合集［M］. 北京：中华书局，2008.

［28］Lehrer，Adrienne. Cooking Vocabularies and the Culinary Triangle of Levi-Strauss［J］，*Anthropological Linguistics*，1972(14.5)：155－171.

［29］Traugott，Elizabeth C. & Richard Dasher. *Regularity in Semantic Change*［M］. Cambridge：Cambridge University Press，2002.

The Lexical Evolution of the Cooking Verb 煠(Fry) and its Cultural Motivation

Weng Linjia　　Sheng Yimin

Abstract：This study examines the lexical evolution of the cooking verb 煠 in historical Chinese and its cultural underpinnings. 煠，a variant form of 炸，originates in Middle Chinese hexagram 咸开二入洽崇（xián kāi èr rù qià chóng），and its primary meaning was 'blanch'. Through diachronic analysis of literary texts，this paper traces the semantic shift of 煠 from 'blanch' to 'fry'. Furthermore，the study highlights the cultural and technological drivers of this lexical change，focusing on the widespread use of edible oils and the adoption of iron cooking utensils in Chinese culinary practices. The findings provide insight into the interplay between linguistic evolution and socio-cultural factors in shaping lexical meanings.

Keywords：煠(fry)，semantic analysis，lexical evolution，cultural motivation

通信地址：

翁琳佳，1410 NE Campus Pkwy，Seattle，WA，University of Washington

Post Code：98195

E-mail：lynnn7@uw. edu

盛益民（通讯作者），上海杨浦区邯郸路 220 号复旦大学中文系

邮　　编：200433

E-mail：fdshengym@163. com

"婆姨"考辨*

贺雪梅

内容提要 "婆姨"是西北地区特有的称谓词,称已婚妇女、妻子、女性。"婆姨"非梵语 Upāsikā 音译词,是方言词,与"婆娘"一样是汉语固有语素在西北地区自行组合而成的同义复词,最晚在明代已经形成。

关键词 方言 婆姨 汉语词 来源

"婆姨"可指称"已婚妇女""妻子",也可指"女性",今主要分布在陕北及其周边地区。有人认为它是外来词,而非汉语词。但与别的地区称谓词"婆娘"比较,"婆姨"的构词法与其高度一致。因此,"婆姨"的来源、构词方式、产生时代等问题值得进一步分析讨论。

一 "婆姨"的意义

"婆姨"意义较为丰富,下面以陕北晋语为例进行分析。如无特殊说明,文中所用例句均为陕西清涧话。

第一,"婆姨"指已婚妇女。例如:

(1) 引人婆姨都穿得红蓝柳绿。迎亲妇女都穿得花花绿绿。

(2) 婆姨女子抛头露面像个甚!女人家抛头露面像个什么!

例(1)中的"引人婆姨"指迎亲妇女。陕北风俗迎亲妇女必须是已婚,未婚者是没有迎亲资格的。例(2)中"女子"指"未婚姑娘","婆姨女子"并提指"女性",是陕北晋语"女性"义最常用的词组。

第二,"婆姨"指妻子。例如:

(3) 婆姨管汉,金银满罐。陕北俗语:妻子管丈夫,金银能装满罐子。

(4) 婆姨汉多不像少像。两口子多少是会有些相似的。

(5) 婆姨孩儿都不管,活下做甚嘞。老婆孩子都不管,活着干什么呢。

表"妻子"时,"婆姨"与"汉"相对,如例(3);"婆姨""汉"并提时指"夫妻",如例(4);"婆姨"与"孩儿""娃娃"连用时,指"家眷",如例(5)。

第三,"婆姨"指女性。例如:

(6) 抬头婆姨低头汉。陕北俗语:抬头的女人和低头的男人。

---

*基金项目:陕西省社科项目"北洛河流域地名语言文化研究"(2020K019)、国家社科基金项目"地理语言学视野下秦晋两省地名语言文化的深度调查研究"(22XYY035)、教育部教育类教指委中文专委会—北京语言文字工作协会 2024 年度教育教学改革课题"语言文字领域铸牢中华民族共同体研究——以西北地名为例(2024JGYB015)、国家社科基金重大招标项目"西北地区汉语方言地图集"(15ZDB106)、国家社科基金重大招标项目"明代至民国西北地区契约文书整理、语言文字研究及数据库建设"(19ZDA309)资助。感谢《汉语史学报》匿名审稿专家的宝贵意见,谨表谢忱。

（7）男人会养孩儿的话，要婆姨人做甚了？男人如果会生孩子，要女人干啥呢？

这一意义的使用频率较低，后面也可以加"人""家"等进一步明确身份。

"婆姨"是陕北一带的特色方言词，因陕北民歌、陕北籍作家作品以及延安文学、知青文学而广为人知。先看陕北民歌中的例子。例如：

（8）四十里长涧羊羔山，好婆姨出在这张家畔。（《脚夫调·好婆姨出在张家畔》）

（9）人凭衣衫马凭鞍，好婆姨凭的男子汉。（《信天游》）

"婆姨"在陕北籍作家如柳青、路遥等人的作品中也高频出现。尤其是路遥的《人生》《平凡的世界》，先后拍摄成电影、电视剧，影响深远。例如：

（10）王加扶在工作上同样有些犹豫，在王家沟里，有着他这样表现的毕竟是少数，比如他的婆姨，就不够支持他的工作。（柳青《种谷记》）

（11）加林妈在旁边窑里做饭，好多婆姨女子都在帮助她。（《人生》第十三章）

（12）不用说，在农村庄稼人的眼里，郝红梅是个"洋婆姨"。（《平凡的世界》第十六章）

"婆姨"不但在陕北籍作家作品中广泛使用，也出现在延安时期非陕北籍贯的作家笔下。延安时期，来自全国各地的作家，如侯唯动（陕西扶风人）、刘御（云南临沧人）、雷加（辽宁丹东人）、林山（河北迁西人）、柯蓝（湖南长沙人）、丁玲（湖南临澧人）、周立波（湖南益阳人）、欧阳山（湖北荆州人）、潘之汀（河北交河人）、伍文（海南文昌人）、张铁夫（山东菏泽人）、葛洛（河南汝阳人）、萧平（河北定州人）、束为（山东东平人）、穆青（河南杞县人）、冯牧（北京人）、张香山（浙江宁波人）、孙铭（陕西西安人）、吴伯箫（山东莱芜人）、李季（河南唐河人）等，在创作中都大量使用了"婆姨"一词。例如：

（13）奶娃的婆姨不再拉话，老汉停了折棉花。（侯唯动《麻家柒村民选举会》）

（14）大肚子婆姨锅头转，老汉补囤又扫仓。（刘御《秋收小调》）

（15）咱们娶婆姨是为了生娃娃，人家娶婆姨却为了惹是生非！（雷加《揽羊人》）

（16）抗战后二年（一九三九年），他也带着婆姨娃娃，全家搬来边区了，住在离延安二十多里的张家窑子，和他哥哥同住在一个村子上。（林山《盲艺人韩起祥》）

（17）大灾害要来了，明年割麦不用镰，娶婆姨不花钱，后年路上银钱无人捡，人都要死光。（柯蓝《洋铁桶的故事》）

（18）睡在我身旁的村长婆姨从被窝里把头伸了出来，她的形体更使我感到她像个小孩子。（丁玲《陕北杂记》）

（19）张家的婆姨回去煮稀饭给母牛吃。（周立波《牛》）

（20）因为这些钞票，他想他那死了多年的婆姨，他那死了多年的儿子，他想起有一次他几乎决心拿这些钞票去办一个婆姨，而后来他到底下了最后的决心……（欧阳山《高干大》）

知青文学中也经常出现。例如：

（21）队上宣布，除了李老汉要照顾瓜，汉们、婆姨女子、娃娃屹蛋，全队劳力，明天起都要去收麦子。（王新华《一点苦难一点光荣》）

（22）我和老汉赶着牛走出很远了，还听见婆姨、女子们在场院上骂。（史铁生《我的遥远的清平湾》）

（23）婆姨们在做饭，暗红色的火光在一眼眼窑窗上掠动。（陶正《女子们》）

（24）收麦么蒸馍馍，婆姨进洞房。（朱晓平《桑树坪纪事》）

以上四例的作者王新华（北京人）、史铁生（北京人）、陶正（浙江绍兴人）、朱晓平（四川人）等都非陕北人，他们的母语中并没有"婆姨"一词，受陕北方言影响，他们的创作中"婆姨"频现。可以说，正是因为延安文艺运动和知青文学，才使得"婆姨"一词传播如此之广。因为，从方言角度来看，陕北晋语并不具有这样的影响力。

二　"婆姨"来源的已有解释及分析

关于"婆姨"的来源，现在通行的是外源说，认为"婆姨"是梵语 Upāsikā 音译词"优婆夷"的简称。杨森（1994:126）最早提出此说："笔者认为'婆姨'只不过是'优婆姨'俗称或简称罢了。从梵文的字头发音来看，似乎是可以省略掉'u'的音。"文章举了甘肃安西榆林窟宋代第33窟甬道口西侧第二身女供养人像榜题中的例子，其榜题为："清信弟子马婆姨张氏一心供养"。这是最早对"婆姨"一词的解释，后来很多地方文化爱好者及辞典编纂者多引用此，如王艾录（2006:205），王克明（2007:5），杨明芳、杨进（2011:585）等，"婆姨"是佛教词几成定论。也有个别学者提出异议，如周志锋（2002:59）："表示佛教信徒女意思的'优婆夷'又作'乌婆斯伽''乌波赐迦''邬波斯迦''优婆斯''优婆斯柯''优波夷'等，汉语方言的'婆姨'恐怕与此无关。方言里，'婆娘'一词也可指妻子或已婚妇女，'婆姨'与'婆娘'则可类比。"遗憾的是，周文并未具体论证。总体上，现在大家认可的还是杨森的外源说。

但杨森观点值得思考。一方面，杨森指出"婆姨"字形出现在佛教用语"优婆姨"中，让学术界开始关注西北称谓词"婆姨"的字形及来源；另一方面，说"婆姨"来自佛教用语有待讨论，原因有三：

一是从文献来看，我们对目前能见到的包括出土文献在内的语料做了检索，明代之前"婆姨"的用例仅此一例。对此，杨森（2011:99）也有过怀疑，他说："或许这里的'婆姨'一词是把'优婆姨'之'优'（u）字头省略掉了而俗写成了'婆姨'。"如是，则这里的"婆姨"只是"优婆姨"的省写，与今方言的"婆姨"并不相同。安西榆林窟其他题记亦可证，兹举数例如下：

（25）清信弟子优婆姨张氏一心供养（第23窟南壁左第21身女供养人）

（26）清信弟子优婆姨菩提□一心供养（第25窟北壁下层第3身女供养人）

（27）清信弟子优婆姨不□娘子一心供养（同上第5身女供养人）

（28）清信弟子大乘优婆姨……（同上第6身女供养人）

（29）清信弟子大乘优婆姨定子一心供养。（同上第7身女供养人）

（30）清信弟子优婆姨……（第28窟下层第三身女供养人）

上述题记都作"清信弟子优婆姨＋人名"，"优婆姨"都用"清信弟子"来修饰。"清信弟子"原为佛教受三皈五戒得清净信心之男女的称呼。也就是说，除33窟外，榆林窟其他榜题中再未见"姓氏＋婆姨"的表述，在今碑刻、墓志铭中，也没有类似表达。因此我们推测：33窟榜题中的"马婆姨"可能是"尤（优）婆姨"的误录。尤可注意的是例（25）"清信弟子优婆姨张氏一心供养"，与杨森举例除了"马"字外几乎全同，更显示出"马"字当为"优"字之误。所以，"优婆姨"虽指居家女信徒，但没有足够证据证明"婆姨"就是从"优婆姨"来的，宋代仅见一例，此后很长的时间内再无用例，且这一例作为孤例误录的可能性又极大。故很难说"婆姨"一词在宋代已出现,更不能说今方言的"婆姨"就是佛教名词"优婆夷"的简称。①

二是佛教在中国的影响深远。这里略举两例。唐代诗人杜牧《江南春》写到"南朝四百八十寺,多少楼台烟雨中",形容了当时佛教盛行之极。南朝梁武帝就是名虔诚的佛教徒,在位期间数次舍身到寺院做和尚。高高在上的皇帝,竟然要出家做和尚,可见当时佛教的影响之大。"优婆夷"作为佛教常用词,西晋以后的佛经文献中习见,传播甚广。若"婆姨"是从佛教用语"优婆夷"来的,那么受佛教影响最深刻的关中、洛阳、南京一带在口语中应该是最先借入的,因为他们具备语言接触的条件,在历史文献和方言中也应当有"婆姨"一词的蛛丝马迹,然而并没有任何信息呈现。这些佛教极盛之地没有借入使用,而仅仅出现在佛教并不盛行的、偏僻的陕北及其周边地区,这是不合情理的,也不符合语言接触的规律。

三是"优婆姨"虽为佛教词,但字形出现稍晚。从目前材料来看,"优婆姨"字形最早出现在北齐,山东潍县东南乡泉河头庄出土的《吴莲花造像记》中有"法义优婆姨等"(见图1)。总体上用例较少。佛教典籍以及墓志铭多写作"优婆夷"。电子佛典中"优婆夷"有5297例,"优婆姨"仅13例,即使这13例在不同版本中写法也不尽相同,也有写作"优婆夷"的。南北朝之后"优婆姨"多了起来,敦煌石窟和各地出土的墓志铭中都有记载,前者如上文提到的安西榆林窟,后者如2020年公布的新开馆的陕西榆林市榆阳区古代碑刻艺术博物馆汉文粟特文双语墓志《大唐故安优婆姨塔铭并序(739年)》(李浩,2020:151－166)。"优婆姨"与"优婆夷"并无本质区别,"婆姨""婆夷""波夷"等都是记音符号,"婆"等对译pa,"夷"对译j/yi一类的音,如"波夷罗大将"是pajra/payila的音译词;"坻罗婆夷"是tailapāyin的音译词,指燕雀。"优婆夷"是节译词(梁晓虹,1994:7)。西晋以前音译做"优婆私柯""优婆斯""优波赐迦""邬婆斯迦"等,西晋后进一步节译为"优婆夷"。南北朝后佛教翻译更多采用意译的方式,"优婆夷"在字形上采用似乎是表义性的"婆姨"代替"婆夷",实际上仍是音译词,与方言称谓词"婆姨"并无关系。佛教作为外来文化,采用汉语字形更有利于它的传播和发展。因此,在没有找到新的证据之前,"婆姨"一词被认作是梵语音译词尚不合适。

图1　山东潍县东南乡泉河头庄出土《吴莲花造像记》②

---

① 据张伯元(1995:245)考,33窟为五代窟,并非宋代。
② 图片引自刘正威(1989:367)《中国书法鉴赏大辞典》(上),大地出版社。

三　"婆姨"为方言俗语词

如前所述,"婆姨"一词主要通行于陕北及其周边地区,历史上这一带文化水平较低,本土文人稀少,文献材料匮乏,我们很难从文献来考证其形成过程,只能借助今方言来探讨其来源。

(一)陕北地区"婆姨"的使用情况

从陕北晋语"已婚妇女""妻子"的语义场来看,除"婆姨"外还有"老婆""媳妇/[媳妇]子""妻""妇女"。其中,"老婆"指"年龄大的已婚妇女或妻子","媳妇/[媳妇]子"①则是"年龄小的已婚妇女或妻子"。"婆姨"是统称,在与其他词的竞争中词义进一步缩小,主要指"中年已婚妇女或妻子"。同时,"婆姨"是俗称,相对应的正式称谓语是"妇女"和"妻"。"妇女"是新词,一般只用在"妇女主任""妇女代表"等新概念中。"妻"则用于所有正式场合,如妻子的娘家说"妻家",妻子的兄、嫂叫"妻哥""妻嫂",姻缘说"妻命",碑刻或礼簿等正式场合更是只用"妻"。这也是为何文献中鲜有"婆姨"的原因之一,即"婆姨"是俗语词,在碑刻、墓志铭等正式书面用语中是不会出现的。具体情况如下:

称谓语	年龄			俗称
	年轻	中年	老年	
婆姨	－/＋	＋	－/＋	＋
老婆	－	－	＋	＋
媳妇/[媳妇]子	＋	－	－	＋
妻	－/＋	－/＋	－/＋	－
妇女	－/＋	－/＋	－/＋	

从上表可以看出,"婆姨"是陕北晋语最通用的俗称,是基本词汇,属于一个相对封闭的词类系统。Campbell(1998:59)指出,在词汇借用过程中,基本类、封闭类词一般不容易借用,一般词特别是文化词容易借用。"婆姨"是与日常生活息息相关的词,其所指意义清晰,且陕北地区本就有"妻""老婆""媳妇/[媳妇]子"等词,从借词的角度讲,是没有必要借入的。

另外,从陕北晋语称谓语系统来看,"婆姨"也不可能来源于佛教。陕北晋语有从佛教借入的称谓语,都是与宗教信仰有关的文化词,是随着新事物或新概念一起进入的,如有性别区别,则往往成对借入,如"和尚"和"姑子/尼姑"。使用语境有二:一是用在宗教信仰领域,如"和尚念经""姑子庙"等。二是用于社会称谓,带有明显贬义。"和尚"用作男性蔑称,如清涧说"和尚""和尚儿子""和尚小子""和尚圪栏子②",神木说"茶和尚""灰和尚"等。相对应的,"尼姑""姑子"用作女性蔑称,如清涧说"一家家都是和尚姑子,还说甚了!"在关系亲密的

---

① [媳妇]读 xiú,是"媳妇"的合音词。
② "圪栏子"是"杆"的分音词。

人之间,贬义色彩减轻,表昵称。反观"婆姨",用于社会称谓和亲属称谓时并无贬义。且若从"优婆夷"来,则成对指男子的"优婆塞"在方言中也应该有印记,事实上今方言中并没有"婆塞"或"优婆塞"。

(二)"婆姨"的构词方式

从整个西北地区来看,表"已婚妇女""妻子"最普遍的俗称是"婆娘",意义用法同"婆姨"。"婆娘"是地道汉语词,文献所见最早的用例是元代。例如:

(31)谁着你戏弄人家妻儿,迤逗人家婆娘。(元·石德玉《秋胡戏妻》第四折)

从构成来看,"婆娘"为同义复词,"婆"和"娘"都可指"妻子"。"婆"本是长辈女性称谓语,最晚在宋代可指"妻子"。例如:

(32)其家有六岁儿见之,指语祖母曰:"阿爷飞上天,婆为见否?"(鲁迅《古小说钩沉》引南朝梁·王琰《冥祥记·史世光》)

"娘"最早指"年轻女子",亦指"妇女",最晚到唐五代可指"妻子"。例如:

(33)(难陀)向妻道:"娘子! 娘子!"(《敦煌变文集·难陀出家缘起》)

从文献看,"婆娘"并未经历过短语的过程,而是将"婆"与娘"直接组合后构成的双音节词。这一组合方式,为"婆姨"的出现提供了可能。

与"婆""娘"类似,"姨"先秦时指"妻之姐妹",汉时可指"母亲的姐妹",唐时有"妾"义。例如:

(34)寻文不识理,弃母养阿姨。阿姨是色身,阿娘是法体。(唐·庞蕴《诗碣》:萧钧之母区贵人是妃,不是后,故而萧钧称她为"姨"。)

从词义发展的角度来看,"长辈女性"是子效父语,即"妻的姐妹"从子辈角度看是"长辈女性"。从情感角度来看,呼"长辈女性"为"姨"是拉近距离,而将"妾"呼"姨",既是尊称,也缩短了情感距离。因现实中已无妾,故今晋语中"姨"只有前两个意义。但是,陕北及其周边地区存在将继母面称为"姨"的现象,这是将继母视为母之姐妹。只是,继室在埋葬时不得占据主位,只能进偏圹,从地位上讲,与"妾"类似。从文献来看,清时"娘"和"姨"可组合成同义复词"姨娘"表"妾"。例如:

(35)可是我倒要问声老爷,我到底算老爷的正妻呢,还是姨娘?(清·曾朴《孽海花》第二一回)

由上所引文献可知,"婆"和"姨"都可表"妻子",词义基础及构词方式与"婆娘"完全一致。"婆娘"是汉语词,构词理据相同、结构方式一致的"婆姨"一词自然也是汉语词。除"婆姨""婆娘"外,汉语中还有很多由同义或近义复合而成的双音节称谓语,如"姑娘""婆母""姨妈""叔父""叔公""公爹"等。

四 "婆姨"的产生时代

"婆姨"非佛教外来词应该是肯定的,但若说"婆姨"是汉语词,有两个问题需要解答:"婆姨"什么时代出现? 为何会产生? 我们认为可以从以下两方面来解释。

(一)"婆姨"最早文献用例

从古代文献来看,今方言意义的"婆姨"一词最早出现在明末艾衲居士《豆棚闲话》中,皆指"妇女",共有三例:

(36)始初破贼,只掳财帛婆姨。(第十一则)

(37)后来贼首有令,凡牲口上带银五十两,两个婆姨者,即行枭示。(同上)

(38)所以彼时小子,看得钱财如粪土一样,只要抢些吃食、婆姨,狼藉一番。(同上)

这三例"婆姨"所代表的方言,当为文中所记人物、事件所在地的方言。《豆棚闲话》第十一则讲述的是明末崇祯年间农民起义的事情,涉及陕西关中和延安府清涧县。我们知道,明末农民起义的中心人物是李自成,李自成是陕北米脂人,米脂今属晋语区。陕北籍的官兵在起义军中的地位自然不同于其他地方的官兵,他们的方言也最容易成为标志,而且起义军几乎走过大半个中国,陕北方言随着他们的行进,对所过之地的人也有过一定的影响。因此,别人在讲述与他们有关的事情时,自然不会少了他们口语里极具方言色彩的一些词语,"婆姨"应当是其中之一。《豆棚闲话》的作者艾衲居士是杭州人,杭州明清至今一直是吴方言。为此,我们查阅了李荣主编的《现代汉语方言大词典》吴方言的分卷本、许宝华等的《汉语方言大词典》《简明吴方言词典》《汉语方言地图集》以及一些吴方言的论文、著作等,其中都没有"婆姨"一词的记录。这一情况表明,不管是明清时期的吴方言,还是现代吴方言,都没有"婆姨"一词。据此可以推测,艾衲居士在表达"妇女"这一意义时,使用的是事件中心人物李自成的方言。

另外我们还检索到一例,出自明末余瑞紫的《流贼张献忠陷庐州记》:

(39)予回篷时问其故,众以搜银之事说明。予曰:"他不是我妻子。吾妻死久了。此是前日跟来的,尔等何以都叫'相公娘子'?就是他该死,与我何干?"众齐笑曰:"我看相公全不恼。"众贼俱来安慰,曰:"相公莫恼。再攻破城池,选上好的婆姨送上。"予漫谢之。

余瑞紫(即文中的"予")是明末庐州人,曾被明末起义军将领张献忠部下虏获,因有文化而未被杀掉,并且欲求他"共成大事",但他在军营里生活半年多后,最终伺机逃走了。明代的庐州,即今合肥市。合肥的古今方言同杭州方言一样,也无"婆姨"一词,也就是说,"婆姨"非作者余瑞紫的方言。例句中有三个词可做比较:"妻子""娘子""婆姨"。作者是南方人,在表达自己话语时使用了通行的"妻子、妻、娘子",而在记录"众贼"的语言时却用了"婆姨"。这表明"贼"的言语与当地方言、通行语并不相同。这里的"贼"正是张献忠及其手下将士。张献忠是柳树涧堡人,柳树涧堡在今陕北定边县境内郝滩乡刘渠村,其部下也多为陕北人,所以这里的"婆姨"亦为陕北方言无疑。

从历史文献用例来看,明代以来文献"婆姨"一词是典型的陕北方言词。从字形看,最早指"妇女"的"婆姨"在文献中字形一致,完全是汉字的构词语素,而非翻译型的"婆夷"等。这也从另一个侧面说明,"婆姨"并非外来词,而是方言词,产生时代不会晚于明代。

(二)"婆姨"的产生原因及地理分布

本来西北地区已经有"婆娘"一词,同样作为俗称的"婆姨"似乎没有产生的必要。但是,我们通过考察陕北晋语及山西晋语吕梁片、并州片中"娘"的意义后发现,"娘"在这些方言中的意义有二:一是长辈女性,指祖母,如吕梁片清涧话奶奶叫"娘娘";指婆母,如大包片榆林把婆母叫"老娘娘";指母亲,主要用于背称,如陕北晋语"狗狗的母亲"统称为"狗狗娘的"。二是宗教称谓语,女性神仙叫"娘娘",如"华山娘娘""王母娘娘"等。也即"娘"在这些方言称谓语系统中的主要意义是长辈女性,并不表示同辈女性和妻子。因此,这些方言中的"婆""娘"就无法构成同义复词来指称妻子。相反,"姨"可指妻之姐妹,当地风俗中又有姨母优先续弦及认干亲的传统。[①] 于是,"婆姨"便有了产生的必要和可能。

从地理分布来看,《汉语方言地图集》(2012:B1—13)中"婆姨"主要分布在晋语区的陕北,其次是山西临县、娄烦、忻州、平遥、大宁,还有中原官话区的宁夏银川、吴忠、陶乐镇,新疆乌鲁木齐、和田,以及甘肃张掖。从使用频率来看,"婆姨"一词在陕北、晋西北的使用频率最高,北京大学语料库 CCL 和北京语言大学语料库 BCC 的检索也印证了这点:CCL 中"婆姨"共有 149 例,刊物主要是《人民日报》《作家文摘》和新华社报道陕北、晋西北的人事时使用。BCC 中共 1065 例,也都涉及陕北及其周边地区。[②] 可以说,"婆姨"一词在地理上是以陕北为中心向四周呈辐射状分布的。"婆娘"的分布则更广,中原官话区的陕西西安、铜川、大荔、永寿、商洛,山西霍州、万荣、临猗,甘肃定西、环县、西峰、华亭,青海湟源、西宁、同仁,兰银官话区的甘肃岷县、永登,以及西南官话区四川、重庆、贵州、湖南的大部分地区都有使用。就西北地区来看,大体上与"婆姨"呈互补分布。

五 结 语

今西北地区的"婆姨"并非外来词,与"婆娘"一样是同义复词,是汉语固有语素在西北地区自行组合而成的词,可指"已婚妇女""妻子",也可指"女性",在特定语义场中仅指"中年的妻子或妇女",最晚在明代已有记载。"婆姨"为俗称,用于非正式场合。

征引书目

宋·李昉主编《太平广记》,大众文艺出版社,1999。

宋·计有功撰《唐诗纪事》,中华书局,1965。

清·曾朴著《孽海花》,浙江古籍出版社,2011。

清·艾衲居士编《豆棚闲话》,上海古籍出版社,1983。

顾肇仓选注《元人杂剧选》,人民文学出版社,1956。

---

① 当地风俗中,如果妻子去世,会优先考虑续弦妻子的姐妹,为的是不断一门亲。相应的,即便是续弦了没有亲属关系的人,也有"认干亲"的习俗,即将续弦之人认作干亲。子女称继母"姨姨"。

② 2021.10.10 最后一次检索。

鲁迅《鲁迅全集》,江苏凤凰文艺出版社,2020。

霍向贵主编《陕北民歌大全》,陕西人民出版社,2006。

路遥《路遥全集》,北京十月文艺出版社,2019。

王巨才主编《延安文艺档案》(全60册),太白文艺出版社,2015。

柳青《柳青文集》,陕西人民出版社,1991。

陈力主编《中国野史集粹》,巴蜀书社,2000。

参考文献

[1] Campell,Lyle 1998,*Historical Linguistics*:*An Introduction*,The MIT Press,Cambridge,Massachusetts.

[2] Thomason, sarah G, *Language Contact*:*An Introduction*,Georgetown University Press,Washington, D. C. 2001:59.

[3]曹志耘主编. 汉语方言地图集[M]. 北京:商务印书馆,2008.

[4]陈章太,李行健主编. 普通话基础方言基本词汇集[M]. 北京:语文出版社,1996.

[5]董秀芳. 词汇化——汉语双音词的衍生和发展(修订版)[M]. 北京:商务印书馆,2003.

[6]李浩. 新见唐代安优婆姨塔铭汉文部分释读[J]. 文献,2020(3):151—166.

[7]李荣. 现代汉语方言大词典(分卷)[M]. 南京:江苏教育出版社,1993—2004.

[8]梁晓虹. 佛教词语的构造与汉语词汇的发展[M]. 北京:北京语言学院出版社,1994.

[9]孙玉卿. 山西方言亲属称谓研究[M]. 太原:山西人民出版社,2005.

[10]王艾录. 汉语理据词典[M]. 北京:华龄出版社,2006.

[11]王克明. 听见古代——陕北话里的文化遗产[M]. 北京:中华书局,2007.

[12]徐琳,魏艳伶,袁莉容.《祖堂集》佛教称谓词语研究[M]. 成都:四川大学出版社,2010.

[13]许宝华,宫田一郎主编. 汉语方言大词典[M]. 北京:中华书局,1999.

[14]杨森. "婆姨"与"优婆姨"称谓刍议[J]. 敦煌研究,1994(3):123—127+89+167.

[15]杨森. 榆林窟宋代题记中最早出现的"婆姨"称谓——对明代"婆姨"称谓资料的新补充[J]. 丝绸之路,2011,(18):98—100.

[16]杨明芳,杨进. 陕北语大词典[M]. 西安:陕西师范大学出版社,2011.

[17]叶贵良. 敦煌道经写本与词汇研究[M]. 成都:巴蜀书社,2007.

[18]张伯元. 安西榆林窟[M]. 成都:四川教育出版社,1995.

[19]周志锋. 科学地研究理据 准确地揭示词源——读《现代汉语词名探源词典》札记[J]. 辞书研究,2002(5):53—61.

A Textual Research on *Poyi*(婆姨)

He Xuemei

Abstract:*Poyi*(婆姨) is a peculiar appellation term in Northwest China, which refers to married women, wives, and women. *Poyi*(婆姨) is a non-Sanskrit Upāsikā transliteration word. It is a dialect word. Like *Po Niang*(婆娘), it is a synonymous compound composed of the inherent Chinese morphemes in the Northwest. It was formed in the Ming Dynasty at the latest.

Keywords：Dialect，*Poyi*（婆姨），Chinese words，formation.

通信地址：陕西省西安市长安区文苑南路 1 号

邮　　　编：710128

E-mail：18700887970@126. com

《左传》"不义不暱"辨释[*]

——兼谈"不义不暱"的构式义演化

常志伟

内容提要 当前学界对《左传》"不义不暱"句法结构的分析、释义分歧颇多,主要观点有:1)并列说,即"不义于君、不亲于兄";2)因果说一,即"(段)不义,则(段)不暱(团结众)";3)因果说二,即"(段)不义,则(众)不暱(亲附段)"。通过对《左传》及同时期一些文献中"不 A 不 B"结构的考察可知,上述"因果说二"与确解近同。不过"不义不暱"应为因实果虚的推论性因果关系紧缩构式,而非因、果皆实的说明性因果关系;"亲附"为"暱"的语境义,而非其词汇义。晋代杜预把"不义不暱"误注成了并列式,魏晋史家在引以为典时又均依杜注为准,人为造成了其间句法结构、语义的变化:由因果紧缩熟语性构式演化成了并列组合性构式。引起杜预对该句误解误注的动因主要有二:一是并列构式的类推同化,一是古代礼制的影响。

关键词 《左传》 不义不暱 因果紧缩构式 并列组合性构式

引　言

《左传·郑伯克段于鄢》是古汉语教学中的名篇,注者众多。当前学界对其中"不义不暱"的句法、语义结构的分析与解读争议颇多。究竟该作何解尚无定论。试析之,以正于方家。

一　当前观点

当前学界对"不义不暱"的解读,主要有如下诸说:

1)并列说。该观点源于晋代杜预,他将"不义不暱,厚将崩"注为"不义于君,不亲于兄,非众所附;虽厚必崩"。[①] "不义""不暱"并列,"非众所附"是对前文"厚将得众"的总结性反驳。杜注影响大,信之者众。持该观点者有朱星[②]、李宗侗[③]、张文国[④]等。

2)因果说一。该观点源于清代学者沈钦韩。杨伯峻(1982/1984:114)指出:"对于'不义

---

*基金项目:国家社科基金一般项目"南北朝时期南北语法差异研究"(22BYY126)阶段性成果。感谢汪维辉老师细致入微的悉心指导。初稿曾在浙江大学汉语史研究中心学术沙龙(2024 年 6 月 3 日)讨论过,师友们提供了非常有价值的修改意见,史文磊老师、王诚老师所助尤多;《汉语史学报》匿名审稿专家也提出了非常宝贵的修改意见;谨此统致谢忱。文中错误,概由本人负责。

① 阮元(1980:1716)。
② 朱星(1980:20)"不义不暱"条云:"指对君不义,对兄不亲。暱,亲。"
③ 李宗侗(1982:6)"不义不暱"条注:"不义于君,不亲于兄。"
④ 张文国(2003:5)将"不义不暱"译为:"他对国君不义,对兄长不亲近。"

不暱',杜预解说:'不义于君,不亲于兄。'这是把'不义'与'不暱'平列起来。如果郑庄公原意真是如此,依古代词法和句法,应该说为'不义不恭',因为'兄友弟恭','恭'和'义'都是人与人间道德规范的术语。'暱'却不是道德规范的术语。……因此用了沈钦韩《左传补注》的说法,解为'不义则不能团结其众',把平列关系改为因果关系,即'不义,则不暱。'"持该观点者有王力(1962/1999:10)、钱锺书(1986:169)、杨伯峻(2016:12)、(日)竹添光鸿(2008:27)等。

3)因果说二。该观点源于章太炎先生,张永言先生对此作了进一步完善。章太炎(1893/2014:71)指出:"隐元年:'不义不黏。'《说文》'黏'下引《传》如此。盖贾侍中本也。今本作'暱'。……麟按:凡民庶亲附皆有黏谊。"张永言(1985/2015:13)认为:"'不义不暱'是表示因果关系的紧缩式偏正复句,等于说'不义则不暱'。'不义'就是上文'(共叔段)多行不义'的'不义'。'暱'通'黏',训'黏',即黏着、黏附,引申为亲附。'不暱'指众人不亲附(共叔段)。"

4)兼举说。兼举者采取折中方式,认为"不义不暱"为并列关系或相当于"不义,则不暱"的复句关系均能讲得通。有的兼举1)、3),如朱振家[1]、郭锡良等[2];有的兼举1)、2),如陈重业(2005:20)等。兼举者均将"不义不暱"的复句关系注为条件关系。

史文磊(2021:227)指出:"如果一个构体(construct)语义上具有组合性,那么,但凡言者说出一段符合句法的话语,且听者理解了这段话中每一个体词项的意义,听者就能对该段话语整体上的意义做出准确解码。我们把这种构式称为组合性构式(compositional construction)。如果该构体不具备组合性,那么,各项个体成分的意义和话语整体的意义就会出现错配。我们把这种构式称为非组合性构式(non-compositional construction),即熟语性构式(idiomatic construction)。"复句紧缩结构"不 A 不 B[3]"由两个语块组成,其韵律音步为"不 A/不 B",两个语块之间存在着几种特定的语义、逻辑关系。有的在语义上只能作为一个整体,其形式和意义均不能从其组成部分直接推知,意义上不是两个语块意义的简单加合。如:"不破不立"并非"不破、不立"意义的加合,在整体上蕴含着一种特定的语义逻辑关系:"若不破,则不立",这类"不 A 不 B"为偏正熟语性构式。有的其意义是两个语块意义的简单加合,其形式和意义能从其组成部分直接推知,如"不忠不孝""不笑不语""不哭不闹"等,该类构式为并列组合性构式。[4]《左传》"不义不暱"是一个因果熟语性构式,其确诂应只有一个。我们采用构式语法理论探讨该问题。

二 《左传》"不 A 不 B"结构概貌

《左传》"不 A 不 B"结构主要有以下几类:

---

[1] 朱振家(1994:9)"不义不暱"条注:"指对君不义,对兄不亲。暱,亲近。一说多行不义,人们就不亲近他。这样理解'不暱'与'不义'之间是条件关系。"

[2] 郭锡良、唐作藩、何九盈(1999:131)"不义不暱"条注:"指对君不义对兄不亲。'不义'和'不暱'为并列关系。一说'不暱'与'不义'是条件关系。意思是多行不义,别人就不会亲近他。"

[3] A、B为单音形容词或动词。

[4] 有些并列组合性构式"不 A/不 B",在组合义的基础上衍生出了熟语性意义,衍生出的整体意义也不是两者的简单加合,如"不伦不类"并非"不伦、不类"意义的相加,而是表示"不成样子或不规范"。为了便于叙述,不再区分。

其一，单句形式的"不 A 不 B"。

《左传》中单句形式的"不 A 不 B"分为两类：第一类，"不 A"与"不 B"之间为状中关系，其韵律音步为"不 A/不/B"，"A"通常为助动词，"不 A"作为一个整体与第二个"不"一起修饰谓语中心语 B，其间的句法结构关系为"状＋状＋中心语"，如"不可不慎（昭公七年）""不可不告（襄公八年）"。第二类，"不 A"与"不 B"之间为动宾关系，其韵律音步为"不/A/不 B"，"不 B"作为一个整体充当"A"的宾语，其间的句法结构关系为"状＋动＋宾"，如"不备不虞（隐公五年）""不为不义（哀公十六年）"。单句形式的"不 A 不 B"，是其组成部分意义的简单加合，其整体意义能从其组成部分直接推知，属宽式组合构式。与本文关系不大，不作讨论。

其二，复句构式"不 A 不 B"。

根据"不 A""不 B"的语义逻辑关系，可将《左传》中的复句紧缩构式"不 A 不 B"分为两大类：并列与偏正。若 A、B 在语义上属于同一语义范畴是并列，不属于同一语义范畴则为偏正。

1. 并列组合性构式"不 A 不 B"

"不 A"与"不 B"并列时 A 与 B 属同一语义范畴，两语块在语义上相同、相近或相对。根据"A""B"的语义关系可分为两类：同义并列与反义并列。

1.1 同义并列

1.1.1"A"与"B"不但并列，且随着语言的发展"AB"通常组合成一个同义并列的双音复合词。《左传》仅见 1 例，引自《诗经》①：

（1）臣闻之，"唯则定国"。《诗》曰"不识不知，顺帝之则"，文王之谓也。（《僖公九年》）

"不识不知"犹今语"不知不觉"。该句是说，文王的行动完全依从天帝的法度是自然的。再如"不慌不忙""不理不睬""不屈不挠"等。

1.1.2"A""B"义近，各有其义。该类用例《左传》共见 7 例（引《诗经》2 例）。② 如：

（2）昔贾大夫恶，娶妻而美，三年不言不笑。御以如皋，射雉，获之，其妻始笑而言。贾大夫曰："才之不可以已。我不能射，女遂不言不笑夫！"（《昭公二十八年》）

例（2）"言""笑"语义相关，均为言语行为动词，但其呈现方式不同："言"为心声，属言说类动词，需对方诉诸听觉；"笑"则状貌，属表情类动词，要对方诉诸视觉。再如"不闻不问""不疼不痒"等。

1.2 反义并列

"A""B"在词义上相对或相反，整体意义通常表示两个相反义词的中间状态。《左传》共见 2 例（引《诗经》1 例）。如：

（3）不偪不贪，不懦不耆，完其守备，以待不虞，又何畏矣？（《昭公二十三年》）

例（3）杜预注："懦，弱也。耆，强也。""不懦不耆"，即"不懦弱，也不强横"，两义相反。"不高不低""不胖不瘦"等均为此类。

---

① 《诗经》该类用例共见 9 例（《魏风》3 例、《大雅》4 例、《小雅》1 例、《商颂》1 例）。

② 《诗经》共见 10 例（《商颂》2 例、《邶风》1 例、《大雅》3 例、《小雅》3 例、《周颂》1 例），《论语》2 例（引《诗经》1 例），《孟子》5 例。

2.偏正熟语性构式"不A不B"

偏正关系的两个分句,有主次之分,通常是前偏后正,有时也可倒装。根据"不A""不B"之间的语义关系,可分为两类:因果与条件。

2.1 因果关系

因果构式"不A不B"由"原因""结果"两个语块组成,语意重心落在后一分句上。原因语块"不A"在前表既成事实,结果语块"不B"在后表依既成事实推出的未然结果。在《左传》中共见3例。如:

(4)今单子为王官伯,而命事于会,视不登带,言不过步,貌不道容,而言不昭矣。不道不共,不昭不从。无守气矣。(《昭公十一年》)

例(4)"不昭不从"意为"既然(单子)不昭于人,人就不从(单子)"。

2.2 条件关系

条件关系构式的两个语块分别表假定条件与结果,前一语块提出假设条件,后一语块说出若满足这种条件将出现的结果,两语块所述事件均非已然事实。《左传》共见5例。如:

(5)为身无义而图说,从政有所反之,以取媚也。不媚不信。不信,民不从也。(《昭公七年》)

(6)石乞曰:"焚库、弑王。不然不济。"白公曰:"不可。弑王,不祥;焚库,无聚,将何以守矣?"(《哀公十六年》)

例(5)"不媚不信"意为"若不取悦于民,人民就不相信你"。例(6)"不然不济"是说"若不这样,就不成功"。

三 "不义不暱"的句法、语义

《左传》共见复句构式"不A不B"14例:并列6例[①](同义并列5例、反义并列1例);偏正8例(因果3例、条件5例)。要确定"不义不暱"的句法、语义结构需根据语言的系统性和具体上下文语境来推定。其前后语境为:

公曰:"多行不义,必自毙,子姑待之。"既而大叔命西鄙、北鄙贰于己。……大叔又收贰以为己邑,至于廪延。子封曰:"可矣。厚将得众。"公曰:"不义不暱[②],厚将崩。"(《隐公元年》)

下面主要围绕当前学界争议较多的几个问题来谈。

1."暱"的词义

《左传》"暱"单用时,均为及物动词,表"亲近",共见3例:

(7)宫之奇之为人也,懦而不能强谏。且少长于君,君暱之;虽谏,将不听。(《僖公二年》)

---

① 不含引《诗经》用例。

② 阮元校勘,刘玉才整理(2014:3313—3314)《春秋左传》"不义不暱"条:"《考工记》:'凡昵之类不能方。'注:郑司农云'故书昵或为樴。'杜子春云'樴读为不义不昵之昵,或为勠。'李善《文选注》四十一引传文'暱'亦作'昵'。按,'昵'、'暱'之或字。《说文》'勠'字注引作'不义不黏',或从刃作'勠',唐玄度亦云'勠'字见《春秋传》。日声、刃声、尼声、匿声皆双声也。"笔者认为,"暱"字在不同版本中的异文有"昵、樴、黏、勠"等,诸异文虽字形不同,但音相近,所记录为同一词,故不作分辨。

（8）庸勋、亲亲、昵近、尊贤，德之大者也。（《僖公二十四年》）

（9）楚君以郑故，亲集矢于其目，非异人任，寡人也。若背之，是弃力与言，其谁昵我？（《襄公二年》）

例（7）"君昵之"，杜预注："亲而狎之，必轻其言。"例（8）杜预注："昵，亲也。""昵近"，即"亲近近亲"。例（9）"其谁昵我"孔颖达疏"他人其谁肯亲我乎"。例（9）与"不义不昵"语境相同。当时郑国地处晋、楚两大国之间，想在夹缝中求生存，就须找个靠山，于是郑、楚结盟御晋。鲁成公十六年楚为救郑，与晋国战于鄢陵，楚国战败，楚共王被射伤眼睛，郑成公感激涕零。鲁襄公二年郑成公病重，郑国大臣劝他背楚亲晋，以免除来自楚国的沉重负担。郑成公说了这句话："（我）若背之，其谁昵我？""背之"，即"不义"，这句话意为："（我）若不义，（他人）谁昵我？"该用法也见于同时期的其他文献。如：

（10）君之于臣，其威大矣。不能令于国，而恃诸侯，诸侯其谁昵之？（《国语·鲁语下》）

例（10）韦昭注："昵，亲也。""之"为代词，"昵之"，即"昵君"，整体上为推论性因果关系复句。中古以后，"昵"也可后跟介词"于"引进宾语。如：

（11）尔无昵于憸人，充耳目之官。（《尚书·冏命》）①

例（11）伪《孔传》："汝无亲近于憸利小子之人，充备侍从在视听之官。"

《左传》"不义不昵"中"昵"之词义，当前学界观点有三：第一，"黏附""团结"，为当前学界主流观点；第二，"亲近"，《汉语大词典》持此说；第三，亲附。《十三经注疏·左传注疏》"不义不昵"，《经典释文》注："昵，亲也。"例（7）—（11）中"昵（昵）"的古注完全相同，均为"亲也"，可见其词义一致。《尔雅·释诂下》："昵，近也。"晋郭璞注："昵，亲近也。"鉴之，则知"昵"为及物动词"亲近"义。

《左传》"昵"无"黏附、团结"义。《汉语大词典》"昵"条释义与古注一致，最为恰切，"亲近"指一方对另一方亲密地接近，不限于上对下、臣对君，为其词汇义。"亲附"带有［＋依附］的语义特征，依附性是其核心义素，依附性亲近，多用于下对上、臣对君。如《淮南子·兵略》："群臣亲附，百姓和辑，上下一心，君臣同力。""群臣亲附"，即"群臣亲附于君"。《左传》"不义不昵"之"昵"为"（众）昵（段）"属于下对上，章太炎、张永言先生训为"亲附"，为其语境义。词的语境义是指一个词在特定语境中发生临时变异而形成的语用义，因语境而异，随文注释，应注其词汇义。

2."不昵"的主语、宾语

当前学界对"不昵"的主语、宾语所指存在分歧：有的认为主语为"段"，宾语为"众"，即"段不昵众"；有的认为主语为"众"，宾语为"段"，即"众不昵段"。要确定"不昵"的主、宾语所指，就需结合同时代"不义不V"句式的句法、语义结构来综合考察。该类结构在先秦共见4例。② 如：

（12）是故古者圣王之为政也，言曰："不义不富，不义不贵，不义不亲，不义不近。"

---

① 该例出自伪《古文尚书》，"昵于"疑为魏晋以后用语。《左传》全用"昵"，"昵"是"昵"的后起俗字，"昵于"连用后跟表亲近对象的宾语，其他文献最早见于《三国志·魏志·杜袭传》"时夏侯尚昵于太子，情好至密"。（宋）王观国（2010：50）"鲦"条言"故经世惟《尚书》多用俗字，如古文景，《尚书》变为影，大概也因伪《古文尚书》的缘故。

② 在考察时排除了形同实异的单句形式的"不义不V"结构。如《墨子·非儒下》："不义不处，非理不行，务兴天下之利。""不义不处"，属宾语前置类句式。此为用典，《论语·里仁》"富与贵，是人之所欲也；不以其道得之，不处也"。

（《墨子·尚贤上》）

例(12)言古圣王治国之道，承前文"又有贤良之士厚乎德行……亦必且富之贵之，敬之誉之"。可见"不富"，即"不富之"的省略式。"不义"的主语为"士"；"不富"的主语为"圣王"，即"士不义，则圣王不富之"，其余三例结构同此。

在先秦非并列关系的复句紧缩构式"不 A 不 B"，当"B"为及物动词时，"B"语义上的逻辑宾语通常是"不 A"的主语。如：

（13）不愤不启，不悱不发。举一隅不以三隅反，则不复也。（《论语·述而》）

例(13)"不愤不启，不悱不发"是互文见义，即"若不愤悱，则不启发"。"不启发"的逻辑宾语为"不愤"的主语。

"暱"及物动词，可见"不暱"的对象宾语应为"不义"的主语"段"。"不暱"的主语，可据上下文来推定。"不义不暱"是对上文"(段)厚将得众"的驳斥性回答，"得众"，即"众暱段"，"不暱"即"(众)不暱(段)"，也与后文"京叛太叔段"相应，故"不暱"的主语应为"众"。"不暱"，即"(众)不暱(段)"。

3."不义不暱"的结构

当前学界对"不义不暱"的结构关系分歧主要有：并列说，因果说，条件说。《左传》中同义并列组合性构式"不 A 不 B"共见 5 例："不言不笑""不轨不物""不忌不克""不节不时""不僭不贪"。并列式"不 A""不 B"的主语均相同，且"A""B"的词性、句法功能完全相同。"不义""不暱"主语不同，且"义""暱"的词性与句法功能也不完全相同，"义"为不及物动词，"暱"为及物动词，故"不义不暱"不是同义并列关系。

"不义"与"不暱"之间是因果关系，还是条件关系？当前学界也存在争议。吕叔湘(1956/2019:66)指出："用'要是'和'就'连系的假设句，用'既然'和'就'连系的推论句，用'因为'和'所以'连系的因果句，这三种句法，虽然各有各的用处，所表示的是根本相同的一个关系：广义的因果关系，包括客观的即事实的因果和主观的即行事的理由、目的等等。这三种句法的同异可综括如下：假设句：若甲则乙，甲乙皆虚，理论的一般的，泛论因果。推论句：既甲应乙，甲实乙虚，应用理论于实际，推论因果。因果句：因甲故乙，甲乙皆实，实际的个案的，说明因果。"假设与条件，在逻辑关系上是一致的，偏句是正句的充分条件，言者认为满足其主观假定条件就能得出假定结果，其条件和结果均为非事实性的假言判断，故甲乙皆虚。据吕先生的观点可知：推论因果句，甲实乙虚，前一个分句摆出已然事实，后一分句据此推出未然结果；说明因果句，甲乙皆实，前一分句说明既成事实，后一分句说出据这种事实引出的已然结果。从上下文语境看，"不义"承前"多行不义"为既成事实，"不暱"则是说话人根据这一事实得出的推论性结果，即"众不亲近他"。"不义"为实，"不暱"为虚，故"不义不暱"为推论性因果复句，若加上关联词语，应为"(既)不义，(则)不暱"。该类因果构式《左传》共见 3 例，其间的句法、语义结构均相同，结果句"不 B"的宾语所指，均为"不 A"的主语。如：

（14）今单子为王官伯，而命事于会，视不登带，言不过步，貌不道容，而言不昭矣。不道不共，不昭不从。无守气矣。（《昭公十一年》）

例(14)"不道不共"意为"(单子)不道(于人)，人就不共(单子)"。

综上可知，《左传》"不义不暱"的注释应为"段既然不义于君，(众)就不亲近他"。

四 "不义不暱"的构式义演化

《左传》是我国历史上第一部叙事详明的编年体史书,叙事极其简明生动,对后世的文化、语言都产生了深远影响,许多典型事件和经典言辞,为后世相习沿用,成了典故词语。"不义不暱"在中古时期就成了一个特有典故词,且其句法结构、意义均发生了变化:结构上由因果构式演变为并列构式,意义上由"臣不义,则众不亲近臣"演化为"不忠不孝"。

当前汉语史研究的重心是汉语口语发展史,书面语词语因不入流,问津者鲜,其实书面语词也有其发展演变的规律需要揭示。汪维辉(2017/2021:239)就曾指出:"相当于'文章语体'的书面语的历史有其独特的规律,尤其在中国,由于社会文化方面的原因(比如崇古心理、文献传统、中央集权和科举制度等),几千年的书面语发展史有许多有意思的现象值得研究。"

《左传》"不义不暱①"本为因果紧缩熟语性构式,中古史家引以为典时均依杜预注,将其看作并列组合性结构,将其意义重新解读为"不忠不孝",成为了中古时期特有典故词。

(一)中古并列构式"不义不暱"

"不义不暱(暱)"在中古史书中共见 8 例,均为并列组合性构式。新构式不仅改变了原本的句法、语义结构而且整体意义也发生了变化。如:

(15)于号讳之辰,遽甘滋之品,当惟新之始,绝苞苴之贡,忠孝两忘,敬爱俱尽。乃征引巫史,潜考图纬,自谓体应符相,富贵可期,悖意丑言,不可胜载。遂复遥讽朝廷,占求官爵,侮蔑宗室,诋毁公卿,不义不暱,人道将尽。(《宋书·文五王传·竟陵王刘诞》)

(16)论曰:"(元帝)悖辞屈于僧辩,残虐极于圆正,不义不暱,若斯之甚。而复谋无经远,心劳志大,近舍宗国,远迫强邻,外弛藩篱,内崇讲肆,卒于溢至戕陨,方追始皇之迹,虽复文籍满腹,何救社庙之墟。"(《南史·梁本纪·敬帝萧方智》)

(17)元嘉以来,猜阻滋结,不义不暱之心,附下罔上之事,固已暴之民听,彰于遐迩。(《宋书·檀道济传》)

(18)是以孝惟行本,礼实身基,自国刑家,率由斯道。窃以爱敬之情,因心至切,丧纪之重,人伦所先。君明钻燧虽改,在文无变,忽劬劳之痛,成燕尔之亲,冒此苴缞,命彼褕翟。不义不暱,《春秋》载其将亡,无礼无仪,诗人欲其遄死。(《隋书·柳彧传》)

(19)军机催勒,盖唯景任,总兵统旅,别有司存。而愚褊有积,骄愎遂甚,犯违军纪,仍自猜贰,祸心潜构,翻为乱阶。负恩弃德,罔恤天讨,不义不暱,厚而必颠。(《魏书·岛夷萧衍传》)

(20)否极必亨,天盈其毒,不义不暱,势必崩丧,取乱侮亡,实在斯会。三军文武,愤踊即路。(《魏书·岛夷桓玄传》)

---

① 在中古史书中均写作"不义不暱"。"暱""昵"均始见于《说文》。《说文·日部》:"暱,或从尼。"可见"昵"应为"暱"的后起俗字,中古时以俗为正。

(21)史臣曰:"永王璘,父在蜀城,兄居灵武,不能立忠孝之节,为社稷之谋,而乃聚兵江上,规为己利,<u>不义不昵</u>,以灾其身,《书》所谓'自作孽,不可逭'也。"(《旧唐书·玄宗诸子传·汴哀王李璬》)

例(15)"不义不昵"与"人道"相应。例(16)是史书作者对梁元帝的评价,他本为皇帝,不可能再犯上作乱。例(17)"不义不昵"与"附下罔上"对举,均为并列。例(18)"不义不昵"与"无礼无仪"对举。该史实也载于《北史·柳彧传》,文字大体相同,是谴责唐君明在居母丧期间迎取新妇,不孝于亲的无礼之行。例(19)是慕容绍宗向萧衍全境发布的征讨檄文中对侯景的声讨,侯景是不忠不孝的典型代表。例(20)是桓玄征讨司马元显的声讨檄文,元显在扬州任上不义于君,搜刮不已。例(21)所言为唐肃宗时永王李璘不忠不孝自江陵起兵之事。

造成"不义不昵"构式义演变的直接原因就是杜预的误解误注。杜预把本为因果关系的"不义不昵"注成了并列关系,中古以后史家在用典时便以杜注为准。孙玉文(2023)指出:"古人写诗作文,当他们用典时,很重视借助古注理解典故的确切含义,兢兢毋敢出入。他们在自己的文章中经常引《诗经》为典,本来就是根据《毛传》《郑笺》的解读来用典的。"孙文是说后代古诗文中引《诗经》为典时常以古注义为典故义,其实后代史家引《左传》为典时也是如此,若古人注解错误则其典故义就随之而误。杜预的误注就造成了中古史家们习误为正。

(二)杜预误解误注的动因

引起杜预对"不义不昵"误解误注的动因主要有两个:一是语言内部原因,即并列构式的类推同化;一是外部原因,即古代礼制的影响。

1.并列构式的类推同化

并列构式"不 A 不 B"韵律音步与偏正式相同,春秋之前并列式在散义语体中处于劣势,战国中期以后在数量上成了占绝对优势的主导式。中古时期的注释家在给上古文献作注时,在看作并列式也能理顺的语境中很容易将偏正式"不 A 不 B"类推为并列式。《左传》"不义不昵"中"昵"为及物动词"亲",即"亲近";而表"亲近"义的"亲"除了作及物动词外,还可作不及物动词,如《淮南子·览冥》"是故君臣乖而不亲,骨肉疏而不附"。当"亲"为不及物动词时,"不义不昵"在其语境中也能理顺,就类推误解成了并列关系。

通过对《诗经》《论语》《左传》《孟子》《墨子》《史记》《后汉书》《三国志》《世说新语》中"不 A 不 B"构式的穷尽性统计,从中可以看出两种构式由上古到中古时的演变情况。具体如下表:

构式\文献	不 A 不 B							
	并列式		偏正式		数量/各占总数百分比			
	同义式[①]	反义式	因果式	条件式	并列式		偏正式	
诗经	19	4	0	0	23	100%	0	0
论语	1	0	0	3	1	25%	3	75%
左传	5	1	3	5	6	43%	8	57%

---

① 为了便于比较,将同义式与近义式合并在一起统计。

续表

构式 文献	不A不B							
	并列式		偏正式		数量/各占总数百分比			
	同义式①	反义式	因果式	条件式	并列式		偏正式	
孟子	5	0	0	1	5	83%	1	17%
墨子	12	0	4	1	12	71%	5	29%
史记	6	0	0	1	6	86%	1	14%
后汉书	12	1	1	2	13	81%	3	19%
三国志	7	1	0	1	8	89%	1	11%
世说新语	2	0	0	0	2	100%	0	0

由上表可知,两类构式的历时变化体现出以下两个特点:

第一,从历时看,在《左传》之前两类构式在不同文体中分布差异较大,《诗经》出现频率最高,全为并列式,概因满足诗歌节奏之需。《左传》《论语》为散文体,均以偏正式为主导,《左传》偏正式用例占总数的57%。《孟子》以后,并列式开始占据主导地位,中古以后,占到了总数80%以上。由于并列式是中古时主导式,在句法分析上自然就会成为人们的优选式,当在因果式与并列式都能讲得通的语境中,人们会优先选择并列式。这也许就是造成中古时期的杜预误注和后代史家习误为正的原因。

第二,《诗经》对后世影响较大,在儒家所倡导的"不学《诗》,无以言"观念的支配下,后代文人雅士在写诗作文时多引《诗经》②,而《诗经》中的"不A不B"构式均为并列式。这也为并列式"不A不B"在后来的发展中成为主流起到了一定作用,《现代汉语词典》(第7版)列为词条的9个"不A不B"构式全部为并列式。

2.古代礼制的影响

杜注为何这样注?大概也受到了古代礼制的影响。尊尊与亲亲是古代礼制的两条基本原则,尊尊强调的是政治上的君臣关系,其核心是忠;亲亲强调的是血缘上的父子关系,其核心是孝。"不义",多于君而言,"不暱③"多于亲而言,如《孟子·滕文公上》"父子有亲,君臣有义"。杜预是一位典型的儒将,出身于高级官僚家庭,祖父为百官师长的尚书仆射,父亲是散骑常侍,忠君孝亲的伦理观念早已在潜移默化中深深地根植于他的血脉中,在他看来这是为人臣的基本准则。在《三国志》《世说新语》中出现的10例"不A不B"并列构式中,其中"不忠不孝"2例,"不忠不义"1例,可见当时对忠孝节义理念的重视。杜预认为,共叔段作为王室成员图谋犯上,就是于国不忠不义,于家不亲不孝,故将"不义不暱"解读为"不忠不孝"。

庄公与共叔段之间在血缘上为兄弟,共叔段深受母亲宠爱,于父母没有不孝,若要从家庭伦理观念来谴责他的话则应该用兄弟之间的合理做法来斥责他。兄弟间的家族伦常在《左传》中常用"兄友弟共(文公十八年)""兄爱弟敬(隐公三年)""兄爱而友,弟敬而顺(昭公二十六年)"来表示,故郑庄公若从尊尊亲亲的角度来对共叔段作负面评价的话,应为"不义

---

① 为了便于比较,将同义式与近义式合并在一起统计。

② 《左传》《论语》中的该构式分别引《诗经》4例、1例。

③ "暱"与"亲"同义,作动词为"亲近",作名词为"亲近的人","不暱"即"不亲"。

不恭"或"不义不敬"。杜预注为"不义于君，不亲于兄"，大概就是从国、家/忠、孝两方面来考虑，将本来的推论性因果关系注成了"并列关系"。

小　结

　　通过对《左传》及同时期一些文献中"不 A 不 B"结构的考察可知，当前学界观点中前述"因果说二"与确解近同。不过"不义/不暱"之间的复句关系应为因实果虚的推论性因果关系，而非因果皆实的说明性因果关系；"亲附"为"暱"的语境义，而非词汇义。晋代杜预把"不义不暱"误注成了并列式，魏晋史家引以为典时又均依杜注为准，人为造成了其间句法结构和语义的变化：由因果紧缩熟语性构式演化成了并列组合性构式。引起杜预误解误注的动因主要有二：一是并列构式的类推同化，一是古代礼制的影响。

参考文献

[1]陈重业. 古代汉语读本[M]. 北京：北京大学出版社，2005.

[2]郭锡良，唐作藩，何九盈等. 古代汉语(修订本)[M]. 北京：商务印书馆，1999.

[3]李宗侗. 春秋左传今注今译(第 5 版)[M]. 台湾：商务印书馆，1982.

[4]吕叔湘. 中国文法要略[M]. 北京：商务印书馆，1956.

[5]吕叔湘. 吕叔湘自选集[M]. 上海：上海教育出版社，2019.

[6]钱锺书. 管锥编[M]. 北京：中华书局，1986.

[7]上海人民出版社编. 章太炎全集：春秋左传读·春秋左传读叙录·驳箴膏肓评[M]. 上海：上海人民出版社，2014.

[8]史文磊. 汉语历史语法[M]. 上海：中西书局，2021.

[9]孙玉文. 古诗文中引《诗经》为典的今注问题[J]. 中国语言学集刊，2023(2)：327－339.

[10]汪维辉. 汉语史研究的对象和材料问题——兼与刁晏斌先生商榷[J]. 吉林大学社会科学学报，2017(4)：158－165.

[11]汪维辉. 汉语词汇史[M]. 上海：中西书局，2021.

[12]王力. 古代汉语(校订重排本)[M]. 北京：中华书局，1962/1999.

[13]王问渔，陆宗达. 训诂学的研究与应用[M]. 呼和浩特：内蒙古人民出版社，1986.

[14]杨伯峻. "不～不～"语句型之分析——词义与语法的关系[M]//杨伯峻学术论文集. 长沙：岳麓书社，1984.

[15]杨伯峻. 春秋左传注(修订本第四版)[M]. 北京：中华书局，2016.

[16]张文国. 古文观止辞典[Z]. 上海：汉语大词典出版社，2003.

[17]张永言. 训诂学简论(增订本)[M]. 上海：复旦大学出版社，2015.

[18]朱星. 古代汉语[M]. 天津：天津人民出版社，1980.

[19]朱振家. 古代汉语(修订版)[M]. 北京：高等教育出版社，1994.

[20](北宋)王观国，罗璧. 学林 识遗[M]. 长沙：岳麓书社，2010.

[21](清)阮元校刻. 十三经注疏(附校勘记)·春秋左传正义(卷 2)[M]. 北京：中华书局，1980.

[22](清)阮元校勘，刘玉才整理. 十三经注疏校勘记[M]. 北京：北京大学出版社，2014.

[23][日]竹添光鸿. 左氏会笺[M]. 成都：巴蜀书社，2008.

What Exactly Does "*Bu Yi Bu Ni*(不义不暱)" in *Zuozhuan* Mean:

A Discussion on the Constructional Evolution of "*Bu Yi Bu Ni*"

Chang Zhiwei

Abstract: In the current academic discourse, there exist diverse analyses and interpretations of the syntactic structure of "*buyibuni*(不义不暱)" in *Zuozhuan* (Zuo's Commentary). The main viewpoints are:(1) It is a coordinative structure, meaning "unrighteous to the ruler and unkind to the brothers";(2) It is a casual structure, meaning Duan was not able to unite the people because he was unrighteous;(3) It is a casual structure, meaning the people were not close to Duan because he was unrighteous. An examination of the "*buAbuB*(不 A 不 B)" structure in Zuo Zhuan and other contemporary texts reveals that the syntactic structure of "*buyibuni*(不义不暱)" should be understood as an inferential causal compressed construction. Du Yu, a scholar in the Jin Dynasty, mistakenly annotated it as a coordinative structure. By the Wei and Jin periods, historians referencing this phrase adhered to Du Yu's annotation, leading to its structure and meaning changes. Its structure gradually evolved from an inferential causal idiomatic construction to a coordinative condensed construction. Du Yu's misinterpretation was primarily influenced by two factors: the analogy and assimilation of coordinative constructions and the influence of ancient ritual systems.

Keywords: *Zuozhuan*, *buyibuni*(不义不暱), causal idiomatic construction, coordinative condensed construction

通信地址:河南省周口市川汇区文昌大道中段 6 号周口师范学院文学院

邮　　编:466001

E-mail:changzhiwei1978@126.com

程度副词"转"的语法化、构式化及相关问题[*]

程度副词"转"的语法化、构式化及相关问题[*]

徐多懿

内容提要 程度副词"转"是由动词"转"演变而来,经历了典型的语法化过程。在"NP＋转＋AP"这样的框架中,"转"因其自身的语义特征和所处的框架关系而具有高度歧解性,诱发了语用推理,产生了动词和副词两种解读的可能性。这是程度副词"转"语法化的临界环境。"转……转……"构式的形成与"转"的语法化密切相关,而此构式在形成之后同样经历了句法功能的扩展。程度副词"转"的衰落可以归因为"越"的兴起和"转"自身的语义负担过重。

关键词 程度副词 转 语法化 构式化 演变

一　引　言

程度副词的语法化是汉语史上反复出现的一种典型语法化现象,如"越""益""更""愈""过"等,它们都是由动词语法化为程度副词(张家合,2017;杨振华,2019)。李小军(2021：508)概括指出,表示"更加"义的程度副词可以由表示"反复""逾越(逾越、超越)""增益"义的动词语法化而成。"转"是中古近代汉语中常见的程度副词,表示"更加""愈发"等,其语义特征是"事物的状态或程度逐渐变深",用例多见：

（1）树寒条更直,山枯菊转芳。（北周·庾信《从驾观讲武》）

（2）今我单车复西上,遥望灞陵转惆怅。（唐·刘长卿《送姨子弟往南郊》）

"转"的形成同样经历了语法化过程。董志翘、蔡镜浩(1994：661－665)、高育花(2007)、张家合(2013)、叶慧涓(2016)、杨振华(2019)等对"转"的用法和形成进行了深入研究,但仍存在进一步探讨的余地。本文以汉语史实际用例为基础,结合语法化连续环境理论,重新梳理程度副词"转"的语法化过程,探讨"转"语法化的机制和动因,附带论及"转……转……"构式的形成、演变、替换等相关问题,以期对汉语语法化的研究提供用例和参考。

二　"转"的语法化过程与动因

（一）语法化连续环境理论

语法化通常发生于特定的环境中,而语法化环境具有连续性的特征。Heine(2002：84－

---

* 本文为国家社科基金青年项目"基于明成化说唱词话的明代吴语研究"(22CYY031)的阶段性成果。同时得到湖南省语言资源研究基地资助。《汉语史学报》编辑部和匿名审稿专家为本文提出了颇具建设性的审稿意见,谨致谢忱。文中尚存错误概由作者负责。

85)、Diewald(2002:104—114)对语法化连续环境的看法有相似之处,都认为语法化发生于能够产生歧解性的环境,即"桥梁环境"和"临界环境"。在这个环境中,语法化项因环境而诱发语用推理,产生了歧解性,语法化项裂变产生了新义或目标义,此时语法化项同时具有源义和目标义两种理解方式。寻找这种歧解性环境,是进行语法化研究最重要也是最关键的环节。彭睿(2020)指出,厘清语法化项在临界环境中因语用推理导致歧解性的具体机制及过程,是语法化个案研究的重中之重。为方便起见,本文将这种产生歧解性的环境统称为临界环境。

(二)"转"语法化的临界环境

程度副词"转"的语法化过程也具有连续性。在临界环境之前的阶段,"转"尚不能被分析为副词。《说文·车部》:"转,还也。从车专声。"《字源》"转"条:"转字的本义为移徙,即转运、传运之义。"如《逸周书·大匡》:"粮穷不转,孤寡不废。"从其本义又引申出改变义,如《庄子·田子方》:"独有一丈夫,儒服而立乎公门,公即召而问以国事,千转万变而不穷。"《战国策·燕策一》:"圣人之制事也,转祸而为福,因败而为功。"先秦时期的"转"作为动词常常不附带宾语,或后接名词性成分。这样的句法环境无法使"转"语用推理出动词与副词两种理解方式,不具备歧解性,程度副词"转"显然不是产生于这样的环境中。

中古近代汉语中程度副词"转"的典型分布环境是"NP+转+AP",这一框架最早见于魏晋南北朝史书和译经。在中古早期文本中,"NP+转+AP"具有高度的歧解性。语法化项"转"既可以看作动词,也可以看作表示程度变深的副词,这是由"转"这个语法化项所具有的语义特征所诱发的语用推理。[①] 试看如下诸例:

(3)吴将朱异再以大众来迎诞等,渡黎浆水,泰等逆与战,每摧其锋。孙綝以异战不进,怒而杀之。城中食转少[②],外救不至,众无所恃。(西晋·陈寿《三国志·魏志·诸葛诞传》)

(4)今诞举淮南之地以与吴国,孙壹所率,口不至千,兵不过三百。吴之所失,盖为无几。若寿春之围未解,而吴国之内转安,未可必其不出也。(西晋·陈寿《三国志·魏志·钟毓传》)

(5)譬如恒伽水,从源流出,入于大海,于其中间转深转广。(东晋·瞿昙僧伽提婆译《中阿含经》卷2,1/428a)

(6)若有人来住一面,见此行人远涉长路,中道得病,极困委顿,独无伴侣,后村转远,而前村未至。(东晋·瞿昙僧伽提婆译《中阿含经》卷五,1/454b)

上面几个例子中的"转"在语境中具有高度歧解性,其临界性特征在于"转"既可作动词理解,也可作副词理解。例(3)"城中食转少"并不是突然变少,而是一个连续渐进的过程,所

---

① 匿名审稿专家指出:"这与'转'动词义的变化有关。作为典型的位移动词时,'转'表空间位移、表空间变化,而后隐喻投射到抽象的语义域,可知程度、状态等的变化,这才是'NP+转+AP'格式出现的原因。实际上'NP+转+AP'格式中'转'仍有明显的抽象位移义,即从一个状态到了另一个状态。"甚确!感谢匿名审稿专家为笔者指出这一点。

② 匿名审稿专家通过此例指出:"'转'理解为'转变'当然可通,但如果不能很好理解这一格式产生的原因以及'转'的语义变化,'转变'义的由来就不好理解,'NP+转+AP'格式的产生就找不到源头,'转'为什么可以歧解就说不通。论文用'越'作为平行演变的例证,其实'越'起初也是一个位移动词,也经历了空间位移到状态变化(即改变)等过程。"笔者深以为然!"转"和"越"都经历了从空间位移到状态变化的过程,因此其语法化过程也有相似之处。

以既可以是食物"变"少，也可以是食物"越发"少。例（4）"吴国之内转安"可以是吴国之内转变为安全、安定，也可以是更加安全。例（5）"于其中间转深转广"可以理解为在源流和大海中间变深变广，或理解为在中间更加深、广；例（6）"后村转远"的"转"可以是后村随着行人跋涉变得遥远，也可以是后村越来越远。梳理上述临界环境中"转"的用例可以发现，"转"由动词义语用推理出副词义的语法化过程，有语义语用和形态句法两个方面的诱因：

其一，动词"转"和程度副词"转"有共同的语义特点，即状态或行为相较于过去发生了改变。而"转"与其他"转变"义动词略有不同，它本身即具有时间或逻辑上的连续性，并且表示程度由浅而深。这是动词"转"能够向程度副词"转"语法化的语义基础。

其二，在"NP＋转＋AP"框架中，"转"之后所接的对象为形容词（AP），使得"转"具有转化成为副词的句法条件。"转"位于 AP 之前，则 AP 既可能是通过"转变"达到的状态，也可能被语用推理为事物（NP）逐渐呈现的状态，这样 AP 就成为了句子的核心，"转"的"转变"义被隐去，NP 和 AP 的联系更加紧密。可以看到，语法化同构项（即"转"后面所接的成分）的语义语用特征是"转"语法化的临界环境必不可少的一部分。如果"转"后所接对象为名词性成分，那么"转"的"事物的状态或程度逐渐变深"的语义就无从形成，此时"转"只能被理解成动词，不可能理解成副词。

（三）"转"语法化的完成

东晋以后，程度副词"转"所处的"NP＋转＋AP"框架中，"转"的语法化同构项发生了扩展，从形容词扩大到动词以及动宾结构。[①] 这是"转"从临界环境到习用化环境转换的重要阶段。在此基础上，"转"的语义进一步脱离了源语义，歧解的情况减少。

（7）桓南郡与殷荆州共谈，每相攻难。年余后，但一两番。桓自叹才思转退。（《世说新语·文学65》）

（8）药王！譬如有人渴乏须水，于彼高原穿凿求之，犹见干土，知水尚远；施功不已，转见湿土，遂渐至泥，其心决定，知水必近。（姚秦·鸠摩罗什译《妙法莲华经》卷 4,9/31c）

（9）王之恐状，转见于色。谢之宽容，愈表于貌。（《世说新语·雅量29》）

例（7）"才思转退"中的"转"还带有转变的意味，尚未完全脱离源语义，"转"可作副词或动词两解，这是因为"退"是动词，为衰退义，但其语义有［＋事物发生渐变］这一特征。例（8）上下文有"施功不已""遂渐至泥"的表述，表示状态或程度的加深，"转"不能解释为"改变"义的动词，而只能理解为程度副词。例（9）"转"和"愈"为互文，都表示程度更深。这两例说明，"NP＋转＋动宾结构"的框架使得"转"完全消除了语境中的歧解性，"转"的源语义"改变"已经脱去，只表示"程度渐深"。

唐宋时期程度副词"转"的语法化过程已经基本完成，在具体语境中"转"只能被理解为程度副词。具体表现有二：

首先，"转"的语法化同构项扩展了更多类型。"转＋动宾结构"的例证不仅明显增多，而

---

① 叶慧涓（2016）认为："在南北朝时期，'更加'义程度副词'转 3'只能修饰形容词性谓语，没有见到修饰动词性谓语的用例。"这与"转"在中古的实际使用情况不符。

且"转"的同构项也可以由心理动词担任。如下例：

（10）皇帝树下徐行之次，踟蹰暂立，冷气凌人，雪凝复（彻）骨。皇帝谓净能曰："寒气其（甚）冷，朕欲归宫。"净能奏曰："与陛下相随游戏，甚是仙华，不并下方，陛下不用葱葱（匆匆），且从容玩月观看，然乃却回，岂不善矣！"皇帝倚树，**转**觉凝寒，再问净能："朕今忍寒不得，愿且却归。若更须史，恐将不可。"（《叶净能诗》，S.6836）

例（10）中"转"的同构项为心理动词"觉"及宾语，这种格式已经不太可能产生歧解，"转"只能被理解为程度副词。

其次，随着"转"语法化程度的加深，"转"所处框架的形态句法特征也发生一些变化。例如"NP＋转＋AP"框架中，程度副词"转"对其所修饰形容词的依赖性减弱，"转"和AP之间可以加上助词"是"加强语气或凑足音节。

（11）登途行数十里，人烟寂寂，旅店稀稀。又过一山，山岭崔嵬，人行不到，鸦鸟不飞，未知此中是何所在。行次欲近官道，道中更无人行。又行百里之中，全无人烟店舍。入到国中，见一所荒寺，寺内亦无僧行。又见街市数人，问云："此是何处？"其人不言不语，更无应对。法师一见如此，**转**是恓惶。（《大唐三藏取经诗话》卷中）

此外，"转"还可以和"加""更""益"等同类型的程度副词连用，构成并列式结构，共同修饰AP。这说明"转"在语义语用和形态句法上已经和这些真正的"更加"义程度副词相同了。如：

（12）六师频频输失，心里**转加**懊恼："今朝怪不如他，昨夜梦相颠倒。"（《降魔变文》）

（13）唐李廷光者为德州司马，敬佛，不茹荤血，常持《金刚经》，每念经时即有圆光在前，用心苦至，则光渐大，少怀懈惰，则光渐小暗。因此砥砺，**转加**精进。（《太平广记》卷一○六）

（14）季舒素好图籍，暮年**转更**精勤，兼推荐人士，奖劝文学，时议翕然，远近称美。（《北齐书·崔季舒传》）

（15）邑人疲于供命，聚薪其下，因野火焚之，由是残阙，不堪摹拓。然尤止官求请，行李登涉，人吏**转益**劳敝。（《封氏闻见记》卷八）

从唐宋时期程度副词"转"的文献用例看，在近代汉语早期，"转"已经成为一个"语法化成项"，其语义特征已经远离其源语义"改变"，而只能理解为目标义"事物的状态或程度逐渐变深"，其句法功能也由动词转变为程度副词，语法性大大增强。这一阶段的典型特征是"转"语法化同构项类型的扩展，以及"转"形态句法功能的扩展。比如动宾结构作为语法化同构项的大规模出现，"转"可以后接助词"是"凑足音节，或与其他程度副词连用来共同修饰形容词，等等。

三 "转……转……"的构式化与构式扩张

汉语中有一类比较常见的构式，通常被称作"条件倚变构式"或"比较关联构式"，最典型的比较关联构式就是汉语中的"越……越……"，如"越A越B"就是"在程度上B随A的变化而变化"。关于这一类型构式的历时演变或成因，已有前贤进行了深入探讨，如吕叔湘（1982:367），邢福义（1985），吕叔湘主编（1999:639），刘楚群（2004），王学忠（2008），赵国军

(2010),张家合(2010),龙国富(2013),王春辉(2017),陈丽敏(2017)以及詹芳琼、Elizabeth Traugott、韩笑(2020),史文磊、王翠(2021)等。汉语史上除了"越……越……"这一沿用至今的构式以外,还存在"转……转……"这一比较关联构式,其来源与历史上的程度副词"转"密切相关。而"转……转……"的构式化问题还未见相关讨论,因此本文拟从历时演变的角度考察其构式化的过程及相关问题。

据前所述,程度副词"转"表示"更加、愈发"的程度副词用法在中古时期就已经产生且较为成熟,至唐宋仍有沿用。在东晋《法显传》中,程度副词"转"就有"转 A 转 B"的比较关联用法,其中 A、B 都是形容词。

(16)那竭城南半由延有石室博山,西南向佛留影。此中去十余步观之如佛真形。金色相好,光明炳著。转近转微,仿佛如有。(东晋·法显《法显传》,51/858a)

董志翘、蔡镜浩(1994)认为《法显传》中的"转……转……"与"越……越……"可以看作同一种结构。从上下文语境看,"转近转微"确实可以理解成类似"越……越……"的比较关联句式,义为"(人)走得越近,(佛像)越看不清","转近""转微"二者存在逻辑上的倚变关系。

"转……转……"作为比较关联结构的构式化路径与"类比"和相似性关系有关。早在"转……转……"构式化前,就已经有类似的比较关联句式,如"愈……愈……"等。《汉书·枚乘传》:"人性有畏其景而恶其迹者,却背而走,迹愈多,景愈疾,不知就阴而止,景灭迹绝。"东晋葛洪《抱朴子·内篇》卷四:"夫金丹之为物,烧之愈久,变化愈妙。""愈"本来也是表示更加义的程度副词,同样产生了"愈……愈……"构式。这就为"转……转……"构式的形成提供了相似性条件,从而更容易发生类比或类推,"转……转……"的构式化可以说是通过相同构式化路径中较古老的形式,比如"愈……愈……"等类比而成的。

唐宋以后,比较关联构式"转……转……"的发展呈现出一些新特点,主要表现为"转……转……"构式在句法功能上得到扩展。即只要符合倚变关系,"转……转……"就不限于只与形容词组配,可以扩展为动词、动宾短语等,且前后两个"转……"可以分别构成小句。且看以下例句:

(17)阳城居夏县,拜谏议大夫;郑钢居阆乡,拜拾遗;李周南居曲江,拜校书郎。时人以为转远转高,转近转卑。(唐·张鷟《朝野佥载》卷二)

(18)昔曾对作承华相,今复连为博望宾。始信淡交宜久远,与君转老转相亲。(白居易《赠皇甫宾客》)

(19)把火之人,去人转远,其光转微,而日月自出至入,不渐小也。(《隋书·天文志》)

(20)师因见僧扫地次,遂问:"与么扫还得净洁也无?"云:"转扫转多。"(《古尊宿语录·赵州真际禅师语录)》

(21)且圣人之意尽有高远处,转穷究,转有深义。今作就此书,则遂不复看精义矣。(《朱子语类》卷二〇)

(22)日间悠悠地过,无工夫,不长进,夜间便减了一分气;第二日无工夫,夜间又减了二分气;第三日如此,又减了三分气。如此梏亡转深,夜气转亏损了。夜气既亏,愈无根脚,日间愈见作坏。(《朱子语类》卷五九)

例(17)为两个"转＋AP＋转＋AP"构式的重叠。例(18)"转老转相亲"为"转＋AP"和"转＋VP"的组配,前文"与君"为介宾结构修饰"转老转相亲","转老"与"转相亲"所陈述的对象一致,在逻辑上具有倚变关系。"转……转……"的新用法在句法上得到了扩展,这是其构式化的基本表现。例(19)为两个"转……"分句的组配,前一分句的主语为"把火之人",后一分句的主语为"其光(即火把之光)"。把火之人离得越远,火把之光就越微弱,前后小句之间的倚变关系非常清晰。例(20)为"转+VP"和"转+AP"的组配,例(21)为"转 VP"和"转VP"的组配,在逻辑上都具有明显的倚变关系。例(21)中"梏亡转深"和"夜气转亏损了"为两个独立小句,前后主语分别为"梏亡"和"夜气",这两个小句共同体现事件的逻辑关系,共同构成比较关联结构。

从以上诸例来看,"转……转……"构式在中古形成后,在唐宋间经历了句法功能上的扩展,主要表现为:两个"转……转……"构式可以重叠使用;"转……转……"构式的组配成分不限于形容词,可以与动词、动宾短语等搭配;可以由包含"转……"的两个小句共同构成比较关联结构,前提是两个小句应当具有逻辑上的倚变关系。

四　程度副词"转"的衰落及其原因

程度副词"转"的式微大概在南宋语料中就有所体现,元明以后"转"呈现更加衰落的态势,且"转"的衰落具有地域差异。

从使用次数上来看,南宋语料中程度副词"转"的用例似乎不少。不过对比新兴程度副词"越"的使用就会发现,"越"在与"转"的竞争中已经处于优势地位。以《朱子语类》为例,据杨振华(2019)统计,"转"作程度副词出现了 17 次。这个结论恐怕没有考虑语体因素的干扰。我们排除文言性较强的部分后重新测查了《朱子语类》中的"转",发现有相当一部分"转"是出现在非口语化的语料中,在口语性强的语料中只有 8 例"转"。而《朱子语类》中表示"更加"义的程度副词"越"共出现 18 次,且全部都在口语性较强的部分。《朱子语类》中程度副词"越"和"转"的比例为 18∶8,此时"越"的竞争力已经要高于"转",成为口语中新鲜而强势的用法。

元代以后的语料中,"转"的使用次数大幅减少,尤其是在通语及北方话作品中几乎已经不见"转"的程度副词用法,但在吴语文献中却有一些"转"的用例。本文选取若干元明时期不同方言背景的作品,排除其中文言性较强的部分以及"转加""转添"这类复音词,发现在元代的作品中几乎完全找不到程度副词"转"的用例。而在明代作品中,具有江淮官话背景的《水浒传》《西游记》,具有山东方言背景的《醒世姻缘传》《金瓶梅词话》中也找不到程度副词"转"的口语用例。但在"三言二拍"中程度副词"转"出现了 45 次,《挂枝儿》中出现了 4 次,《明成化说唱词话》中也存在零星用例,这几种作品都有吴方言色彩。清代,以《何典》《海上花列传》《缀白裘》为代表的吴语文献中则完全不见"转"用作程度副词了。

明代以后程度副词"转"仅保留在吴语背景的文献中,且句法功能发生缩减,已经无法与魏晋唐宋间用法多样的"转"相提并论了。明代以后程度副词"转"仅有少数单用为"转+AP/VP"[1],如:

---

① 清代前期吴语中有个别"转……转……"的用例。如《风流悟》第四回:"自喃喃的道:'读书,读书,转读转输。你读了书,睡一觉,也要商量个计策,措处措处盘缠,安家出外,一些也无,何苦读也。明日起来,朝饭米也还不知在那里。'"

(23)一时间睡不去,还在翻覆之际,忽听得扣门响。直生自念庵僧此时正未归来,邻旁别无人迹,有何人到此? 必是山魈木魅,不去理他。那门外扣得<u>转</u>急,直生本有胆气,毫无怖畏,大声道:"汝是何物,敢来作怪!"(《二刻拍案惊奇》卷一三)

(24)秀才便买一瓶酒,买酒子细看交(较)真。他们买得清如水,我酒如何恁的浑? 当时便把坊官骂,如何欺负外方人? 卖酒坊官喝声打,时耐攻书秀士身。秀才见说心<u>转</u>怒,酒瓶拽在手中存。(《明成化说唱词话·包待制陈州粜米记》)

(25)坐到黄昏时候分,官人灯下念书文。娘子便知夫踪迹,乃言夫主听元(原)因。奴奴先去床中睡,床中歇息<u>转</u>惺惺。(《明成化说唱词话·包龙图断白虎精传》)

"转"大部分用于"转……转……"的框式结构中,构成"转+VP/AP+转+VP/AP",如:

(26)李吉<u>转看转好</u>,便道:"与你一两银子。"(《喻世明言·沈小官一鸟害七命》)

(27)王臣心中<u>转想转恼</u>,气出一场病来,卧床不起。王妈妈请医调治,自不必说。(《醒世恒言·小水湾天狐诒书》)

(28)"不论是鬼不是鬼,我且慢慢里商量,直恁性急,坏了他性命,好不罪过! 如今陷于缧绁,这事又不得明白,如何是了! 悔之无及!"<u>转悔转想,转想转悔</u>。(《醒世恒言·闹樊楼多情周胜仙》)

(29)且说程万里自从妻子去后,<u>转思转悔</u>,每到晚间,走进房门,便觉惨伤,取出那两只鞋儿,在灯前把玩一回,呜呜的啼泣一回。(《醒世恒言·白玉娘忍苦成夫》)

(30)夫妻痛哭懊悔道:"早知如此,不教他去也罢! 如今冤屈未伸,到先送了两个孩儿,后来倚靠谁人?"<u>转思转痛</u>,愈想愈悲。(《醒世恒言·张廷秀逃生救父》)

(31)且说玉姐睡在床上,<u>转思转苦</u>,又想道:"母亲虽这般说,未必爹爹念头若何。总是依了母亲,到后终无结果。"(同上)

(32)且说钮成刚吃饱得酒食,受了这顿拳头脚尖,银子原被夺去,<u>转思转恼</u>,愈想愈气。到半夜里火一般发热起来,觉道心头胀闷难过,次日便爬不起来。(《醒世恒言·卢太学诗酒傲王侯》)

(33)听雨声儿一点点随珠泪双悬,那风声儿一阵阵间着千声长叹。此际空闺人寂寞,教奴<u>转听转心酸</u>。(《挂枝儿·拜月》)

(34)谁庭院品着玉箫,呜呜咽咽吹出凄凉调。不听不烦恼,<u>转听转心焦</u>。想起我的情人也,比你又吹得好。(《挂枝儿·听箫》)

相比唐宋时期,明代吴语背景的文献中程度副词"转"在句法功能上发生了缩减,由两个"转……"小句共同构成比较关联结构的用法已经消失不见,同时"转"也多与心理动词或形容词搭配,如"转+思/想+转+苦/痛/恼/悔"等。我们认为这类文献中的"转"是一种较为特殊的语法现象,是唐宋时期程度副词"转"在用法和功能上的延续,属于较为古老的语言层次;但"转"的搭配和用法趋向单一化和固定化,说明在真实的口语环境中,"转"的使用是受到限制的。[①] 元代以后在通语中早已经消失的程度副词"转",多以"转……转……"这种固定的框式结构保存在明代的吴语文献中,单用"转"的情况反而很少,可以说这是"转"在方言中"熟语化"的表现。

从宋代开始,程度副词"转"就走上逐步衰落的过程。到了元代,"转"在通语中就彻底消

[①] 如例(33)(34),《挂枝儿》为民歌作品,其语言受到韵律的制约。

失,仅在吴语背景的文献中有所体现。[①] 清中期以后程度副词"转"甚至从吴语中也消失了。那么,导致"转"衰退的原因是什么?

对于汉语更加义程度副词的更替来说,"转"的衰落与"越"的兴起有密切关系,这是"转"衰落的外部因素。如南宋的《朱子语类》中"越"和"转"的比例达到了 18∶8。据张家合(2010)研究,"越"从宋代到明代中叶主要用作句中状语,而明末以后大量用于框式结构。这说明"越"的语法功能更加扩展,具有强大的竞争力。不过这一点还不足以解释"越"为何能够取代"转"这个问题。杨振华(2019)解释"加""转""滋""弥""倍"等程度副词被"越""更"替代的原因,认为:"《世说新语》中'转'共见 28 次,用作副词 2 次,占总数的 7%;《封氏闻见记》中'转'共见 12 次,用为副词 3 次,占总数的 25%;《朱子语类》中'转'共见 402 次,用作副词 17 次,占总数的 4%。这些数据也说明'转'的语法化程度不高。相对而言,'更''越'的语法化程度就比较高。"而从本文研究来看,"转"在唐宋时期已经完成了语法化过程,语法性大大增强,并形成构式"转……转……",这说明杨文所说"转"的语法化程度不高仍有待讨论。同时,"转"用为副词的频次也不足以说明"转"的语法化程度。因此,"转"被"越"替代的原因不能简单归结于"转"自身的语法化程度。

我们认为词语的内部因素是"转"被替代的主要原因。汪维辉(2015)指出基本词发生新旧更替的动因应该更多地从外部因素去寻找,但也有内部动因驱动新旧更替,比如"同音冲突",以及基本词的义项过多导致语义负担过重,引起歧义。[②] "转"被"越"替代就是因为"转"承担了过多义项,容易引起歧义。"转"是汉语中最常用的词之一,可以用作动词、量词、副词等,可表示改变、旋转、缠绕、返回、迁徙等含义。《汉语大词典》"转"条列举了 27 个义项,《近代汉语词典》中"转"也有多达 11 个义项,其中作副词的"转"除了作"更加"义的比较程度副词外,还可表示动作行为重复等。可见"转"在近代汉语阶段发展出更丰富的语义和句法功能,容易引发语法意义的混乱和歧义。而"越"除副词以外,主要作动词,有超越、越过等义,其虚词类用法极少,不易产生歧解。因此相比之下"越"较于"转"更具有竞争力,最终在元代以后替换"转"作为程度副词使用。清代以后"转"完全消失在吴语中,这是受到了通语的影响,通语中的"越""越……越……"等形式完全替代了吴语中的"转"。

五　结　语

本文考察了程度副词"转"的来源、语法化过程与动因、"转……转……"构式的形成与演

[①] 匿名审稿专家指出:"程度副词'转'在衰落的过程中,为什么到了元代,'转'在通语中彻底消失,却仅在吴语背景的文献中有所体现。其中的原因是什么? 这是中古汉语时期,'转'就在南北地域的使用上存在差异,还是其他原因呢?"这确实是词汇演变中一个非常重要而且非常复杂的问题。笔者初步考察后认为,元以后"转"在通语中彻底消失,仅见于吴语背景的文献,这恐怕与方言存古性以及词汇的演变速率等问题有关。一方面,明代吴语文献中保留了通语中已经消失的"转",体现了方言的存古性;另一方面,通语、江淮方言、山东方言等演化速度较快,元代以后已经不用"转",而吴语演化速度较慢,直到明代还有"转"的用例。限于篇幅,笔者拟另文考察。

[②] 两位匿名审稿专家均敏锐地指出:"转"承担义项过多并不一定会导致"转"的逐渐衰落,还应该考察"转"和"越"本身的语义特征。笔者考察后发现,"转"虽然义项很多,《近代汉语词典》列举了"转"的 11 个义项,但其中有 9 个义项都为动词义,副词用法仅 2 种,可以说"转"的动词性仍然很强,源义的滞留程度很高。而《近代汉语词典》列举"越"的 5 种用法,其中仅 1 种是"越"的源义即动词义,其余都是副词用法,说明"越"源义的滞留程度较低。从这个角度来说,程度副词"转"相较于"越"确实不具备优势,在竞争中让位于"越"也就不足为奇了。

变、"转"的衰落等问题,认为:程度副词"转"是由动词"转"演变而来,经历了典型的语法化过程。在"NP+转+AP"这样的框架中,"转"因其自身的语义特征和所处的框架关系而具有高度歧解性,诱发了语用推理,产生了动词和副词两种解读的可能性。这是程度副词"转"语法化的临界环境。程度副词"转"的使用在唐宋间达到高峰,语法性进一步增强,形态句法功能大大扩展。"转……转……"构式的形成与"转"的语法化密切相关,是在"转"语法化的基础上进一步演化形成的比较关联构式,而此构式在形成之后同样经历了句法功能的扩展。元代以后程度副词"转"从通语中消失,仅保留在吴语背景的文献中,在功能上具有局限性。清代以后程度副词"转"从吴语中也消失了。"转"的衰落有内部外部两方面的原因,外部原因是同类型的程度副词"越"强势崛起,最终完全取代了"转";内部原因是"转"承担了多重语义和语法功能,语义负担过重,而且近代汉语阶段"转"的动词性仍然很强,源义的滞留程度很高,因此在与"越"的竞争中不占优势,最终被"越"取代。

参考文献

[1]白维国主编. 近代汉语词典[M]. 上海:上海教育出版社,2015.

[2]陈丽敏. 倚变条件句"越 X……越 Y"研究[D]. 武汉:华中师范大学,2017.

[3]董志翘,蔡镜浩. 中古虚词语法例释[M]. 长春:吉林教育出版社,1994.

[4]高育花. 中古汉语副词研究[M]. 合肥:黄山书社,2007.

[5]李小军. 汉语语法化词库[M]. 北京:中国社会科学出版社,2021.

[6]李学勤主编. 字源[M]. 天津:天津古籍出版社,2012.

[7]刘楚群. 论"越 V 越 A"——兼论从"越 V 越 A"到"越来越 A"的语义虚化过程[J]. 河北师范大学学报,2004(4):111—115.

[8]龙国富. "越来越……"构式的语法化——从语法化的视角看语法构式的显现[J]. 中国语文. 2013(1):25—34.

[9]吕叔湘. 中国文法要略[M]. 北京:商务印书馆,1982.

[10]吕叔湘主编. 现代汉语八百词[M]. 北京:商务印书馆,1999.

[11]彭睿. 语法化理论的汉语视角[M]. 北京:北京大学出版社,2020.

[12]史文磊,王翠. 组合构成还是整体演成?——"越来越"历史形成诸问题的考察[J]. *Journal of Chinese Linguistics*,2021,49(2):420—459.

[13]汪维辉. 关于基本词汇的稳固性及其演变原因的几点思考[J]. 厦大中文学报,2015(1):27—36.

[14]王春辉. 汉语的比较关联构式[J]. 云南师范大学学报,2017(2):67—76.

[15]王学忠. 试探"越……越……"格式分布[J]. 绥化学院学报,2008(5):123—125.

[16]邢福义. "越 X,越 Y"句式[J]. 中国语文,1985(3):178—185.

[17]杨振华. 汉语史中"更"类程度副词历时更替的原因分析[J]. 山西大同大学学报,2019(2):68—73.

[18]叶慧涓. 副词"转"的产生及其发展[J]. 安康学院学报,2016(6):75—79.

[19]詹芳琼,Elizabeth Traugott,韩笑. 构式化和语法化的异同:以汉语增量比较构式"越来越……"的演变为例[J]. 辞书研究,2020(6):53—68.

[20]张家合. 程度副词"越""越发"的语法化及相关问题[J]. 汉语学习,2010(5):69—75.

[21]张家合. 汉语"更加"类副词的历时演变[J]. 浙江师范大学学报,2013(1):61—65.

[22]张家合. 汉语程度副词历史演变的多角度研究[M]. 北京:中国社会科学出版社,2017.

[23]赵国军. 也谈"越 A 越 B"——从量范畴的角度看倚变关系[J]. 长江师范学院学报,2010(3):40—44.

[24]Diewald, G. A Model for Relevant Types of Contexts in Grammaticalization[J]. *Typological Studies in Language*, 2002(49):103−120.

[25]Heine, B. On the Role of Context in Grammaticalization[J]. *Typological Studies in Language*, 2002(49):83−102.

Grammaticalization, Constructionalization, and Related Issues of the Degree Adverb "*Zhuan*(转)"

Xu Duoyi

Abstract: The degree adverb "*zhuan*(转)" evolved from the verb "*zhuan*(转)" and underwent a typical process of grammaticalization. In the framework of "NP+Zhuan(转)+AP", "*Zhuan*(转)" has a high degree of ambiguity due to its own semantic features and the framework relationship it belongs to, which creates the possibility of two interpretations: verbs and adverbs. The formation of the construction "*zhuan*(转)······zhuan(转)······" is closely related to the grammaticalization of "*zhuan*(转)", and this construction has also undergone syntactic function expansion after its formation. The decline of the adverb "*zhuan*(转)" can be attributed to the rise of "*yue*(越)" and the heavy semantic burden of "*zhuan*(转)" itself.

Keywords: degree adverb, *zhuan*(转), grammaticalization, constructionalization, evolution

通信地址:湖南省湘潭市雨湖区湖南科技大学人文学院

邮　　编:411201

E-mail:2834629331@qq.com

汉语下位范畴名词从综合到分析的演变过程[*]

——以"马"类动物名词为例

刘欣悦　　胡　波

内容提要　汉语从综合到分析的过程中,存在一种"下位范畴名词→限定词＋基本范畴名词"的变化。文章以"马"类动物名词为例,利用认知范畴和词化理论,探讨了汉语下位范畴名词分析化的现象,发现"综合性马类名词→限定词＋马"本质上是一个非连续性的变化过程:仅少部分综合性"马"类名词实现了分析化,解构成了"限定词＋马";绝大部分"限定词＋马"并不是综合性"马"类名词分析化的产物,而是通过在线编码生成的结构。上述变化包含三种路径,并分别产生三种结果:限定词＋马、形容词、泛义名词。汉语下位范畴名词分析化的根本原因是汉民族认知方式的转变,此外还与基本范畴词的语用特性、合作原则的制约、汉语韵律机制的调整有关。

关键词　从综合到分析　马　认知范畴　词化　语义要素

一　引　言

　　"从综合到分析"是汉语最重要的系统性历史变化之一。王力(1990[1941]:140)最早对它作出定义:"古语的死亡,大约有四种原因……第四是由综合变为分析,即由一个字变为几个字。"蒋绍愚(2005[1989]:229)解释道:"所谓从'综合'到'分析',指的是同一个语义,在上古汉语中是用一个词来表达的,后来变成或是用两个词构成词组,或是分成两个词来表达。"杨荣祥(2003:134)进一步说明:"综合性向分析性发展,就是将由一个词(一个概念)表示的意义分析为用一个句法结构来表示。"近些年来,学界针对从综合到分析的议题展开了热烈讨论。胡敕瑞(2005、2008)、宋亚云(2006)、杨荣祥(2013)、蒋绍愚(2015)、姚振武(2016)等从多方面揭示了汉语分析化发展的现象;Huang(2015)、何元建(2017)、冯胜利和刘丽媛(2019)、董秀芳和郝琦(2019)、史文磊(2021a、2021b:1—25)等从不同角度阐释了汉语分析化发展的机制。归结起来,学者们发现汉语从综合到分析的变化主要包含下列几种模式:

---

　　* 本文为国家社会科学基金一般项目"基于语料库构建的《秦简虚词通释》编纂"(24BYY010)、西南大学研究生科研创新项目"汉语致使事件语义表达的历时转变研究"(SWUS24201)的阶段性研究成果。论文修改过程中,《汉语史学报》编辑部和匿名审稿专家提出了宝贵的修改意见,在此谨致谢忱。

表 1　汉语从综合到分析的演变模式

序号	类型	综合型结构	分析型结构	示例
1	词汇变化	下位范畴动词	主体＋基本范畴动词	鸣→鸟叫
2			基本范畴动词＋对象	盥→洗手
3			工具＋基本范畴动词	笞→鞭打
4			方式＋基本范畴动词	顾→回头看
5			背景＋基本范畴动词	跋→在草上走
6		下位范畴名词	性状＋基本范畴名词	毚→野猪
7	句法—语用变化	使动用法	动结式/兼语式/使令式	破头→打破头/打头破/使头破
8		意动用法	兼语式	小泰山→认为泰山小
9		名词作状语	介词结构	法皆斩→按法律都斩杀
10		名词动用	动宾结构	桃始华→桃树刚开花
11		谓词名物化	偏正结构	举直错诸枉→推举正直的人,废黜奸佞的人
12		名词表处所	名词＋方位词	投璧于河→投璧河中
13		数词＋名词	数词＋量词＋名词	三人行→三个人行走
14		无标记被动	有标记被动	走狗烹→走狗被烧煮
15		无定代词	有的/没有＋名词	或→有的人;莫→没有人
16		动词＋旁格宾语	介词＋旁格宾语＋动词	为动:死之→为某人赴死 对动:泣之→对某人哭泣 与动:盟之→与某人结盟

　　其中第 1 至 6 项本质即"下位范畴词→限定词＋基本范畴词"的变化。目前学界对此现象的研究大多通过文献举证进行简单的描写,尚缺乏基于量化统计的历时考察和事实分析。因此,本文以"下位范畴名词→性状＋基本范畴名词"(第 6 项)为切入点,选取成员种类丰富、文献用例丰富的"马"类动物名词为例,利用数据分析的方法,考察汉语下位范畴名词从综合到分析的变化现象,并从中归纳它们分析化发展的规律,解释其背后的演变原因。

二　相关概念介绍

　　本节先介绍与"下位范畴词→限定词＋基本范畴词"变化相关的几个重要概念,包括"从综合到分析""范畴性语义要素""限定性语义要素"等,为后文探讨"马"类动物名词的分析化发展提供论证的理论依据。

(一)从综合到分析

　　从综合到分析涉及汉语在词汇和句法等多个层面的变化。本文主要吸收史文磊

(2021a、2021b:11—15)的观点,认为从综合到分析的本质是汉语言符号系统在"形—义"匹配(form-meaning pairing)关系上的系统性历时转变。简要来说,从综合到分析的转变过程就是:对于一个相同的意义(M),在综合性阶段(T1)用 n 个形式(F1+F2+…+Fn)编码,在分析性阶段(T2)用 x 个形式(Fa+Fb+…+Fx)编码,并且 x 的值大于 n 的值(x>n)。换言之,如果对于一个相同的意义(M),在某个时间阶段(T1)用相对较少的形式(Fn)编码,而在另一个时间阶段(T2)用相对较多的形式(Fx)编码,那么第一阶段所体现出的句法语义特征就是综合性的,第二阶段所体现出句法语义特征就是分析性的,从第一阶段到第二阶段的变化过程就是从综合到分析。(见图 1)

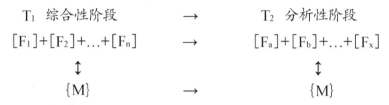

图 1   从综合到分析的转变过程

说明:"[   ]"表示形式,"{   }"表示意义,"↔"表示形义匹配,"→"表示转变。

上述过程可用转换公式表示为:⟨T1:[Fn]↔{M}⟩→⟨T2:[Fx]↔{M}⟩,x>n。从使动用法到动结式、从无标记被动到有标记被动、从旁格宾语无标记到旁格宾语有标记等,这些变化都可以用该转换公式表示。由于本文的讨论只牵涉词汇学领域的概念,因此还需对从综合到分析进行狭义界定。我们结合 Talmy(1985、2000)的词化理论,将词汇层面的从综合到分析定义为:对于一个表达某概念(concept,简称 C)的词,其词义结构中包含的两个语义要素(M1+M2)在综合性阶段(T1)词化为一个词形(F1),后来进入分析性阶段(T2),这两个语义要素不再融合到一个词形里,而分别采用两个词形(F2+F3)表达。其中"词化"(lexicalization)指将两个或多个语义要素(sematic elements)融合(conflate)到一个词形之中的过程,"词义结构"指由语义要素所构成的词汇内部语义结构。(见图 2)

图 2   词汇层面的从综合到分析

上述词汇层面的从综合到分析可以用转换公式表示为:⟨T1:[F1]↔{C}⟩→⟨T2:[F2]↔{M1}⟩+⟨[F3]↔{M2}⟩=⟨[F2+F3]↔{C}⟩。例如,"沫→洗脸"的变化可以表示为⟨古汉语:[沫]↔{清洗+面部}⟩→⟨现代汉语:[洗]↔{清洗}⟩+⟨[脸]↔{面部}⟩=⟨[洗脸]↔{清洗+面部}⟩。对于概念{清洗+面部}包含的两个语义要素{清洗}和{面部},古汉语将其词化为一个形式[沫],而现代汉语不再将这两个语义要素融合到一个词形里,分别采用两个形式[洗]和[脸]表达。因为古汉语采用的形式[沫]少于现代汉语采用的形式[洗脸],所以"沫→洗脸"的变化就是从综合到分析。

此外，本文还涉及几个相关概念：(a)综合型结构，用相对较少的形式编码意义的结构；(b)分析型结构，用相对较多的形式编码意义的结构；(c)综合性，综合型结构表现出的句法语义特征是综合性的；(d)分析性，分析型结构表现出的句法语义特征是分析性的；(e)分析化，语义编码方式从综合性到分析性的转变过程，是"从综合到分析"的等义词。

(二)范畴性与限定性语义要素

蒋绍愚(2021：1)指出："从概念场来看，上古汉语综合性的单音词大都是表达下位概念的，后来这些词消失了，它们表达的下位概念就用同一概念场中表上位概念的词和另一概念场中表概念的词构成词组(或凝固为复合词)来表达，这就是从综合到分析。"事实上，蒋先生所指即"下位范畴词→限定词＋基本范畴词"的变化。

"范畴"(category)即类别，它是人类认知能力的重要组成部分。概念形成的过程，实质上就是对客观世界进行范畴化(categorization)的过程。范畴分为三个层次：基本层次范畴(basic-level category)、上位范畴(superordinate category)和下位范畴(subordinate category)。基本层次范畴表征的是基本概念，编码为"基本范畴词"，具有完形感知、具象性、高可及性等特征，是言语交际的优选项，一般作为常用词出现；上位范畴表征的是高级别的概念，编码为"上位范畴词"，具有抽象性、寄生性的特征，缺乏完形感知，突显共同属性；下位范畴表征的是低级别的概念，编码为"下位范畴词"，拥有更多细化的、限定的附加特征，突显具体属性(参看 Rosch，1978；Lakoff，1987；李福印，2008；王寅，2021)。例如，对于上位范畴概念{动作}下属的基本范畴概念{打击}，可在工具、方式、力度、对象、结果等语义维度对其加以限定，从而编码形成"拍"({手掌＋轻＋人或物＋打击})、"掴"({手掌＋重＋人脸＋打击})、"砍"({刀斧＋重＋断＋人或物＋打击})等下位范畴词(参看蒋绍愚，2007)。其中，表达基本层次范畴概念的语义要素可称之为"范畴性语义要素"，表达限定性附加概念的语义要素可称之为"限定性语义要素"。

下位范畴概念既能采用综合性的方式来编码，也能采用分析性的方式来编码。对于汉语名词来说，综合性的编码方式就是以单个词汇作为载体，将范畴性和限定性语义要素融合到一个词形里，形成下位范畴名；而分析性的方式则是凭借显性手段把限定性语义要素编码为"限定词"(qualifier)——包括形容词在内的修饰性成分(表数量、指称、领属的成分除外)，从而对基本范畴名词加以限定，形成"限定词＋基本范畴名词"。例如，下位范畴概念{黑色＋马}、{红色＋马}、{黄色＋白色＋马}等，综合性的编码方式就是形成"骊""骍""骓"等单音词，而分析性的编码方式就是形成"黑马""赤马""毛色黄白相杂的马"等词组(或复合词)。

上古汉语的下位范畴概念通常以综合性的方式编码成下位范畴词，中古至近现代汉语的下位范畴概念则往往采用分析性的方式，将范畴性和限定性语义要素分别编码为两个不同的词，形成"限定词＋基本范畴词"。因此，综览历史文献，我们可以明显地发现汉语存在"下位范畴词→限定词＋基本范畴词"的分析化发展趋势。

三 "马"类动物名词的分析化发展

本节选取成员种类繁多、文献用例丰富的"马"类动物名词作为例证,采用量化分析的方法,考察汉语"下位范畴名词→限定词＋基本范畴名词"从综合到分析的变化。下文将分三个方面来讨论:首先,考察综合性单音"马"类动物名词(下文简称综合性"马"类名词)的发展情况;其次,考察分析型结构"限定词＋马"的发展情况;最后,探讨"综合性马类名词→限定词＋马"的变化过程。

(一)综合性"马"类名词的发展

殷商至西周春秋时期,综合性"马"类名词的成员数量众多,涌现出大量用例;另外,其词义结构中包含的限定性语义要素也很多样,有"颜色""性别""年龄""来源""外貌"等语义类型。例如:

(1)戊午卜,在潢贞:王其圛大兕,惠駥①采騽。亡灾。(《合集》37514,黄类)

(2)惠駋用。

　　惠小骍用。(《合集》36986,黄类)

(3)小駞子白。不白。(《合集》3411,师宾)

(4)王赐夰甲马四匹、驹车。(《集成》10174,夰甲盘,西周晚期)

(5)駉駉牡马,在坰之野。薄言駉者,有骓有駓,有骍有騏,以车伾伾。(《诗经·鲁颂·駉》)

(6)四牡孔阜,六辔在手。騏騮是中,騧骊是骖。(《诗经·秦风·小戎》)

(7)子犯佑晋公左右,燮诸侯,得朝王,克奠王位。王赐子犯辂车、四駐、衣裳、韠市、佩。(子犯编钟,春秋中期)②

上引诸例中,综合性单音名词"骓""駓""骍""騏""騮""騧""骊"的限定性语义要素是颜色,如"骓"的词义结构为{苍白色相杂＋马},"駓"的词义结构为{黄白色相杂＋马},"骍"的词义结构为{红色＋马};"駞"和"駐"的限定性语义要素是性别,其词义结构分别是{雌性＋马}、{雄性＋马};"驹"的限定性语义要素是年龄,词义结构为{幼年＋马};"骍"的限定性语义要素是来源,词义结构为{人工圈养＋马};"騽"的限定性语义要素是外貌,词义结构为{小腿长毛＋马}③。例(1)"駥"、例(2)"駋"词义不可考,但可以确定是综合性单音名词,表示具有某类特征的马匹。这种难识其义的综合性"马"类名词在出土文献中还有很多,如"鎷""馱""騣""驚""馱""騊"等。

战国至秦时期,综合性"马"类名词的成员数量开始减少,并向分析化的轨迹发展。其存在三种情况:(a)范畴性语义要素发生了分析化,充当陈述语;(b)范畴性语义要素发生了分

---

① 正文涉及的"马"部字,凡现行输入法不能直接录入的,本文一律使用繁体自造字。

② 此例引自刘雨、卢岩(2002:16)。

③《说文·马部》:"騽,马豪骭也。"段玉裁注:"骭,自膝以下胫以上也。豪骭,谓骭上有修豪也。"《玉篇·马部》:"騽,似立切。骊马黄脊,又马豪骭。"本文依从《说文》的训释。

析化,充当修饰语;(c)限定性语义要素发生了分析化,充当中心语。例如:

(8)子谓仲弓曰:"犁牛之子骍且角,虽欲勿用,山川其舍诸?"(《论语·雍也》)

(9)粹而王,驳而霸,无一焉而亡。(《荀子·王霸》)

(10)市南街亭求盗在某里曰:"甲缚诣男子丙,及马一匹,骓,牝,右剽;缇复衣,帛里,莽缘领袖,及履。"告曰:"丙盗此马、衣,今日见亭旁,而捕来诣。"(《睡虎地秦简·封诊式》21—22)

(11)坪夜君之两骝馲,朱夜宾以乘复尹之畋车。(《曾侯乙墓竹简》160)

(12)骊马,马也;乘骊马,乘马也。(《墨子·小取》)

(13)天子居明堂太庙,乘朱路,驾赤骝,载赤旗,衣朱衣,服赤玉,食菽与鸡,其器高以粗。(《礼记·月令》)

(14)天子居总章太庙,乘戎路,驾白骆,载白旗,衣白衣,服白玉,食麻与犬,其器廉以深。(《吕氏春秋·仲秋》)

例(8)"骍"、例(9)"驳"、例(10)"骓"作陈述语,例(11)"骝"作"馲"的修饰语,都使原词义结构中的范畴性语义要素{马}变成了无效成分,从而发生分析化。例(12)"骊"的范畴性语义要素{马}发生分析化,并用词形[马]编码,使"骊"作修饰语。例(13)"骝"、例(14)"骆"的限定性语义要素{红色}、{白色}发生分析化,并分别用词形[赤]、[白]编码,使其充当中心语。

两汉时期,综合性"马"类名词的分析化用例大量涌现,使用频率也显著提升。例如:

(15)穆公曰:"何马也?"对曰:"牝而黄。"使人往取之,牡而骊。(《淮南子·道应》)

(16)母骊犊骍,无害牺牲;祖浊裔清,不牓奇人。(《论衡·自纪》)

(17)元康五年正月癸未朔丁未,县泉置啬夫弘敢言之。爰书:传马一匹,骢,牡,左剽,齿五岁,高五尺五寸半寸,名曰"游山",病狂不可用。(《悬泉汉简(贰)》Ⅰ91DXT0309③:277)

(18)骊牡马二匹。(《张家山汉简〔三三六号墓〕·遣册》18)

(19)骢牡马一匹,齿十四岁,高五尺☒(《敦煌汉简》2018)

(20)匈奴骑,其西方尽白马,东方尽青骢马,北方尽乌骊马,南方尽骍马。(《史记·匈奴列传》)

(21)天子衣黑衣,乘玄骊,服玄玉,建玄旗,食黍与彘,服八风水,爨松燧火。(《淮南子·时则》)

我们依据《尔雅·释畜》《说文·马部》以及出土材料文字编中的所有"马"部字,①分项整理了殷商至两汉时期综合性"马"类名词的使用情况(语料目录及相关说明详见文末附录)。请看表2:

表2　殷商至两汉时期综合性"马"类名词的使用情况

时　期	综合性单音词	类数	例数	分析化例数	类例数比值	分析化占比
殷商至春秋	驹/骊/骝/骍/骓/骆/骊/骐/驳/骃/骢/駇/駓/騜/騂/骧/騢/驔/骄/騲/駽/騋/駥/驈/鋊/駋/駉/騑/騄/駪/騾/馼/駐/驖/骏/騝/馬/馵/骂/骜/驝/⿰馬⿱⺈土/⿰馬⿰丿丶	41	112	13	0.37	12%

---

① 此外,还参考了单育辰(2020)的研究。

续表

时　期	综合性单音词	类数	例数	分析化例数	类例数比值	分析化占比
战国至秦	驹/驵/驿/骓/骝/骆/驳/骐/骥/骏/驻/骒/骟/骉/驮/馼/騩/駄/騊/馰/駃/骊/骝/騻/騽/騳/騹/騝/骍/騟/騑/騻	30	142	60	0.21	42%
两汉	驹/骊/驿/骝/骓/驳/骆/骀/骍/骁/骕/骥/骏/骊/骛/骓/駋	17	324	218	0.05	67%

说明:表中列出的词项及其统计数据,皆源于本文所调查的语料。另外,本文统计排除了姓氏、人名、地名、职官名以及"骐骥""骅骝""驹騋""駃騠""騄駬"等专有名词的用例。下文同。

词项的种类数量(类数)和使用数量(例数)之间的比值,能反映它的能产性和活跃度。类例数比值高,说明能产性和活跃度越高;反之,类例数比值越低,说明能产性和活跃度越低。据表2中的数据可知,殷商至两汉的综合性"马"类名词的类数从41减少到了17,而例数却大幅增加,从112上涨到了324,导致其类例数比值显著降低,即从0.37下降为0.05,跌近最小临界值0。这说明,综合性"马"类名词的能产性和活跃度在随时间推移不断减弱。与之相应的变化是,综合性"马"类名词的分析化用例占比却随时间推移逐步递增。在殷商至春秋的112例综合性"马"类名词中,只有13例是分析化用例,占比仅12%;至两汉,分析化用例骤增至218例,占比高达67%,接近七成。可见,两汉以后综合性"马"类名词的分析化程度已经很深入了。

值得注意的是,在两汉文献中,非分析化的综合性"马"类名词(除"驹""骥""骏"等较为常用的词外),大多只见于排偶俪句等用词较为讲究的文段。例如:

(22)骓不逝兮可奈何,虞兮虞兮奈若何。(《史记·项羽本纪》)

(23)春夏用骍,秋冬用骝。(《汉书·郊祀志》)

(24)书母白已去之,为欲使子知寻起居耳。郎及松子尚在,卖大骊以千泉,送乘豪长侨千泉,送大子骓、大赤骊、骀句(驹)、赤句(驹)。(《敦煌汉简》227—229)

因此,两汉时期的综合性"马"类名词的口语化程度是很低的。另查口语性较强的《太平经》《风俗通义》以及东汉佛经,几乎找不到一个用例。可见,绝大多数的综合性"马"类名词都已经变成了非常用词,甚至沦为了生僻词或疑难词。

(二)分析型结构"限定词+马"的发展

殷商至春秋时期,"限定词+马"数量稀少,仅零星散见于各文献。战国至秦时期,"限定词+马"的使用数量开始大幅度增加,类型趋于多样化,可表达"颜色""性别""年龄""用途""品质""外貌"等多种附加概念,并且还出现了双音节形式的限定词。例如:

(25)夏后氏骆马黑鬣,殷人白马黑首,周人黄马蕃鬣。(《礼记·明堂位》)

(26)禁毋敢以牡马、牝马高五尺五寸以上,而齿未盈至四以下,服畜车及垦田、为人僦载。(《岳麓秦简(肆)》127正—128正)

(27)管仲曰:"老马之智可用也。"乃放老马而随之,遂得道。(《韩非子·说林上》)

(28)故大路之马,必倍至教顺,然后乘之,所以养安也。(《荀子·礼论》)

(29)伤乘舆马,决革一寸,赀一盾。(《睡虎地秦简·秦律杂抄》27)

(30)三月得千里马,马已死。(《战国策·燕策一》)

(31)使此淳女乘此美马,以周此邑之野。(《清华简(玖)·祷辞》15—16)

例(28)"大路"、例(29)"乘舆"、例(30)"千里"均是双音节限定词。"大路"亦作"大辂",是古时天子所乘之车。"乘舆马"亦作"乘马",指用于驾车的马。

到两汉时期,"限定词+马"的使用数量和语义类型继续增长,还涌现出了一大批不见于前代文献的新兴用例。例如:

(32)圈马食菽粟,戎马食枯秆复庚。(《马王堆简帛·明君》28)

(33)乃命祠官进畤犊牢具,五色食所胜,而以木禺马代驹焉。(《史记·孝武本纪》)

(34)狂马不释其策,操弓不返于檠。(《说苑·建本》)

(35)请苑马八百匹以上啬夫有秩,毋许其为乘车。(《张家山汉简〔三三六号墓〕·功令》48)

(36)驿马一匹,骍,駮,牡,齿十四岁,高五尺八寸。(《居延汉简》142.26)

(37)入粟一斗五升。鸿嘉二年五月丙戌,悬泉徒孙褒受遮要置啬夫庆,以食行书马一匹。(《悬泉汉简(贰)》Ⅱ90DXT0111①:95)

(38)名为当避弊象弊马、牛犇车驰马、蛇虺坑井、水火拔刀、醉人恶人,亦余若干,是名为可避不避。(安世高译《佛说七处三观经》,2/880c)

表3是殷商至两汉时期"限定词+马"的使用情况:

表3　殷商至两汉时期"限定词+马"的使用情况

时　期	限定词	类数	限定词+马例数	总例数	占比
殷商至春秋	赤/白/黑/牡/牝/良/乘	7	30	170	18%
战国至秦	黄/白/文/牡/牝/小/大/长/老/乘/辂/路/传/县/戎/牧/驷/骖/系/羁/野/公/私/良/善/美/肥/朴/罢/瘠/饥/驽/膲/骚/渴/生/死/腾/踶/食粟/乘髦/大路/乘舆/乘傅/宫厩/县官/千里/千金	48	209	809	26%
两汉	白/青/乌/文/牡/牝/母/小/少/大/老/乘/传/骑/路/舆/驿/使/柱/萃/倅/戎/军/卒/牧/野/原/苑/厩/圈/营/私/良/善/俊/宝/神/天/肥/健/驽/罢/眇/塞/病/弊/瘦/饥/疾/中/主/恒/狂/騀/駻/捍/驷/骈/生/死/刑/蹄/腾/奔/驰/金/桐/木/茅/谷/药/千里/千金/木禺/乘舆/乘用/泛驾/行书/小步	79	662	2393	28%

据上表可知,从殷商到两汉,"限定词+马"的类数和例数一直处于增长态势。殷商至春秋的"限定词+马"的类数为7,例数为30,到战国至秦分别猛增至48和209,至两汉又增加到79和662。与此同时,"限定词+马"的使用占比也保持上涨趋势。殷商至春秋,"限定词+马"的占比为18%,战国至秦迅速增至26%,两汉又增加到28%。很显然,在汉语历史进程中,分析型结构"限定词+马"的能产性和活跃度是逐渐递增的。

综合表2、表3的数据来看,两汉时期的综合性"马"类名词的类例数比值几乎下降至最小临界值0,而其分析化用例的占比却高达近七成;同时,分析型结构"限定词+马"的类数和例数都显著增加,在文献中的使用频率也有一定提升,占比接近三成。这足以证明,至少到两汉,"马"类下位范畴名词的分析化发展已经基本完成了。

(三)"综合性马类名词→限定词+马"的变化过程

综合性"马"类名词的范畴性语义要素发生分析化,其结果就是编码为基本范畴名词"马";同理,限定性语义要素发生分析化,其结果就是编码为限定词。因此,分析型结构"限定词+马"中的"马"和"限定词"都应是原综合性"马"类名词的范畴性与限定性语义要素分析化的直接产物,"综合性马类名词→限定词+马"的变化过程则应是文献可查的连续演变过程。

但事实情况并非如此。纵观殷商至两汉的文献,我们发现实际上彻底完成分析化的综合性"马"类名词并不多见。请见表4:

表4 殷商至两汉时期综合性"马"类名词的分析化

词项	限定词+马	例证
騲	牡马	见例(5)、例(26)。
馶	牝马	见例(26)。
	母马	夏,罢天下亭母马及马弩关。(《汉书·昭帝纪》)
驹	小马	小马,大马之类也。(《吕氏春秋·别类》)
騬	圈马	见例(32)。
	畜马	乘家所占畜马二匹,当传舍,从者如律令。㧲胜胡、卒史广。(《居延汉简》303.12A)
	厩马	至高祖、孝文、孝景皇帝,循古节俭,宫女不过十余,厩马百余匹。(《汉书·贡禹传》)
	苑马	见例(35)。
驲	传马	驾传马,一食禾,其顾来又一食禾,皆八马共。(《睡虎地秦简·秦律十八种》47)
	驿马	驿马一匹,用食三石六斗,已得七十二石,少七十八石六斗。(《居延汉简》192.24)
骊	黑马	勿匄黑马。用。(《花东》179,花东)
騢/驿	赤马	左赤马其辖。(《合集》29418,何一)
骆	白马	见例(25)。
騩	青马	昆仑、华邱在其东南方,爰有遗玉、青马、视肉、杨桃、甘楂、甘华,百果所生。(《淮南子·地形》)
驳	文马	宋人以兵车百乘、文马百驷以赎华元于郑。(《左传·宣公二年》)
骏	良马	素丝纰之,良马四之。(《诗经·鄘风·干旄》)
	善马	月氏欲杀冒顿,冒顿盗其善马,骑之亡归。(《史记·匈奴列传》)
	俊马	华骝绿骥,天下之俊马也,使之与狸鼬试于釜灶之间,其疾未必能过狸鼬也。(《新序·杂事五》)
骥	千里马	见例(30)。

除上表所举综合性"马"类名词外,其他如"騩""骒""騽""騞""駝""驌""騵""騲""骍""驒""駅"等,在殷商至两汉时期的文献中都没有相应的分析性编码形式,即"限定词+马"的

编码形式。① 因此,绝大部分的综合性"马"类名词并未如"下位范畴名词→限定词＋基本范畴名词"所描述的那样,"精准"又"完美"地实现从综合到分析的发展,而是要么变成非常用词出现在口语性很低的语料,要么沦为生僻词或疑难词而"苟活"在小学文献等"死语料"中,并逐渐退出历史舞台。再反观商周以后出现的分析型结构"限定词＋马",如"乘马""传马""路马""使马""戎马""肥马""朴马""罢马""饥马""捍马""狂马""木禺马""乘舆马""乘传马""行书马"等,也大多没有相应的综合性编码形式。即绝大多数的"限定词＋马"都没有如表4所显示的那样,在文献中存在语义等值的综合性"马"类名词实例。因此,商周以后出现的"限定词＋马"绝大部分都是新产生的,它们并不是综合性"马"类名词分析化的直接产物,而是通过在线编码生成的新兴结构。这说明,自商周以后,对于新产生的下位范畴概念,人们不再倾向于创造新的综合性单音词来编码,而是选择既有词汇,并采用分析型结构"限定词＋基本范畴词"来编码。

可见,"综合性马类名词→限定词＋马"不是连续的演变过程,因为原来的综合性"马"类名词并没有全部分析化为"限定词＋马",商周以后新生的"限定词＋马"也大都不是综合性"马"类名词分析化的产物,而是非演化的原生形式。因此,"马"类下位范畴概念的语义编码方式从综合到分析的转变,本质是由综合性"马"类名词的衰微和分析型结构"限定词＋马"的兴起共同作用导致的结果。

四　下位范畴名词分析化发展的规律及原因分析

伴随着综合性编码方式的逐渐没落、分析性编码方式的蓬勃发展,在"限定词＋基本范畴名词"的能产性与活跃度不断提升的同时,下位范畴名词的综合性特征也逐步被削弱。削弱其综合性特征的情况有两种:范畴义语义要素分析化、限定性语义要素分析化。被削弱的结果有三种:变成"限定词＋基本范畴词"、转化为形容词、转化为泛义名词。造成下位范畴名词发生分析化的根本原因是汉民族认识方式的转变,此外还与基本范畴词的语用特性、合作原则的制约、汉语韵律机制的调整有关。

(一)下位范畴名词分析化发展的路径

通过"马"类动物名词的考察,我们发现汉语下位范畴名词的分析化存在三种路径:

（i）范畴义和限定性语义要素分析化。综合性单音名词的词义结构中所包含的范畴性与限定性语义要素都发生分析化,并分别编码为基本范畴名词和限定词。前文表4显示的即是这种变化。其过程可表示为〈[下位范畴名词]↔{限定性语义要素＋范畴性语义要素}〉→〈[限定词]↔{限定性语义要素}〉＋〈[基本范畴名词]↔{范畴性语义要素}〉＝〈[限定词＋基本范畴名词]↔{限定性语义要素＋范畴性语义要素}〉。如"骓"分析化为"牡马"的过程可表示为:〈[骓]↔{雄性＋马}〉→〈[牡]↔{雄性}〉＋〈[马]↔{马}〉＝〈[牡马]↔{雄性＋马}〉。

---

① 小学文献和训诂注释材料不纳入考察范围。作为"译文语料",小学文献和训诂注释材料多根据原有的词义结构直接把综合性单音词对译为语义等值的词组(或复音词),因此不是自然口语的真实流露,难以反映实际语言的状况。

除"马"类动物名词外,其他名词也存在同样的变化,如"羘→母羊""雏→小鸡""髀→股骨""麸→麦屑""齲→蛀牙"等。

(ⅱ)仅范畴性语义要素分析化。综合性单音名词的范畴性语义要素发生分析化,限定性语义要素仍保留在词义结构中。分为两种情况:(a)第一种情况,充当修饰语,使词义结构中的范畴性语义要素变为无效成分,从而削弱其综合性特征。如前文例(11)"骊駓"、例(12)"骊马"、例(20)"驿马","骊""骊""驿"作修饰语,综合性特征被削弱。其他名词也有相同的变化,如"鬓→鬓发""丹→丹砂""榛→榛木""韭→韭菜""泪→泪水"等。(b)第二种情况,充当陈述语,使词义结构中的范畴性语义要素变为无效成分,从而削弱其综合性特征。如前文例(8)"驿"作"犁牛之子"的陈述语,例(9)"驳"、例(15)"骊"作空代词 pro 的陈述语,例(16)"骊"作"母"的陈述语、"驿"作"犊"的陈述语,例(17)"驲"作"传马"的陈述语,皆使其范畴性语义要素{马}发生了分析化。该过程可表示为〈[下位范畴名词]↔{限定性语义要素+范畴性语义要素}〉→〈[下位范畴名词]↔{限定性语义要素}〉。如"骊马"中"骊"的分析化过程是〈[骊]↔{黑色+马}〉→〈[骊]↔{黑色}〉。

(ⅲ)仅限定性语义要素分析化。综合性单音名词的限定性语义要素发生分析化,范畴性语义要素仍保留在词义结构中,从而削弱其综合性特征。这种情况下,词项一般充当中心语,如前文例(13)"赤骊"、例(14)"白骆"、例(21)"玄骊","骊""骆""骊"的限定性语义要素发生了分析化,并分别编码为"赤""白""玄",使原来的综合性单音词作中心语。该过程可表示为〈[下位范畴名词]↔{限定性语义要素+范畴性语义要素}〉→〈[下位范畴名词]↔{范畴性语义要素}〉。如"赤骊"中"骊"的分析化过程是〈[骊]↔{红色+马}〉→〈[骊]↔{马}〉。其他名词也有相似的变化,如"匠→木匠""嘴→鸟嘴""皮→兽皮""园→果园""圃→菜圃"等。

概而论之,路径(ⅰ)是彻底的分析化,路径(ⅱ)、(ⅲ)是不彻底的分析化。只有少部分综合性单音词实现了彻底的分析化(如前文表 4 所示),其他大部分综合性单音词要么止步于不彻底的分析化阶段,要么变成低口语性的非常用词,要么变成生僻词或疑难词而消失于历史长河。

(二)下位范畴名词分析化发展的结果

通过上述三种路径,下位范畴名词的分析化可以导致三种结果:首先,通过路径(ⅰ),将下位范畴名词解构(destruct)为"限定词+基本范畴名词",并将之取代;其次,通过路径(ⅱ),在削弱下位范畴名词综合性特征的基础上,将其转化为形容词;第三,通过路径(ⅲ),在削弱下位范畴名词综合性特征的基础上,将其转化为泛义名词。图示如下:

下位范畴名词分析化{(ⅰ)范畴性与限定性语义要素分析化→限定词+基本范畴名词
(ⅱ)仅范畴性语义要素发生了分析化→形容词
(ⅲ)仅限定性语义要素发生了分析化→泛义名词

图 3　下位范畴名词分析化的路径及其结果

第一种结果,前文已有论述,此处不再赘述。

第二种结果,下位范畴名词的范畴性语义要素发生了分析化,其词义结构只保留限定性语义要素,那么一旦将之规约化,就能转化为形容词。在词性转化的过程中,残存的综合性特征会对词项的用法施加限制。例如：

(39)庚戌卜，贞：王迟🐾马于庆，驳、🐾迄，迄。(《合集》29417＋36836，黄类)①

(40)昔者寡人梦见良人，黑色而髯，乘驳马而偏朱蹄。(《庄子·田子方》)

(41)传马一匹，雏，驳，牝，左剽，齿七岁，高五尺九寸。(《悬泉汉简(贰)》Ⅰ91DXT0309③:139)

(42)山下亦有百泉竞发，有一神牛驳身，自山而降，下饮泉竭，故山得其名。(《水经注·漯水》)

(43)或文丽而义睽，或理粹而辞驳。(《文心雕龙·杂文》)

(44)壁衣苍苔，瓦被驳藓。(潘岳《河阳庭前安石榴赋》，《全晋文》卷九十二)

(45)读诸子百家，以见其驳杂之病。(《朱子语类》卷十一)

综合性"马"类名词"驳"，最初指"毛色不纯的马"，如例(39)；它在转化为形容词的初期，只能修饰"马"类名词或作"马"类名词的陈述语，如例(40)、(41)；然后才扩展到修饰动物名词或作动物名词的陈述语，如例(42)；进而再扩展到修饰一般名词或作一般名词的陈述语，如例(43)、(44)、(45)。不仅是"马"类动物名词，其他下位范畴名词转化为形容词的例子还有很多，如"碧""毒""朴""稚""空""红"等，根据《说文》的分析，它们最开始都是名词，由于其范畴性语义要素发生了分析化，在后世都转化了形容词。

第三种结果，下位范畴名词的限定性语义要素发生了分析化，其词义结构只剩下范畴性语义要素，那么一旦将之规约化，就可以转化为泛义名词。这种现象通常被称为"词义扩大"，又称为"上位化"(参看贾燕子，2018)。例如：

(46)有尺有扶，千里之驹；有扶有寸，万乘之骏。(《马王堆简帛·相马经》5下)

(47)故良骏败于拙御，智士踬于暗世。(《抱朴子外篇·官理》)

(48)万马自腾骧，八骏按辔行。(韦应物《酬郑户曹骊山感怀》)

最初"骏"本是综合性"马"类名词，指"良马"，如例(46)；后来发生了分析化，如例(47)；在分析化之后，用来泛指一般意义上的马匹，例(48)的"骏"即是如此。其他下位范畴名词变为泛义名词的现象，在汉语中也很常见，如："匠"本指木匠，后世泛指工匠；"嘴"本指鸟嘴，后世泛指人类和动物的嘴；"皮"本指兽皮，后世泛指一切事物的表皮；等等。

(三)下位范畴名词分析化发展的原因

前人对汉语从综合到分析的变化原因已有一定研究，如宋亚云(2006)认为，音变构词与词义构词的衰落以及复音化的趋势推动了汉语句法的分析化发展；姚振武(2016)从人类语言起源角度，探讨了上古汉语综合性的由来；贾燕子(2018:332－334)指出汉民族古今思维方式的差异，是造成综合与分析差异的主要原因；冯胜利、刘丽媛(2019)发现，汉语双音节的韵律制约机制能促进句法的分析性演变；史文磊(2021a)依据语言接触的"额外透明假设"，主张战国时代诸侯国之间的频繁战争和交通可以促使听说双方在对话时增加形义匹配上的额外透明度，从而推进汉语的分析化。另外，徐通锵(2001)提出的汉语编码机制的调整，以

---

① "于"是连词，相当于"与"。"🐾马"和"🐾"指某类马匹。单育辰(2020:112)指出，"迄"疑为"交配"或"配驾"之义；"迄"应读为"匹"，义即"匹配"。

及蒋绍愚(2015:106－117)讨论的"二次分类"问题,也都能解释从综合到分析的变化现象。

我们认为汉民族认知方式的转变是推动下位范畴名词分析化的根本原因。古人的思维是具体、直观的,善于观察事物的细节特征;而后人的思维是抽象、概括的,更倾向从宏观角度把握事物,关注事物之间的联系。正是由于汉民族的认知方式发生了改变,让更具概括性的基本范畴词获得了语用强势,使分析性的编码方式"限定词＋基本范畴词"取代了以单个词汇作为载体的综合性编码方式,因此在宏观层面促成了"下位范畴词→限定词＋基本范畴词"的系统性变化。

第二个重要原因,是基本范畴词的语用特性。基本层次范畴"能以最快速度确认",是"最先进入语言词汇的层次",以致成为"最普遍使用的名称"(参看 Lakoff,1987:46)。所以,基本层次范畴所表征的概念具有很高的心理凸显性(salient),可以使基本范畴词在中性语境下成为说话人词汇选择的首选项,这使该词的使用频率远高于下位范畴词。如此一来,下位范畴词就会变成非常用词,甚至沦落为生僻词或疑难词。

第三个重要原因,是合作原则的制约。Grice(1975)指出,言语交际双方要采用可信的、切题的、高效的方式,为彼此提供必要的信息,才能使言语交际顺利进行。说话人应遵循"量准则"(Quantity Priciple);所说的话应包含当前交际目的所需要的信息,既不能多,也不能少。(参看 Huang,2000:206)商周以后,汉语语音系统简化,同音词增多,综合性单音词难以再为言语交际提供足量的信息。为了使言语交际顺利进行和提供足量的信息,说话人理应使用分析型结构"限定词＋基本范畴词"来明确话语含义,于是就大幅弱化了综合性单音词的口语性。

第四个重要原因,是汉语韵律机制的调整。从两汉开始,汉语词汇系统进入了双音化的历史转折期,下位范畴词的单音节韵律形式不满足"双音节音步"的韵律需要,而"限定词＋基本范畴词"的双音节或[1+2]三音节的韵律形式满足了汉语的韵律需要,导致综合性单音词被迫成为了边缘角色。此外,"下位范畴词→限定词＋基本范畴词"的非连续性变化,也是受汉语韵律机制的制约产生的结果。汉语最自然的标准音步是双音节的,以此实现为"标准韵律词",这对汉语词法和句法起着至关重要的制约作用(参看冯胜利,2009[1997]:1－20、78－120)。如果一个下位范畴词的范畴性和限定性语义要素分析化之后,整个结构是双音节形式,那么这样的词极有可能彻底地经历综合到分析过程,并逐渐实现词汇化,如"駐→牡马""騇→牝马""驹→小马"就是典型例证;相反,如果一个下位范畴词的范畴性和限定性语义要素分析化之后,整个结构是多音节的复杂形式,那么受汉语标准音步的韵律限制,这样的词就不容易发生完全分析化,如"騜""騽""駂",其分析化的结果"白腹之赤马""黄白杂毛之马""白面额之马"就不是自然的韵律形式,很难在中性语境下不受限制地自由使用。因此,词义结构复杂的综合性单音词只能将语义要素部分地分析化,形成诸如"騜马""騽牡马""青騽马"等符合标准音步的双音节或[1+2]的三音节韵律词;或者作陈述语,使自身的范畴性语义要素变成非必要成分。由此观之,那些停留在不完全分析化阶段的综合性单音词,都是汉语韵律机制发挥作用的结果。

五　结　语

前文以"马"类动物名词为研究对象,探讨了汉语"下位范畴名词→限定词＋基本范畴名词"从综合到分析的演变现象。我们发现,从殷商到两汉,综合性"马"类名词的类数和例数均明显下降,而分析化用例的占比却一直在增长;同时,分析型结构"限定词＋马"的能产性和活跃度也始终保持着增长趋势,在文献中的使用频率随时间推移而逐步提升。尤其是两汉综合性"马"类名词的类例数比值接近最小临界值0,而分析化用例的占比却高达近七成,"限定词＋马"的类数和例数也都明显增加。这说明,至晚到两汉,"马"类动物名词的分析化发展已经很深入了。前述"综合性马类名词→限定词＋马"的变化过程,本质是一个非连续性的变化过程:绝大多数的综合性"马"类名词并没有彻底实现分析化,而商周以后出现的"限定词＋马"也大都是在线编码生成的,不是综合性"马"类名词分析化的直接产物。这是因为,只有极少数的综合性"马"类名词分析化为了"限定词＋马",而其他绝大部分都变成了非常用词,或是止步于不完全分析化的阶段。最后,我们通过"马"类动物名词的考察,探讨了下位范畴名词分析化发展的规律,归纳了三种分析化发展的路径以及各路径所造成的演变结果,此外还讨论了下位范畴名词分析化发展的原因,认为它与汉民族认知方式的转变、基本范畴词的语用特性、合作原则的制约、韵律机制的调整密切相关。

附录

(一)语料目录(加下划线为文中引例简称)

1.殷商至春秋时期:《甲骨文合集》《殷墟花园庄东地甲骨》《殷周金文集成》《今文尚书》《诗经》《周易》。

2.战国至秦时期:《论语》《左传》《国语》《孟子》《墨子》《荀子》《韩非子》《吕氏春秋》《礼记》《战国策》《楚地出土战国简册合集(一)·郭店楚墓竹简》《楚地出土战国简册合集(三)·曾侯乙墓竹简》《上海博物馆藏战国楚竹书(一～九)》《清华大学藏战国竹简(壹～拾贰)》《秦简牍合集·睡虎地11号秦墓竹简》《秦简牍合集·龙岗秦墓简牍》《秦简牍合集·周家台秦墓简牍》《秦简牍合集·放马滩秦墓简牍》《岳麓书院藏秦简(壹～柒)》。

3.两汉时期:《淮南子》《史记》《盐铁论》《说苑》《新序》《论衡》《汉书》《太平经》《风俗通义》《长沙马王堆汉墓简帛集成》《银雀山汉墓竹简(壹～贰)》《张家山汉墓竹简〔二四七号墓〕(释文修订本)》《张家山汉墓竹简〔三三六号墓〕》《随州孔家坡汉墓简牍》《尹湾汉墓简牍校理》《居延汉简(壹～肆)》《居延新简集释》《敦煌汉简》《悬泉汉简(壹～叁)》《长沙五一广场东汉简牍(壹～陆)》和东汉佛经①。

(二)语料说明

1.传世文献说明:根据胡波(2014)对文献内部时间层次的划分,本文只考察《周易》的本

---

① 共调查28部东汉佛经,具体目录参看许理和(2001)附录之"东汉汉译佛经目录"。

经部分,"十翼"部分不予考察;《墨子》排除"城守诸篇"的内容,仅考察余下篇章;《史记》排除褚少孙等人续补和窜入的内容,不考察记载先秦与秦之事的篇章,仅考察记载楚汉与汉之事的篇章;《汉书》排除与《史记》重复的内容,仅考察剩余的记载汉高祖至平帝时期(包括王莽新朝)的篇章。

2.出土文献说明:本文征引的出土文献例句,原则上一律用通行字写出;重文、合文直接析出,据文意或他本补出的阙文和纠正的误字在不影响讨论的情况下直接写出,相关数据也照此统计;异体字、古今字、假借字等有必要随文注出的写于"( )"内;笔画不清或已残去的字用"□"表示,一个"□"对应一个字;简帛残断或残缺字数无法确定的用"☑"表示。

参考文献

[1]董秀芳,郝琦.从上古汉语一批代词形式的消失看汉语量化表达的变化[J].当代语言学,2019(4):475−491.

[2]冯胜利.汉语的韵律、词法与句法(修订本)[M].北京:北京大学出版社,2009[1997].

[3]冯胜利,刘丽媛.汉语"综合⇆分析"双向演变的韵律机制[M]//历史语言学研究(第十三辑).北京:商务印书馆,2019.

[4]何元建.汉语是否存在合成性(或分析性)导向的类型学转变?——兼论古今复合词、使役句、感叹句[J].语言教学与研究,2017(4):1−15.

[5]胡波.先秦两汉常用词演变研究与语料考论[D].杭州:浙江大学博士学位论文,2014.

[6]胡敕瑞.从隐含到呈现(上)——试论中古词汇的一个本质变化[M]//语言学论丛(第三十一辑).北京:商务印书馆,2005.

[7]胡敕瑞.从隐含到呈现(下)——词汇变化影响语法变化[M]//语言学论丛(第三十八辑).北京:商务印书馆,2008.

[8]刘雨,卢岩.近出殷周金文集录,[M].北京:中华书局,2002.

[9]贾燕子.上位化:概念域的历时演变与强势上位词的产生[M].北京:社会科学文献出版社,2018.

[10]蒋绍愚.古汉语词汇纲要[M].北京:商务印书馆,2005[1989].

[11]蒋绍愚.打击义动词的词义分析[J].中国语文,2007(5):387−401.

[12]蒋绍愚.汉语历史词汇学概要[M].北京:商务印书馆,2015.

[13]李福印.认知语言学概论[M].北京:北京大学出版社,2008.

[14]单育辰.甲骨文所见动物研究[M].上海:上海古籍出版社,2020.

[15]史文磊."从综合到分析"相关概念辨正——以《左传》《战国策》"派遣"义"使"的用法差异为例[J].浙江大学学报(人文社会科学版),2021a(2):185−203.

[16]史文磊.汉语历史语法[M].上海:中西书局,2021b.

[17]宋亚云.汉语从综合到分析的发展趋势及其原因初探[M]//语言学论丛(第三十三辑).北京:商务印书馆,2006.

[18]王力.古语的死亡残留和转生[M]//王力文集(第十九卷).济南:山东教育出版社,1990[1941].

[19]王寅.认知语言学教程[M].北京:北京大学出版社,2021.

[20]徐通锵.编码机制的调整和汉语语汇系统的发展[J].语言研究,2001(1):35−45.

[21]许理和.关于初期汉译佛经的新思考[M]//顾满林,译.汉语史研究集刊(第四辑),成都:巴蜀书社,2001.

[22]杨荣祥."大叔完聚"考释——兼论上古汉语动词"聚"的语义句法特征及其演变[M]//语言学论丛(第二十八辑).北京:商务印书馆,2003.

[23]杨荣祥. 论"词类活用"与上古汉语"综合性动词"之关系[M]//历史语言学研究(第六辑). 北京:商务印书馆,2013.

[24]姚振武. 试论上古汉语语法的综合性[J]. 古汉语研究,2016(1):2—21.

[25]Grice, Herbert Paul. Logic and Conversation[M]//*Syntax and Semantics*. New York:Academic Press,1975.

[26]Huang, C.-T. James. On syntactic Analyticity and Parametric Theory[M]//*Chinese Syntax in a Cross-Linguistic Perspective*. Oxford:Oxford University Press,2015.

[27]Huang, Yan. *Anaphora: a Cross-linguistic Approach*[M]. Oxford:Oxford University Press,2000.

[28]Lakoff, George. *Woman, Fire and Dangerous Things: What Categories Reveal about the World*[M]. Chicago:The University of Chicago Press,1987.

[29]Rosch, Eleanor. Principles of Categorization[M]//*Cognition and Categorization*. Hillsdale, NJ: Lawrence Erlbaum Associates,1978.

[30]Talmy, Leonard. Lexicalization patterns:Semantic Structure in Lexical Forms[M]//*Language Typology and Syntactic Description*. vol. 3:*Grammatical Categories and Lexicon*. Cambridge: Cambridge University Press,1985.

[31]Talmy, Leonard. *Toward a Cognitive Semantics*. vol. 1:*Concept Structuring Systems*. Cambridge:MIT Press,2000.

[32]Talmy, Leonard. *Toward a Cognitive Semantics*. vol. 2:*Typology and Processin Concept Structuring*. Cambridge:MIT Press,2000.

From Synthesis to Analysis of Subcategorial Noun in Chinese:
Taking the HORSE Nouns as Example

Liu Xinyue　Hu Bo

Abstract: In Chinese language, there is an tranformation of "subcategorial noun → qualifier + basic—categorial noun" in the From Synthesis to Analysis changing progress. By adopting the Cognitive Category Theory and Lexicalization Theory, taking the HORSE nouns as example, this paper discusses the analyzation of Chinese subcategorial nouns and discovers that "synthetic HORSE noun → qualifier + horse" is a process which is discontinuous intrinsically: only a small number of synthetic HORSE noun have been analyzed and deconstructed as "qualifier +horse", while most of the "qualifier+horse" is not the product of the analyzation from synthetic HORSE noun, but is the generated structure by online coding. The above changes include three paths and have resulted in three results: qualifier + horse, adjective, generalized noun. The fundamental reason of the analyzation about Chinese subcategorial noun is the transformation of the cognitive model in Chinese nationality, it is also related to the pragmatic characteristics of basic—category terms, the restriction of cooperative principle, and the adjustment of Chinese prosodic mechanism.

Keywords:from synthesis to analysis, horse, cognitive category, lexicalization, semantic elements

通信地址:重庆市北碚区天生路 2 号西南大学汉语言文献研究所

邮　　编:400715

E-mail:刘欣悦,1466542922@qq.com

　　　胡　波,amberhubo@163.com

居延新简释文校补[*]

——兼谈三种汉简的释文校读方法

沈思聪

内容提要 目前有关居延新简的研究包括几种完善的释文本、若干硕博士学位论文、已出版或发布在网上的单篇研究论文等。本文在这些研究的基础上,结合三种汉简的释文校读方法,即以人名、汉简中出现的固定用语、简牍前后文义联系为依据校读简文,对居延新简中仍可补说的内容进行讨论。

关键词 居延新简 释文校补 校读方法

一 引 言

居延新简指 20 世纪 70 年代在居延地区发现的汉简,其大宗是 1972—1974 年在甲渠候官遗址、甲渠第四燧和肩水金关三个地点发掘出来的简牍。目前从肩水金关发掘的简牍以《肩水金关汉简》为名在 2011—2016 年由中西书局出版,而甲渠候官遗址破城子及第四燧所出汉简则有 1990 年文物出版社出版的《居延新简——甲渠候官与第四燧》、1994 年中华书局出版的《居延新简——甲渠候官》等几个版本,其中图版和释文质量最优的为 2016 年由张德芳主编、甘肃文化出版社出版的《居延新简集释》(全七册)。此外,还有多篇学位论文及学者研究论文涉及居延新简的相关内容。本文进行释文校补的对象,即居延新简中出土于破城子和第四燧的部分(下文省称为“居延新简”),虽然简牍整理者和研究者已做了较为充分的研究,但部分内容仍可进行补说。

本文以《居延新简集释》为释文底本对简文内容作订正和补充,将要讨论的简文以三种校读方法进行分类,每类下采用分条编号的方式,在每条之首注明所讨论简文的简号及关键内容,然后另起一行引录释文,一般只节引相关部分^①,在需要校订的内容下加下划线,再另起一段进行讨论。

二 以人名为依据校读简文

居延新简中有丰富的汉代人名资料,利用这些资料与汉印人名作对读和互证,可以校正

* 基金项目:国家社科基金重大项目“先秦至南北朝官私玺印集存”(22&ZD263)。感谢匿名审稿人对小文的完善提出的修改意见与建议。文中部分汉印人名信息蒙业师施谢捷教授惠赐,谨致谢忱。

① 本文引用简文与图版字形均标明简号,不注页码,所引释文本详参文末参考文献。简文所录隧名中的“隧/隊”“第/弟”等字一律采用通行写法“隧”“第”。

一些文字释读上的错误。不仅如此,汉简中存在大量官职名和人名的组合,也可以用来辅助判断简文的释读是否正确。

(一)EPT58:23"奉德"

(1)第廿三隧长张德自言:闰月丁未奉未得□□□□ 　　　　　　　　　　　(EPT58:23)

"张"字图版作 ,残左半字形,对比同简"长"字的写法 ,该残字上方少一横笔,中间竖笔贯穿整字且下方有一短横,实非"张"字,而当释"奉"。居延新简 EPT56:162 中有"第廿三隧长韦从":

☑第廿三隧长韦从迹,卒张叔道不以时□迹状☑ 　　　　　　　(EPT56:162)

"韦从"二字图版作 ,张俊民(2018)已改释为"奉德"。虽然两简书手笔迹不同,但简文所指"第廿三隧长奉德"当为同一人。

"奉德"为汉代常见人名,居延旧简中有"丁奉德"(303.40A)、"司马奉德"(387.3),汉印中有"高奉德"(《中国篆刻全集》2.267)、"王奉德印"(《中国篆刻全集》2.337)、"师奉德印"(《共墨斋汉印谱》17)等。

(二)EPT59:55"张山柎"

(2)鄣卒张山樊自言:第十六隧陈成,第十一隧张邺,第四华祖、庞适,第七隧郭之、陈共 　　　　　　　　　　　　　　　　　　　　　　(EPT59:55)

"樊"字图版作 ,肖从礼(2016:255)认为释"樊"存疑。细审图版,我们认为该字当释"柎"。肩水金关汉简 73EJT30:26 有"逐捕验问害奴、山柎等",其中"山柎"为人名,图版字形作 ,可参看。

汉印中常见人名"山柎""山跗",如"王山柎印—王长兄"(《中国玺印集粹》13.1276)、"挈山柎—挈公伯"(《印典》4.2461)、"徐山柎印"(《十钟山房印举》19.20)、"吕山跗印"(《汉铜印丛》35)、"桑山跗印"(《共墨斋汉印谱》18)、"质山跗—臣山跗"(《十钟山房印举》14b.6)等。《说文·木部》:"柎,阑足也。"段玉裁注:"柎、跗,正俗字也。凡器之足皆曰柎。""山柎""山跗"意同"山根"。汉印中也常见以"山根"为名者,如"甘山根印"(《中国篆刻全集》2.353)、"王山根印"(《汉印文字征》9.6)等。魏宜辉(2017:143)认为"跗""拊""柎"音同相通,跗指脚背,"山跗"即"山脚"之义。

(三)EPT65:369"季由"

(3)居延甲渠第一隧长季由 　　　　　　　　　　　　　　　(EPT65:369)

"一"字图版作 ,笔画中间墨迹脱落。居延旧简 214.62、285.12A 中有"第七隧长季由":

□月食粟三石三…… 　凡……☑

第七隧长季由

　　　　□□卒□□□……　卒□□□　　　　　　　　　　　　（214.62）

　　□官告第四候长徐卿,鄣卒周利自言:当责第七隧长季由　　　　（285.12A）

又因汉简中"七"常写作长横短竖,如居延新简 EPT4:15 中"第七隧长"的"七"写作、EPT50:16B 中"第七卒"的"七"写作,推测简(3)中的残字"一"为"七"字中间笔画墨迹脱落所致。简(3)、214.62、285.12A 三处简文中的"季由"当为同一人,担任第七隧长的职务。下列简文中的"第七隧长由",指的应当也是"第七隧长季由"。

　　·候诣府,谓第七隧长由兼行候事·一事一封　　　　　　　　　　（214.35）

　　第七隧长由　　　　　　　　　　　　　　　　　　　　　　　　（257.23A）

　　候行塞,谓第七隧长由兼行候事□　　　　　　　　　　　　　　（264.1）

(四)EPF22:863"夏侯掾"

　　(4)□□侯掾□　　　　　　　　　　　　　　　　　　　　　（EPF22:863）

未释字上半部分残缺,图版作,当为"夏"字。居延新简中"夏"字写作(EPT20:13)、(EPT40:158)、(EPF22:439)等,可对比参看。"夏侯"为汉代常见姓氏,居延新简中有人名"夏侯谭"(EPT20:5)、"夏侯放"(EPT40:158)、"夏侯常"(EPF22:439)、"夏侯苍"(EPF22:474A)、"夏侯君伯"(EPS4T2:131)等,汉印中有人名"夏侯可置"(《中国篆刻全集》2.449)、"夏侯义—夏侯少卿"(《十钟山房印举》14b.23)、"夏侯遂—夏侯子翁"(《汉铜印丛》16—17)等。

"掾"为职官名,陈梦家(1980:119)认为:"汉人在官衔后通常举名而不系以姓,但汉简所见,诸掾之前则称姓而不名",并举"牛掾""左掾""苏掾"等例。"夏侯掾"指姓氏为夏侯的掾,居延新简中其他涉及"夏侯掾"的简有 EPT49:91A、EPT65:26A、EPF22:697A、EPF22:776A、EPW:77、EPW:147B 等,居延旧简中涉及"夏侯掾"的简有 231.13B、483.1 等。

(五)EPS4T2:12、EPT52:524、484.13"赵辅彊"

　　(5)居延甲渠第卅七隧长赵辅进　　　　　　　　　　　　　（EPS4T2:12）

　　(6)第卅一隧长赵辅彊……年……□　　　　　　　　　　　（EPT52:524）

　　(7)□□□彊　　　　　　　　　　　　　　　　　　　　　　　（484.13）

简(5)中第卅七隧长名为"赵辅进",其中"进"字图版作,参考居延新简 EPT5:25 中"彊"字写作、居延旧简 3.12A 中"彊"字写作,我们认为该简中的"进"字当改释为"彊"。"辅彊"为汉代人名,汉印中有"杜辅彊印"(《西泠·艺林》2013 年第四辑)可与之互证。

简(6)中隧名"卅一"图版作,"一"字中间笔画剥落。对比(5)(6)两简,怀疑两处"隧长赵辅彊"指同一人,都担任第卅七隧长的职务,简(6)中"一"字的情况同上述"第七隧长季由",为"七"字中间笔画墨迹脱落所致。

简(7)释文为"□□疆",图版字形如下表右图所示,我们认为当改释为"赵辅疆"。居延新简中"赵"字写作(EPT50:154)、(EPT59:408),"辅"字写作(EPT40:192)、(EPT51:118),可参看。

表 1 EPS4T2:12、EPT52:524、484.13 中"赵辅疆"字形

简号	EPS4T2:12	EPT52:524	484.13
"赵辅疆"字形			

三 以汉简中出现的固定用语为依据校读简文

居延新简中的内容涉及了西北边塞戍边活动的方方面面,简文也包含了丰富的行政、法律、医学用语。通过归纳总结汉简中多次出现的固定用语,可以帮助释读和订正一部分未释、错释的简文。

(一)EPT56:333+339[①]"已刺"

(8)第六隧戍卒东郡临邑都术里滑赦,正月壬午病左足瘴,□刺

(EPT56: 333+339)

未释字图版作,当释"已"。居延新简中格式内容与之类似的简为 EPT51:102,释文作:

却适(敌)隧卒魏郡阴安东修里王富,六月壬午病头瘫(痛),已刺 (EPT51:102)

两简都属于李天虹(2003:12)所谓"病卒名籍"。"刺"是一种医学治疗手段,"已刺"说明该病卒已进行过医学治疗。

(二)EPT58:26"谒报"

(9)□证所言,谒移大守府,令武威自誊书河内 (EPT58:26)

"移"字图版作,当释"报"。"谒报"为居延新简中的公文常用语,如:

毋所验,谒报,敢言之。 (EPT51:100)

贷钱三千六百以赎妇。当负臧,贫急毋钱可偿。知君者,谒报,敢言之。

(EPT56:8)

① 何双全(1996:75)缀合两简。

以书言,会月二日·谨案,部隧六所,吏七人,卒廿四人,毋犯四时禁者,调报,敢言之。 (EPT59:161)

三简中"报"字分别写作:▢(EPT51:100)、▢(EPT56:8)、▢(EPT59:161),可参看。EPT52:267A+38A[1] 中有"谒报酒泉大守府",该简完整释文为:

六千一百卅,不服,爰书自证,谨写爰书,移,调报酒泉大守府,敢言之。

(EPT52:267A+38A)

其中"移"字写作▢,"报"字写作▢,对比简(9)中所讨论的字形,可知简(9)中该字本为"报",错释为"移"。

(三)EPT59:736"谨已劾"

(10)▢舍壹宿,谨已到 (EPT59:736)

"到"字图版作▢,左半部分为"亥",当释"劾"。"谨已劾"为居延新简公文常用语,表示对前文的失职情况进行了揭发、检举,如:

赵临开偏臧内户,盗取卒阁钱二千四百。谨已劾。偏职事无状 (EPT50:154)

及不过界中,如牒。谨已劾。厶领职教敕吏毋状,叩头死罪。 (EPF22:131)

时二分,不中程。谨已劾。 (EPF22:150)

三简中"劾"字分别写作:▢(EPT50:154)、▢(EPF22:131)、▢(EPF22:150),可参看。居延汉简中常见"私归田舍某宿"的失职情况,本简中的"▢舍壹宿"大概与之类似。

▢□虏田舍再宿,又七月中,私归遮虏田舍一宿 (127.7)

私归当道田舍壹宿,今适福,如牒,檄到,遣▢ (217.16)

(四)EPT59:914A"并直……斛"

(11)▢□三斛▢
▢□□直二十五斛▢
▢直大麦三十五▢ (EPT59:914A)

细审图版,末行中"直"前有残字▢,"五"后有残字▢,当分别释为"并""斛",其中"斛"字残损较多,但仍可见上半部分的笔画。居延新简中其他"并"字写如▢(EPT48:22A)、▢(EPT50:136)、▢(EPF22:13),其他"斛"字写如▢(EPT27:5)、▢(EPT43:33A)、▢(EPT43:227),可参看。该句释文可补充为"并直大麦三十五斛"。"并直"为汉简中常用词,意为一共价值。[2] 居延新简中其他出现"并直"的简文如:

▢直卌,并直三百。案:忠盗臧二百 (EPT50:58)

----

① 林宏明(2018:527—528)缀合两简。
② 在西北汉简中,表示"一并、一共"的意思时,通常写作"并",与人名"並"的写法有所不同。

·凡并直六千五百一十二　　　　　　　　　　　　　　　　　　　　　　（EPT50：136）

第廿五隧卒唐惪，自言贳卖白紬襦一领，直千五百，交钱五百·凡并直二千，广地☐

　　　　　　　　　　　　　　　　　　　　　　　　　　　　　　　　（EPT51：302）

☐二匹，直六百，单绔钱少百，并直七百　　　　　　　　　　　　　　（EPT52：493B）

四　以简牍前后文义联系为依据校读简文

正确释读简牍文字，需要我们对简文的整体内容有所把握。更多时候，一支简上的信息并不足以分析所释内容，我们需要结合该简所属册书中的其他简文，综合判断，进行文字释读。

（一）EPT52：117"其二人马"

（12）　　　　　　　其☐☐马　　　二人病，李☐、戴恩　　二人徙埝置城上

☐☐戌廿二人　　　三人门　　　二人治几　　　　　一人绳

　　　　　　　　　三人养　　　二人除土　　　　　二人作席

　　　　　　　　　二人守阁削　　一人谒之亭　　　　　　　（EPT52：117）

缺释字图版漫漶不清，但该简较为完整，属于李天虹（2003：131－133）所谓"集体作簿"。该简中作业总人数为22，除做"马"工作以外的人数之和为20（3人门、3人养、2人守阁削、2人病、2人治几、2人除土、1人谒之亭、2人徙埝、1人绳、2人作席），则"马"前缺释字当为"二人"。

对照居延新简中的其他作簿，这里的"马"应指"马下"。杨眉（2016：431）认为"马下"即是戍卒日常工作，当以养马、喂马为是。居延汉简中其他关于"马下"的文例有：

　　　　　　　　　　　……　　　　一人门　　　　☐

　　　　　　　　　　　……　　　　一人木工　　　☐

☐卒十二人　　七月☐作　　一人守园　　一人从令史谭☐

　　　　　　　　　　　　　一人马下　　一人从令史☐☐　　（EPT48：12B）

　　　　　　　　　　其一人守邸　　　一人门　　　二人吏卒养

十月戊午，鄣卒十人，省卒六人　　一人守阁　　　二人木工　　一人春

　　　　　　　　　　一人马下　　　二人作席　　五人受钱

　　　　　　　　　　　　　　　　　　　　　　　　　（EPT65：422）

　　　　　　　　　其一人守阁　　二人马下　　一人吏养

　　　　　　　　　一人守邸　　　　　　　　一人使

八月丁丑，鄣卒十人　　一人取狗湛　　　　　一人守园

　　　　　　　　　一人治计　　　　　　　　一人助　　（267.17）

　　　　　　　　　一人守园　　　一人吏养

☐己卯，鄣卒十人　　一人助园　　二人马下

　　　　　　　　　一人治计　　　一人削工

　　　　　　一人取狗湛　　　　　　　　　　　　　　　　　（267.22）

（二）EPF22:294、EPF22:303"虞恭"

　　（13）贫寒隧长虞□等罢休，当还入十五日食石五斗，各如牒，檄到，□付

　　　　　　　　　　　　　　　　　　　　　　　　　　（EPF22:294）

　　（14）☑□恭　　贫寒罢休　　当还九月十五☑　　　　　　（EPF22:303）

　　张德芳（2016:502）认为 EPF22:294 至 303 十枚简笔迹一致，[①]内容相关，应属同一册书，名《甲渠候官隧长贫寒罢休还食》册。其中 EPF22:294 和 EPF22:295 为甲渠候官转录都尉府所下甲渠候官所辖隧贫寒罢休隧长当还十五日食计石五斗的檄书。简言"各如牒"即指 EPF22:296 至 303 七简的具体名单。为使论述完整，我们录入该册书中的其他简文一并讨论：

　　　　□□□官，会月廿五日。毋以它为解，须当言府。遣还作，如律令。（EPF22:295）

　　　　第十隧长田宏　　贫寒罢休　　当还九月十五日食　　（EPF22:296）

　　　　第十一隧长张岑　　贫寒罢休　　当还九月十五日食　　（EPF22:297）

　　　　乘第十二、卅井隧长桃丐　　贫寒罢休　　当还九月十五日食　　（EPF22:298）

　　　　第十三隧长武习……　　　　　　　　　　　　　　　（EPF22:300）

　　　　乘第廿、卅井隧长张翁　　贫寒罢休　　当还九月十五日食　（EPF22:301A）

　　　　掾谭　　　　　　　　　　　　　　　　　　　　　　（EPF22:301B）

　　　　第廿泰隧长薛[②]隆　　贫寒罢休　　当还九月十五日食　　（EPF22:302）

　　据简（13）＋ EPF22:295 所录檄书可知，罢休还食的贫寒隧长为"虞□"等人，接下来的 EPF22:296 至 303 随即收录了这些隧长的名单："第十隧长田宏"（EPF22:296）、"第十一隧长张岑"（EPF22:297）、"乘第十二、卅井隧长桃丐"（EPF22:298）、"第十三隧长武习"（EPF22:300）、"乘第廿、卅井隧长张翁"（EPF22:301A）、"第廿泰隧长薛隆"（EPF22:302）和简（14）中的"☑□恭"（EPF22:303）。

　　简（13）（14）中"虞□"和"□恭"的字形写法如下表：

表 2　EPF22:294"虞□"与 EPF22:303"□恭"字形对比

简号	EPF22:294	EPF22:303
释文	虞□	□恭
字形		

　　居延新简中其他"虞"字写作 （EPT50:98）、（EPT51:380）、（EPT52:757）等，其他"恭"字写作 （EPT65:267）、（EPF22:457B）、（EPF22:521）等。对比两简中的

---

　　① 我们认为其中的 EPF22:299 不属于该册书。EPF22:299 简文为："☑□□□不辨吉凶自在皆毋犯☑"。

　　② 该字原释"薛"，图版作 ，下半部分字形作"薛"，当改释为"薛"。汉简中作为姓氏的"薛"字一般写作 ，见 EPT48:154A＋41A"薛胜客"，《急就篇》人名，何双全（1996:72）缀合。

残字,可得"虞□"中的未释字为"恭","□恭"中的未释字为"虞"。《甲渠候官隧长贫寒罢休还食》册中最后一位隧长即"虞恭"。

五 结 语

本文以人名、汉简中出现的固定用语及简牍前后文义联系为依据,对居延新简中仍可补说的内容进行了讨论。通过汉简人名与汉印人名资料的互证,可以增强人名释读的准确性,同时汉简中存在大量职名和人名的组合,也可以帮助判断简文的释读是否正确。汉简中还包含丰富的行政、法律、医学等固定用语,通过对这些用语作归纳、总结、分析,可以提高我们对简文内容的认识,帮助释读和订正一部分未释、错释的文字。而简牍前后文义间的联系,则需要我们对简文及简牍所属册书整体内容的把握,以此抓住蛛丝马迹,正确释读简牍文字。

征引书目

东汉·许慎《说文解字》,中华书局,1963。

清·段玉裁《说文解字注》,上海古籍出版社,1981。

参考文献

[1]陈介祺. 十钟山房印举[M]. 北京:中国书店,1985.

[2]陈梦家. 汉简缀述[M]. 北京:中华书局,1980.

[3]甘肃简牍博物馆,甘肃省文物考古研究所,甘肃省博物馆,等. 肩水金关汉简(叁)[M]. 上海:中西书局,2013.

[4]何双全. 居延汉简研究[M]//国际简牍学会会刊(第2号). 台北:兰台出版社,1996:1—114.

[5]菅原石庐. 中国玺印集粹[M]. 东京:二玄社,1997.

[6]简牍整理小组. 居延汉简(壹)[M]. 台北:"中研院"史语所,2014.

[7]简牍整理小组. 居延汉简(贰)[M]. 台北:"中研院"史语所,2015.

[8]简牍整理小组. 居延汉简(叁)[M]. 台北:"中研院"史语所,2016.

[9]简牍整理小组. 居延汉简(肆)[M]. 台北:"中研院"史语所,2017.

[10]康殷. 印典[M]. 北京:中国友谊出版公司,2002.

[11]李天虹. 居延汉简簿籍分类研究[M]. 北京:科学出版社,2003.

[12]李迎春. 居延新简集释(三)[M]. 兰州:甘肃文化出版社,2016.

[13]林宏明. 破城子探方52所出汉简缀合七则[M]//古文字研究(第三十二辑). 北京:中华书局,2018.

[14]罗福颐. 汉印文字征[M]. 北京:文物出版社,1978.

[15]马智全. 居延新简集释(四)[M]. 兰州:甘肃文化出版社,2016.

[16]沈沉. 中国篆刻全集[M]. 哈尔滨:黑龙江美术出版社,2000.

[17]孙占宇. 居延新简集释(一)[M]. 兰州:甘肃文化出版社,2016.

[18]汪启淑,徐敦德. 汉铜印丛[M]. 杭州:西泠印社,1998.

［19］魏宜辉. 秦汉玺印人名考释(九题)［M］//中国文字学报(第七辑). 北京:商务印书馆,2017.

［20］肖从礼. 居延新简集释(五)［M］. 兰州:甘肃文化出版社,2016.

［21］杨眉. 居延新简集释(二)［M］. 兰州:甘肃文化出版社,2016.

［22］张德芳. 居延新简集释(七)［M］. 兰州:甘肃文化出版社,2016.

［23］张德芳,韩华. 居延新简集释(六)［M］. 兰州:甘肃文化出版社,2016.

［24］张俊民.《甘肃秦汉简牍集释》校释之十五［EB/OL］. (2018－02－02)［2022－08－01］. http://www.bsm.org.cn/? hanjian/7721.html.

［25］周铦诒,周銮诒. 共墨斋汉印谱［M］. 上海:上海书店,1991.

Reading Notes on *Juyan Xinjian* Transcriptions:
Also Talking About Three Collation Techniques for Han Dynasty Wooden Slips

Shen Sicong

Abstract: This article provides some new transcriptions of Juyan Xinjian by using three collation techniques: combining and comparing the discussed names with related ones in wooden slips and seals, summarizing fixed phrases, and analyzing texts by contextual clues and logic.

Keywords: Juyan Xinjian, new transcriptions, collation techniques

通信地址:香港九龙塘联福道 34 号香港浸会大学逸夫行政楼 7 楼 707H

邮　　编:999077

E-mail:shensicong1993@sina.com

《敦煌俗字典》(第二版)补苴*

卢佳琦　赵家栋

内容提要　《敦煌俗字典》(第二版)收释敦煌西域等地出土写本文献俗字,是汉语俗字研究、汉字史研究的系统资料。但由于敦煌写卷中俗字众多,文字变异严重,书中难免存在一些字形释读有误的情况,今选取"𡤻""𤲬""儎""𬭎""墬""𬮱""𥾾""𧮫"八则试作补苴,以期为该书的利用和修订提供参考。

关键词　《敦煌俗字典》　俗字　补苴

《敦煌俗字典》(第二版)为阅读写本真迹扫清诸多障碍,是研究敦煌西域等地出土古代写本文献不可或缺的工具书。它亦是笔者案头必备之书,遇不解之字,每常参考,读后获益良多。受教的同时,偶有发现白璧微瑕之处,便于天头地脚作疏证考辨。今不避谫陋,就利用该书过程中发现的可商榷之处,按全书音序次第胪列成文,不妥之处,还望方家不吝斫之。

1. 字头"采 cǎi"下:

𡤻　S. 545《失名类书》:"瑶华尽质,拂秋径而舒黄。瑶华,玉也。言玉华尽质,拂秋径而舒黄采。"(第58页)

按:"𡤻",《俗字典》释读为"采",不确。首先,S. 545《失名类书》中以"采"为构件的"採"字,其部件"爫"书写较为分明,并未出现相连属为一横的情况,如"紫菊以九月九日採而伏之,可以除疾病",又"魏文帝以九月採菊以赠繇,故云礼申赠菊"。其次,下文为"琪树贞枝,下凉阶而散碧。琪树,玉树也。言玉树贞枝,下凉阶而散碧乚","乚"字形,难辨是"色"字还是"包"字。《俗字典》或以为"乚"为"色"字,"黄采"与"碧色"相对,故认为"𡤻"是"采"字。然"黄采"与"碧色"虽可通,"舒黄采"与"散碧色"则语义扞格。再次,色彩义上"采""彩"是一组古今字,S. 545《失名类书》中表示色彩义均用"彩",未见有用"采"的情况。

今谓"𡤻"[①]当为翻土农具义之{耒}[②]或校量、衡量义之{禾}[③],敦煌写卷中"禾""耒"互易,"耒"手书竖笔多不出头。P. 2942《唐永泰年代河西巡抚使判集》:"瓜州屯田,请取禾外,均充诸欠:官物欠剩,各有区分,禾剩合纳正仓,覆欠合征私室。"又"肃州先差李庭玉禾定,又

---

* 本文是国家社科基金一般项目"敦煌西域写本文献疑难字词释证及相关理论研究"(18BYY157)的阶段性成果之一。本文曾在第十五届汉文佛典语言学国际学术研讨会报告过,诸位老师提出了很好的建议,《汉语史学报》匿名审稿人给出了建设性的修改建议,谨统致谢忱。

① 与"𡤻"相似字形误录的情况不止此处。S. 2352V《太子成道经》:"夫人索酒亲自发愿浇禾,甚道:'若是得男,神头上伞盖左转一匝,[若是]得女,神道头上伞盖右转一匝。'"《俗字典》(第450页)录作"来",有误。参看张小艳《敦煌变文校读札记》(2017:228)"禾"字条。

② 本文以{}表示词,以""表示字。

③ 敦煌吐鲁番文献中"禾"有校量、衡量义,参看曾良(2000:118)及王启涛(2012:636)。

申蔡家令覆禾。李庭玉对禾已定,蔡家令妄启奸门。"又:"子亭申作田苗秋收,称虫损不成,欠禾。虫霜旱涝、盖不由人。""禾外""禾剩""禾定""覆禾""禾已定""欠禾"之"禾"原卷字形分别作"**禾**""**禾**""**禾**""**禾**""**禾**""**禾**"。P.2522+2567《唐人选唐诗》:"沟塍流水处,耒耜青芜间。""耒耜"原卷作"**禾耜**"。S.2071《切韵笺注·旨韵》力宄反:"耒,田器。""耒"原卷作"**禾**"。又《止韵》详理反:"耜,耒ミ(耜)。""耒""耜"原卷作"**禾**""**耜**"。

"**黍**"读为"禾""耒"皆与句义不协,这里当是"蕾"之音借。"**乚**"为"包"字,是"苞"之音借。"黄蕾"指黄色的花骨朵,"碧苞"指绿色的包裹着花骨朵的叶片。"舒黄蕾"与"散碧苞"相对为文,指舒展的花蕾和花苞。同卷有"菊阜舒①英,兰丘散叶"文,动词"舒""散"后均接具象名词,"舒英""散叶"即舒展的花朵和树叶。

2.字头"鹤 hè"下:

鵠 P.3845《发愿文_拟》:"伏愿在斋会者孙宾(膑)比寿,龟 鹤 齐年。"(第292页)

按:《俗字典》将"**鵠**"置于"鹤"字头下,并言:"'鹤''学'二字音同,故以'学'作声符。"其认为"**鵠**"是"鹤"的改换声符异体字,欠妥。"**鵠**"实为"鷽"的构件移位字。"鷽"为"从鸟,学省声"构形,"鷽"即是"鷽"还原声符之别构。鷽,为鸟名,像鹊而羽毛颜色不同。《尔雅·释鸟》:"鷽,山鹊。"郭璞注:"似鹊而有文彩,长尾,觜脚赤。"

鹊恶湿,晴则噪。干,为阳物,故"鹊"又称"干鹊","鷽"又称"雗鷽"。《诗·召南·鹊巢》:"维鹊有巢。"马瑞辰《毛诗传笺通释》:"鹊即干鹊,今之喜鹊也。……鹊性喜晴,故名干鹊。……是雗、乾、鳱三字同。……高诱《淮南》注'干读如干燥之干',是也。鳱、雗并与干同声,故通用。"《西京杂记》卷三:"乾鹊噪而行人至,蜘蛛集而百事嘉。"

"鷽""鹄"古音相近,"鹄"常借作"鷽"。"雗鷽"又记写作"干鹄""鳱鹄""雎鹄",字异而音义同。《说文·鸟部》:"鷽,雗鷽,山鹊,知来事鸟也。从鸟,学省声。"徐锴《说文解字系传》:"《礼》'射鳱鹄'即此也。"朱骏声《说文通训定声》:"鷽,亦名鳱鹄。"《淮南子·氾论》:"猩猩知往而不知来,干鹄知来而不知往。"高诱注:"干鹄,鹊也。人将有来事忧喜之征则鸣,此知来也。"《广雅·释鸟》:"雎鹄,鹊也。"王念孙疏证:"郑注《大射仪》云:'鹄,鸟名。射之难中,中之为俊,是以所射于侯取名也',引《淮南子》曰:'鳱鹄知来。'鳱,与雎同。……'雗鷽'与'雎鹄',声相近。《广韵》亦云:'鳱鹄,鸟名,似鹊。'"段玉裁《说文解字注》"鷽"字下云:"雗、干、雎同,鷽、鹄同。"

古籍中"鹄"又用同"鹤",记录鹤类水鸟义。明方以智《通雅》卷四十五《动物·鸟》:"鹄即鹤,本作崔……然鹄、鹤一声之转,古书互用。《诗》'从子于鹄'音鹤,叶'白石皓皓'。淳于髡献鹄于楚,旧注'即崔'。《后汉·吴良传赞》:'大仪鹄发。'注:白发,即鹤发。应休琏《与岑文瑜书》:'泥人鹄立于阙里。'曹植表'实怀鹄立企仁之心。'即鹤立。刘孝标《辩命论》'龟鹄千岁'即龟鹤。《法书要录》'鹤头书'一作'鹄头书'。嵇康《琴赋》:'下逮谣俗,蔡氏五曲,王昭楚妃千里别鹤。'音鹄,与曲叶。《汉书》:'黄鹄下建章宫大液池中,作歌名黄鹤。'又《别鹤操》云'雄鹄雌鹄',则知鹄即鹤矣。《庚桑楚》篇伏鹄,古鹤字。今武昌黄鹤楼下曰黄鹄矶,此

_____

①《俗字典》(第732页)将"舒"置于"姝"字头下,不妥。此处"舒"与"散"对文,不可视为"姝"之音借。《淮南子·原道》:"舒之幠于六合,卷之不盈于一握。"高诱注:"舒,散也。"《文选·江淹〈杂体诗三十首〉》:"卷舒虽万绪,动复归有静。"李周翰注:"舒,散也。"

确证也。"清黄生《字诂·鹄》："鹄与鹤自是二种。然古人多以鹄字作鹤字用。如高祖歌'鸿鹄高飞,一举千里',《西京杂记》'黄鹄下建章宫太液池',曹洪马名白鹄,晋《拂舞歌》'高举两手白鹄翔',《阮籍诗》'黄鹄呼子安',诸鹄字,皆即鹤字。"

由于山鹊义之{鸒}、鹤类水鸟义之{鹤}都可以借用"鹄"字记录。致使鹤类水鸟义之{鹤}也出现用"鸒"系字记写的情况,上揭 P. 3845"龟鸒齐年",即是用"鸒"的俗写字"鸒"表示{鹤}。龟、鹤,古人以为长寿之物,因用以比喻长寿。晋葛洪《抱朴子内篇》卷三《对俗》："知龟鹤之遐寿,故效其道引以增年。"《文选·郭璞〈游仙诗〉》："借问蜉蝣辈,宁知龟鹤年?"李善注："《养生要论》曰:龟鹤寿有千百之数,性寿之物也。"

准此,《俗字典》当将"鸒"置于"鸒"字下,亦可增按语说明"鸒""鹄""鹤"之间的字际关系。

3. 字头"楫 jí"下:

㦿 S. 2614《大目乾连冥间救母变文》："刀剑晶光阿点点,受罪之人愁 㦿㦿 (㦿㦿)。"(第 343 页)

按:"㦿㦿",《敦煌变文集》(1957:732)、《敦煌变文集新书》(1994:703)、《敦煌变文选注》(2019:942)、《英藏敦煌社会历史文献释录》(2015:21)录作"懺懺";《敦煌变文校注》(1997:1032)录作"墈墈(戢戢)",黄征(2002:139)指出:"'愁懺懺'未有其词……当录作'戢'或'濈'('濈'是'戢'的后起字),'愁戢戢'为愁思浓密貌。'戢戢'通常为多而密集貌。"《俗字典》又将"㦿"字置于"楫 jí"字头下,并下按语云:"此字字书所不载,疑为"㦿"或以"戢"为声旁者之别构。此姑拟音,以待考证。"

今谓"㦿"与"㦿"字形差异较大,"楫""㦿"作名词有"船桨""船"义,作动词有"划船""聚集"义,"愁㦿㦿"于意难通。且"楫"或以"楫"为声旁之字与变文本段的韵脚字"得""黑"等韵律不相协。《俗字典》将"㦿"字形置于"楫"字头下,显然不妥。

"㦿"当为"慽"字讹写。俗书"截""戢"形近相混,《龙龛手鉴·月部》:"臟臟二俗,脸正。"殲,俗写作"殲",如唐《九品亡墓志》作"殲"。也作"殲",如隋《□和墓志》作"殲",唐《盖氏墓志》作"殲"。"慽"又作"傶""㦿"等形,正作"慽""慼",忧伤、悲愁义。《可洪音义》卷八《海龙王经》音义"悁㦿"条:"上于玄反。忧也。下仓历反。惧也。正作慽也。"(K34/903a)[①]又"愁㦿"条:"仓历反。正作慼。"卷十二《中阿含经》音义"忧㦿"条:"仓歷反。病也。"(K34/1075c)卷十五《十诵律》音义"忧慽"条:"仓历反。忧也,痛也。正作慼、慽二形。"(K35/109b)

又"阿点点"为 ABB 型联合式复合形容词,"阿"与"点点"意义相近,均可以形容事物细小密集。"愁"与"慽慽"意义亦相近,均含"忧伤、悲愁"义,"愁慽慽"与"阿点点"相对,词性、

---

① 玄应《一切经音义》简称《玄应音义》,慧琳《一切经音义》简称《慧琳音义》,可洪《新集藏经音义随函录》简称《可洪音义》,本文引用佛经文献主要根据中华电子佛典协会编 CBETA,并重新复核《大正新修大藏经》《中华大藏经》《高丽大藏经》文本,于例句后括注出处,标注方式如下:大写字母"T"表示《大正新修大藏经》,大写字母"C"表示《中华大藏经》,大写字母"K"表示《高丽大藏经》,小写字母"a、b、c"分别表示上、中、下三栏,"K34/903a"表示该句出自《高丽大藏经》第 34 册 903 页上栏。

构词方式均相同,亦可以旁证"**慽**"当为"慽"之讹俗。

4.字头"橘 lí"下:

欚 敦研4《优婆塞戒经》:"九作长 橘,十作猎师。"按:《大正藏》作"九作长獂,十作猎师",同义词互换。(第464页)

按:"橘"为果树名,指山梨。"长橘"于意不合,"**欚**""橘"字形也不相似。"**欚**"当是"攡"字俗写,此处"攡"又为"黐"之音借。"黐""攡"音同,《集韵》并音"抽知切"。"黐"指可以粘捕鸟雀的木胶,《玉篇·支部》:"黐,黏也。"《玄应音义》卷二"黐胶"注引《字书》:"黐,木胶也,谓黏物者也。"(C56/844b)《慧琳音义》卷十四"黐胶"注引《考声》云:"黐,黏有也,擣木皮为之,可以捕鸟兽。"(T54/393c)

"长攡"即"张黐",布设捕鸟器之义。《大正藏》此处经文作"九作长攠,十作猎师。"(T24/1069c)其中"长攠",资福藏本作"张攠",普宁藏、径山藏本作"张獂",宫内厅图书寮藏本作"张攡"。"长攠""张攠""张獂"实同,即"张獂","攠"为"獂"字俗写,《慧琳音义》卷四十三、五十二等反复言及"獂,经文作攠,俗字也。""獂"亦指捕捉鸟兽的器械,《慧琳音义》卷七十三《入阿毗达磨论》音义"置獂"条:"案獂者,捕禽兽之具。大木弓上施罥于兽行之道,有机系取之也。"(T54/779b)《优婆塞戒经》异本中"攡(黐)""獂/攠"为近义替换关系,"獂""黐"不乏连用之例,唐义净译《根本说一切有部毗奈耶》卷六:"时彼猎人多置机獂、黐胶、罥索,于日日中多获鸟兽。"(T23/657c)

5.字头"容 róng"下:

嵱 P.2483《五台山赞并序》:"北台岸容更嶕(娇)娆,水院寺里入云霄。风(凤)栖树居金谷口,寐暮众生实是饶。"(第663页)

按:"**嵱**",《敦煌五台山文献校录研究》(1991:80)录作"嵱",《俗字典》录作"容",有误。"岸容"不辞。"**嵱**"当为"峹"之讹俗,"峹"即"峇"字,又作"嶺"。岸峇,山高貌、山势不齐貌。《广韵·陌韵》:"峇,岸峇,或作峹。"《集韵·陌韵》:"峇,山高大貌。《楚辞》:山阜峇峇,或从颔。"

又"嶕峣",原卷字形作"**嶕,峣**",《俗字典》录作"嶕(娇)娆",不确。读为"娇娆"与句意不协。嶕峣,高耸貌义。《汉书·扬雄传下》:"泰山之高不嶕峣,则不能浡滃云而散歊烝。"颜师古注:"嶕峣,高貌也。"这样岸峇、嶕峣,皆是言五台山之高峻。

6.字头"深 shēn"下:

阇 S.2832《愿文等范本·十二月时景兼阴晴云雪诸节》:"中旬示(赤)日如火,云周若峰。一点风来,即知深暑;纤毫树影,便欲纳凉。"(第700页)

按:"**阇**"当为"陶"字。《敦煌愿文集》(1995:82)录文作"深",《俗字典》据此例收"**阇**"于"深"字条下,视为"深"之俗体,皆误。此处"一点风来,即知深暑"与"纤毫树影,便欲纳凉"句式对仗工整,"深暑"与"纳凉"相对为文,然"深暑"与"纳凉"构词显然不同,录文为"深"字不妥。其实原卷字形作"**阇**",其右旁构件与"深"之俗写**㳂、㴱、㴱**等形相似,然"**阇**"左旁构件显然是"阝",与"氵"笔势不同。

"**阇**"当为"陶"字俗体,Φ096《双恩记》:"匡扶社稷咸忠政(正),陶铸生灵尽叶和。"其中

"陶"原卷字形作"陶";S. 318《洞渊神咒经·斩鬼品》:"又告刑狱之鬼、辜陶、木索之君。"其中"陶"原卷字形作"陶";P. 2721《舜子变》:"交(教)伊舜子淘井,把取大石填压死。"其中"淘"原卷字形作"淘"。"陶""淘"左旁构件相似。"陶""淘"其中构件"缶"皆有讹变,后者讹变与"淘"构件"米"相似。"陶暑"为"解暑、消暑"义,与下句对文"纳凉"语义相因。"陶暑"文献中习见,唐皎然《奉和陆使君长源水堂纳凉效曹刘体》:"柳家陶暑亭,意远不可齐。烦襟荡朱弦,高步援绿荑。"唐于邵《送赵评事之东都序》:"群公当筵,相顾不足,白日陶暑,青槐好阴,牙幢宴如,亦既醉止。"

又"云周"当倒文作"周云","周云"与"赤日"相对为文,"周云"义为"密云、浓云",《淮南子·俶真》:"譬若周云之茏苁,辽巢彭濞而为雨。"高诱注:"周云,密雨云也。"

7. 字头"绳 shéng"下:

绳 P. 2483《五台山赞文》:"五台险峻极嵯峨,四面斗(陡)斩(崭)①无慢跛(坡)。有路皆须 绳 索上,发心上者实能多。志愿来登得达彼,退心遍现出天魔。"(第 707 页)

按:"绳",《敦煌五台山文献校录研究》(1991:73)据底卷字形录作"绋",《俗字典》释读为"绳",无据。"绳"当为"沿"字,因涉下字"索"之"糸"旁而发生偏旁类化。"沿"又为"沿"之俗,本为顺水流而下义,后顺着江河、道路或物体的边皆可曰"沿"。《说文·水部》:"沿,缘水而下也。"《书·禹贡》:"沿于江海,达于淮泗。"孔安国传:"顺流而下曰沿。"《玉篇·水部》:"沿,亦作沿。"清邵瑛《说文解字群经正字》:"沿,今经典有作'沿'者,此隶变之讹。""沿索上"即顺着绳索向上之义。写卷中"沿"多写作"沿",如 P. 2819. V《三月三日赋》:"同博弈之独贤,沿波流之顺俗。""沿"原卷作"沿"。S. 2241《公主君者者与北宅夫人》:"在于沿路,不及晨送。""沿"原卷作"沿"。

8. 字头"螫 shì"下:

螫 P. 3056+P. 4895《佛家诗曲集》:"栖勤那可言,四蛇哲(蜇)螫我,处处不安眠。"(第 725 页)

按:"螫",《俗字典》置于"螫"字头下,周慧(2016:28)认为是"蝼"字,皆欠妥。"螫"当为"蜇/萤/蘁"的改换声符俗写字,折合今音读为音 hē。《说文·虫部》:"蜇,螫也。从虫,若省声。""蜇"又作"萤""蘁"等形,《玉篇·虫部》:"蜇,螫也,痛也。亦作蘁。"《集韵·铎韵》:"蜇,《说文》:螫也。或作蘁,亦作萤、螫。"

"蜇/萤/蘁",《说文》"呼各切"音,《广韵》"呵各切"音,《集韵》"黑各切"音,与"叡""壑"同音。俗书或为更确切地反映字音,改换示音构件"若"为"叡",敦煌文献构件"叡"常讹作"谷"形,如"壑"俗写多作"**壑**""**壑**"等形②,故"蜇/萤/蘁"改换示音构件作"**螫**",中村不折藏 203《十诵律》卷二十一《七法中受具足戒法》第一:"满二十岁人,能忍寒热、饥渴、蚊虻、蚤虱、蛇蚖、毒螫,他人恶语及身中苦痛皆悉能忍。""螫"原卷作"**螫**"即其例。"螫"又进一步俗写省

_____

① "斗(陡)斩(崭)",原卷字形作"**斗**""**斩**",当据底卷字形录作"斟斩"。"斗"俗写常作"斟","斗"与"陡"在记录"陡峭"义时发生了词语用字的历时替换,"斩"犹"削","斟斩"义同"斗削""陡削"。详参张小艳《敦煌写本〈俗务要名林〉字词笺释(一)》(2008:304)"剿艹削也,乌丸反"条及《敦煌小说疑难词语解诂》(2018:173)"斟下"条。

② 参看《俗字典》第 291 页。

去右上"谷"形之构件"口",即为 P. 3056＋P. 4895《佛家诗曲集》中"𧌄"字。

　　"蜇/蠚/蠚"与"螫"均为"毒虫刺咬"义,虽本一字,但分化后读音不同,为二词。"蜇/蠚/蠚"音见上文,"螫"从虫赦声,《说文》《广韵》"施只切"音,《玉篇》"式亦切"音,《集韵》沟通二者关系,《集韵·昔韵》施只切:"螫,《说文》:虫行毒。亦作蠚。"《集韵·铎韵》黑各切:"蜇,《说文》:螫也。或作蠚,亦作蠚、螫。"玄应指出"螫"是关西方言,"蠚"是山东方言,"蜇"为通语。《玄应音义》卷二十二《瑜伽师地论》音义:"蛆螫,知列反,下舒亦反。关西行此音,又呼各反,山东行此音。蛆[1],东西通语也。《说文》:'皆虫行毒。'《广雅》:蛆,痛也。"(C57/84a)《希麟音义》卷六《佛母大孔雀明王经》音义"螫彼"条:"上商只反。《说文》云:'虫行毒也。'又作蠚。经文作螫,音呼各反,亦通。"(T54/958b)段玉裁则道出"蜇/蠚/蠚"与"螫"读音分化,《说文解字注》"蜇"字下:"蠚螫盖本一字,若声赦声同部也。或读呼各切,山东行此音,或读式亦切,关西行此音,见释玄应书。今人乃以此篆切呼各,下篆切式亦。分而二之。"依注家注文可知唐时语言使用中"螫"音释,"蠚"音壑,《诗·小雅·都人士》:"卷发如虿。"郑玄笺:"虿,螫虫也。"陆德明释文:"螫,音释。本又作蠚,呼莫反。"《汉书·严朱吾丘主父徐严终王贾传上》:"暴露水居,蝮蛇蠚生。"颜师古注:"蠚,毒也,音壑。"

　　准此,"螫""蠚"虽词义相同,然为二词,"𧌄""𧌄"当从虫,欱声,音 hē,为"蠚"的改换示音构件俗写字。检之文献,"毒蠚""蜇蠚"皆有用例。"毒蠚"如,汉贾谊《新书·礼》:"攫啮抟击之兽鲜,毒蠚猛虬之虫蜜。"宋法天译《妙臂菩萨所问经》卷二:"若住江河陂池之侧,即有蛇虫、毒蠚害人之类。"(T18/752a)"蜇蠚"如,宋施护译《佛说守护大千国土经》卷三:"若复有人蛇蝎蜇蠚,即令彼人速疾服食其毒消散。"(T19/592c)《本草纲目》卷三十四《卢会》:"用斑螫、狗胆、桃根等诸药,徒令蜇蠚,其疮转盛。"[2]

　　另西北师范大学 12《十一面神咒心经》:"若患丁肿、痈肿、病疮、疱疮、疽、疡、癣等种种恶病,若被刀、箭、牟、稍等伤,蛇、蝎、蜈蚣、毒蜂等蜇,皆以此咒咒之七遍,即得除愈。""蜇"原卷作"𧍯"。《俗字典》(第 1061 页)录文失当,此为"螫"字俗写,《五经文字》作"𧌒",《玉篇·虫部》:"螫,式亦切。虫行毒。螫,同上。"《大正藏》此段经文正作"螫"。(T20/153c)

征引书目

西汉·刘安《淮南子》,中华书局,2014。

东汉·班固撰,唐·颜师古注《汉书》,中华书局,1964。

南朝梁·萧统《文选》,上海古籍出版社,1986。

南朝梁·顾野王《玉篇(残卷)》,《续修四库全书》第 228 册,上海古籍出版社,1996。

唐·陆德明《经典释文》,上海古籍出版社,2013。

唐·张参《五经文字》,《丛书集成初编》本,商务印书馆,1936。

南唐·徐锴《说文解字系传》,中华书局,1987。

北宋·陈彭年等《大广益会玉篇》,中华书局,1987。

北宋·陈彭年等《广韵》,影印张氏泽存堂本,中国书店,1982。

---

① "蛆"为"蜇"之异体,俗书"且""且"相混,故"蛆"又讹作"蛆"。《集韵·曷韵》:"蛆蜇,螫也或从折。"《一切经音义》卷五十六《佛本行集经》音义"蛆蠚"条:"《字林》:'皆虫行毒也。'《通俗文》:'虫伤人曰蛆,经文作蜇,非体也。'"(T54/682b)

② 张小艳《敦煌佛经疑难字词辑释》(2013:182)"峣嗤"条,对"蜇""螫""蠚"亦有考释,可参。

北宋·丁度等《集韵》,影印述古堂宋钞本,上海古籍出版社,1985。
辽·释行均《龙龛手镜》,中华书局,1985。
明·张溥辑《汉魏六朝百三名家集》,广陵书社,2015。
明·方以智《通雅》,中国书店,1990。
清·段玉裁《说文解字注》,上海古籍出版社,1981。
清·董诰等编《全唐文》,中华书局,1983。
清·马瑞辰《毛诗传笺通释》,中华书局,1989。
清·彭定求等编《全唐诗》,中华书局,1960。
清·阮元校刻《十三经注疏》,影印世界书局本,中华书局,1980。
清·邵瑛《说文解字群经正字》,上海古籍出版社,2002。
清·王念孙《广雅疏证》,中华书局,1983。
清·朱骏声《说文通训定声》,中华书局,1984。
中华大藏经编辑局《中华大藏经》,中华书局,1993。
高丽大藏经完刊推进委员会《高丽大藏经》,台北新文丰出版公司,1982。
大正新修大藏经刊行会《大正新修大藏经》,大藏出版株式会社,1988。

参考文献

[1]杜斗城. 敦煌五台山文献校录研究[M]. 太原:山西人民出版社,1991.
[2]郝春文,宋雪春,李芳瑶等. 敦煌社会历史文献释录(第十三卷)[M]. 北京:社会科学文献出版社, 2015.
[3]黄征,吴伟. 敦煌愿文集[M]. 长沙:岳麓书社,1995.
[4]黄征,张涌泉. 敦煌变文校注[M]. 北京:中华书局,1997.
[5]黄征. 敦煌俗字典(第二版)[M]. 上海:上海教育出版社,2019.
[6]黄征. 敦煌俗字典[M]. 上海:上海教育出版社,2005.
[7]蒋礼鸿. 敦煌变文字义通释[M]. 杭州:浙江大学出版社,2016.
[8]毛远明. 汉魏六朝碑刻异体字典[M]. 北京:中华书局,2014.
[9]潘重规. 敦煌变文集新书[M]. 北京:文津出版社,1994.
[10]唐耕耦,陆宏基. 敦煌社会经济文献真迹释录[M]. 北京:全国图书馆文献缩微复制中心,1990.
[11]王启涛. 吐鲁番出土文献词典[M]. 成都:巴蜀书社,2012.
[12]王重民,王庆菽,向达等. 敦煌变文集[M]. 北京:人民文学出版社,1957.
[13]项楚. 敦煌变文选注[M]. 北京:中华书局, 2019.
[14]曾良. 敦煌文献词语考释五则[J]. 语言研究,2000(4):117-119.
[15]张小艳. 敦煌变文校读札记[M]// 汉语史学报(第十八辑),上海:上海教育出版社,2017.
[16]张小艳. 敦煌佛经疑难字词辑释[J]. 中国训诂学报,2013:165-183.
[17]张小艳. 敦煌小说疑难词语解诂[J]. 中国训诂学报,2018.
[18]张小艳. 敦煌写本《俗务要名林》字词笺释(一)[J].语言研究集刊,2007:300-310.
[19]赵家栋. 敦煌文献疑难字词研究[D]. 南京:南京师范大学,2011.
[20]周慧. 日本中村不折藏禹域墨书文字与书法研究[D]. 南京:南京师范大学,2016.

Reading Notes on *Nonstandard Characters Dictionary of Dunhuang* (The Second Edition)[《敦煌俗字典》(第二版)]

Lu Jiaqi　　Zhao Jiadong

Abstract:The *Nonstandard Characters Dictionary of Dunhuang*（《敦煌俗字典》)(the second edition）contains the nonstandard characters in the manuscripts unearthed from Dunhuang and the Western Regions，providing systematic data for the study of Chinese vernacular characters and the history of Chinese characters. However，due to the large number of nonstandard characters and serious variation of characters in Dunhuang manuscripts，it is inevitable that there are some misunderstanding of characters. We have selected 8 errors to supplement and correct，hoping to provide references for the use and revision of this book. 8 selected cases are presented here as supplements，aiming to provide references for the utilization and revision of the book.

Keywords：*Nonstandard Characters Dictionary of Dunhuang*（《敦煌俗字典》），nonstandard characters，supplement and correct

通信地址：浙江省杭州市西湖区余杭塘路 866 号浙江大学紫金港校区汉语史研究中心
邮　　编：310058
E-mail：lujiaqi9898@126. com

简化字"碍"探源[*]

——兼谈辞书中"阂"字的音义问题

范丽婷

内容提要 《简化字总表》公布后,"碍"正式取代了"礙"字。在此之前的传世文献及出土文献中,也不乏把"阂"和"导"用作"碍(礙)"的例证。"阂""导"二字产生于先秦,两汉就已引申出"阻碍"义;"礙"字始见于《说文》,南北朝时期用于表示"阻碍"义,并成为表示该义项的正字。之后,"阂"逐渐被取代,因此表示"阻碍"义时音"hé"或是音"ài",也需要有所辨证。而"导"作为"礙"的俗字依然被广泛使用。宋元之际,"碍"作为"导"的增旁字出现,活跃在各类写本、刻本上。

关键词 碍 礙 阂 导 词源与语音

李乐毅《简化字源》认为"礙^①"字的用例出现在汉代,早期无石旁,东汉《杨君石门颂》写作"导",北齐《刘碑造像铭》、敦煌变文写作"导^②",较晚才有了"碍"字,并以唐齐己《船窗》诗作为例证,1932 年《国音常用字汇》收录"碍"字,1935 年《简体字表》以"碍"代"礙"字。李说近是。但"碍(礙)"字的简化过程,也与"阂"字密切相关。

一 "阻碍"义中"阂""礙""导""碍"字的演变

作"阻碍"义讲的"阂"字,最早见于《天水放马滩秦简》:"应钟卌三,并阂。"又《汉书·律历志上》:"应钟,言阴气应亡射,该藏万物而杂阳阂种也。"孟康注:"阂,臧塞也,阴杂阳气,臧塞为万物作种也。"晋灼注:"外闭曰阂。"按"臧"同"藏",晋灼注大概源自许慎,《说文·门部》:"阂,外闭也。从门,亥声。"段注:"有外闭则为礙。""阂"本义为门扇在外而向内关闭,"阻碍"义系由本义引申而来,《小尔雅·广言》"阂,限也"是也。^③ "阂"的"阻碍"义魏晋以来沿用不替。《玄应音义》卷一《大方广佛华严经》第一卷音义:"罣礙:下古文硋,同,五代反。又作'阂',郭璞以为古文礙字。"《后汉书·虞诩传》:"兵不厌权,愿宽假筹策,勿令有所拘阂而已。"李贤注:"阂与礙同。"

而"礙"字甲骨文、金文、战国文字未见,始见于《说文·石部》:"礙,止也。从石,疑声。"

---

*基金项目:2024 年浙江省哲学社会科学规划常规课题"敦煌本《大智度论》缀合与异文整理研究"(24NDJC233YBM);教育部基地项目"手写纸本文献汉字研究及数据库建设"(22JJD740032)。

① 为方便论述,本文部分"碍"字保留繁体形式。

② 关于"导"的几种变体如"导""导""导"等,陶家骏(2012)已有详尽论述。

③ 上揭《汉书·律历志》"杂阳阂种"孟康注中的"阂"亦可释为"限也",即限制掺杂阴的阳气渗入,亦可引申为"阻碍"之义。

"礙"字文献用例亦较"阂"为晚,目前最早可见"礙"表示"阻碍"义的实证,应是北魏《牛橛造像记》(495):"愿牛橛舍于分段之乡,腾游无礙之境。"北魏王远《石门铭》(509):"至于门北一里西上凿山为道,峭岨盘迂,九折无以加,经途巨礙,行者苦之。"

从词源意义上看,"亥"的谐声字多有阻碍义。如《广雅·释言》:"礙,阂也。"王念孙疏证:"礙与阂同声而通用。《列子·黄帝篇》云:'云雾不硋其视。'又云:'物无得伤阂者。'《力命篇》云:'孰能礙之?'《太玄·难次六》云:'上輆于山,下触于川。'并字异而义同。"又如《说文·欠部》:"欬,屰气也。"《广韵·夬韵》:"餩,通食气也。欬,上同。"《泰韵》:"欬,欬癌。""餩"意为打嗝,系胃气下行受阻而逆上所致。此"欬""餩"二字与上述"阂""硋""輆"均从亥得声,语源上皆有阻逆之义。同理,从"疑"的谐声字亦有"停止"义,《说文·石部》:"礙,止也。"同是从"疑"的"凝"字,亦表"不动"貌。①《玄应音义》卷五《成具光明定意经》音义"蹏礙"条引《通俗文》:"事不利曰蹏,限、至曰礙。"同书卷一二《中本起经》上卷音义、卷一七《出曜论》第十四卷音义引同。如此"阂""礙"二字虽得义之由稍殊,但意义趋同,读音又一致,故可通用。《玉篇·石部》:"礙,止也。亦作'阂'。"《龙龛手镜·石部》:"礙,今;硋,古。五爱反。止也,限也,距也。又外闭也,与阂同。"

从语音上看,"阂"字《广雅》曹宪音、《经典释文》皆音五代反,《广韵·代韵》音五溉切,并与"礙"同音。

大概"礙"字产生之后便逐渐取代"阂"字,因此东汉服虔《通俗文》收"礙"字,晋人郭璞以"阂"为古文礙字,亦为"礙"字行用渐广之证。

"𨔵"本为"得"之古字,甲骨文作🈁,《玺汇》1265"卜𨔵(得)信鉨",《玄应音义》卷一《大方广佛华严经》第一卷音义"罣礙"条云"卫宏《诏定古文官书》𨔵、得二字同体"。到了东汉时期,"𨔵"字才用于表示"阻碍"义,相关用例已见《简化字源》所引,兹不赘述。至于表"阻碍"义之"𨔵"的由来,陶家骏(2012)认为"𨔵"可能是"得"的本字;裘锡圭先生则认为"当'碍'字用的'𨔵',以去掉'得'字的'彳'旁来表示障碍不能得到的意思,应该看作变体字"。

六朝隋唐时期,"阂""礙""𨔵"三字共存。碑刻方面,除了前引北魏《牛橛造像记》作"礙"者外,北魏《比丘释僧镇造像铭》以及北魏《慈香惠政造像》、北齐《刘碑造像铭》皆作"𨔵",北魏《益州刺史元悦墓志铭》、唐代《端州石室记》《宝梁经石刻》《石经五经》则作"阂"。从敦煌写经看,"𨔵"字的用例最多,"礙"字次之,"阂"字最少。以《摩诃般若波罗蜜经》的异文比勘情况为例,敦煌本《摩诃般若波罗蜜经》大多都抄写于唐五代,目前在53件写卷中发现"四无礙智"一词的用例达142例,其中,写作"阂"的有2件共2例,均为唐代写卷;写作"礙"的有8件共16例,亦多抄写于唐代;写作"𨔵"的有43件,多达124例,最早的抄写于南北朝时期,其余多数是隋唐时期的写卷。②《广韵·代韵》:"𨔵(得),释典云'无𨔵'也。"《集韵·代韵》:"礙,《说文》:'止也。'《南史》引浮屠书作'𨔵'。"《类篇·寸部》:"𨔵,牛代切,止也。出浮屠书。"凡此认为用同"礙"的"𨔵"字出自佛经,实际上是佛经喜用"𨔵"字,如《可洪音义》卷一三《贤劫集》音义:"蹏𨔵,致礙二音。"卷二二《阿育王经》音义:"水𨔵,音礙。"《资治通鉴·陈宣

---

① 按《说文·仌部》:"冰,水坚也。从仌,从水。凝,俗冰从疑。"朱骏声云:"疑者,止不动也。《广雅·释诂四》:'凝,定也。'"可证"礙"之声符"疑"亦表"止不动"义。

② 杨仪凤《〈上海图书馆藏敦煌吐鲁番文献〉佛经写本俗字研究》一文通过比勘英藏47号《维摩诘经》写卷,发现47件写卷中"礙"共出现118次、"𨔵"126次、"阂"39次;通过考证写卷时代,写作"阂"字,15件,44例,其中1件为南北朝写卷,其余皆出自唐五代;写作"礙"字,19件,118例,写作"𨔵"字,22件,126例,多为隋唐写卷,亦可证佛经喜用"𨔵"字。

帝太建十四年》："九月丙午,设无导大会于太极殿。"胡三省注:"导,与礙同,释氏书也。"以及上文提到的敦煌本《摩诃般若波罗蜜经》用字分布亦可证。

综上所述,从南北朝开始到唐五代,"閡"字的使用量逐渐减少。前揭《后汉书》李贤注特意注明"閡與礙同",又如《后汉书·隗嚣传》"又多设支閡"李贤注:"支柱障閡。"《六臣注文选·西京赋》"右有陇坻之隘,隔閡华戎"李善等注"閡,礙。"可见"閡"在当时表示"阻碍"义已不多见,人们不甚熟悉,因此需要出注说明。加上"导"多出于佛经,以《南史》为例,"导"字9例,基本以"无导大会""无导法会"形式出现,"閡"字1例,"礙"字12例,多作"无礙吉凶""拘礙"等,虽"导""礙"用例数量相差无几,但从中亦可窥见"导"的用例多与佛教相关,其他则多用"礙"。至此可证,在表示"阻碍"义的语境中,"礙"字已取代"閡"字,成为该语义下的主导字形,前揭《玉篇》"礙,亦作'閡'",《龙龛手镜》"礙,与'閡'同"可证。此外《慧琳音义》卷九九《广弘明集》音义:"无礙:鱼盖反。凡经文作'导',或作'閡'。《集》从亥作'硋',非也。"可见当时以"礙"为正字,而把"导""閡"作为俗字或异体字,且"硋"字已不再使用。又《慧琳音义》卷五四《佛说食施获五福报经》音义:"踬礙:下五盖反。《考声》云:'礙,隔也。'《博雅》作'閡',《韵略》作'硋',《文字集略》作'导',并俗字也。"亦可证"礙"字已取得表示"阻碍"义的正字地位。此后,"閡""礙"二字表义逐渐分化,"閡"字主要用于表示"间隔"义,元郝经《续后汉书·东夷传》:"三国多故,又为公孙氏所閡限,东夷复不通。"梁启超《地理与文明之关系》:"骤观地图,则河海者,所以使土地閡隔而华离也。"

"碍"字始见于伯5531号《大唐刊谬补缺切韵·麦韵》陟革反:"硙,硙。亦作碍。"张涌泉师《敦煌俗字研究》认为音"的"的"碍"与"'硋'为一字之变,亦即'硙'的异体"。则此"碍"与后世之"碍"不同。用作"阻碍"义的"碍"大约出现在宋代,字形从石,盖与古"硋"字取意略同,表示以石阻路。李乐毅《简化字源》、姜继曾《简化字的由来》以齐己诗"举头还有碍,低眼即无妨"为例,认为唐代已有"碍"字,张书岩《简化字溯源》亦从此说。《四部丛刊初编》本《白莲集》是我们迄今可见最早收录齐己《船窗》的本子,而《四部丛刊初编》本《白莲集》为宋刻本,考隋唐五代碑刻、敦煌写卷皆未发现"碍"字用例,因此我们目前只能确定宋代已有"碍"字,其见于唐代说只能存疑。

元代开始,"碍"字在刻本中用例渐多,如《六州歌头·晨来问疾》:"手种青松树,碍梅坞。"《满江红·敲碎离愁》:"芳草不迷行客路,垂杨只碍离人目。"又如元泰定四年(1327)刻本《诗集传附录纂疏》3例,元至正十二年(1352)刻本《诗传通释》6例等。明代,明确将其认定为"礙"的俗字。《字汇·石部》:"碍,同礙。"《正字通·石部》:"碍,俗礙字。"此后各类抄本、刻本中"碍"字的用例蜂出,如明陈讲《马政志·茶马》:"一切事宜,非有大碍,不必立异更张。"明谈恺本《太平广记》卷四九一:"一分以施天下饥馁悲田之苦,一分以充供养无碍。"明夷门广牍本宋李清照《马戏图谱》:"自马不碍不打,行百里者半九十,汝其知乎?"清末开始运用于报刊之中,至民国时期其用例已超过"礙"字,查《瀚堂近代报刊》发现"礙"字用例25086例,"碍"字用例40437例,如《湘报》第38号(1898):"英报论兼地不碍和局。"又如《大公报》(天津版)第9628号(1930):"杨文仲伤重逝世,黄维锦尚无大碍。"《国音常用字汇》与《简化字表》将"碍"定作"礙"的简化字应与"碍"字已被广泛使用有关。

二 辞书中"阂"字的音义问题

上文论述了"阂"在秦简中已有用作"阻碍"义的例证,且在很长一段时间内与"礙"字并存。随着"阂"字在表示"阻碍"义语境中的主导地位被"礙"字所取代,"阂"字又逐渐引申出"间隔"义,加上南北方音、时音对韵书所记录的反切音的影响,"阂"字的字音问题也需要有所辩证。以《汉语大字典》为例,"阂"字下收有五个音项:

1. ài:①从门外关门;②以木拦门;
2. hé:①阻碍;妨碍;②阻隔不通;③止;④界限,限制;
3. hài:藏,塞;
4. gāi:通"陔",重;
5. kǎi:开。

1)"ài"音《大字典》揭其审音依据为《广韵》"五溉切"。按此音盖最早见于《广雅》卷五《释言》:"礙,阂也。"曹宪音释"五代",其后《五经文字》《慧琳音义》《可洪音义》《唐韵》《龙龛手镜》《广韵》《集韵》与《古今韵会举要》等所作反切亦皆同此(反切用字稍异);《四声篇海·门部》(重刊详校本)、《洪武正韵·泰韵》则作"牛盖切",此类反切盖皆从曹宪音而来。又《裴韵·代韵》五爱反:"阂,外闭。《说文》下代反。"岛田翰《古文旧书考·五行大义》:"阂,五爱反,又下代反。"[1]其所系联义项有二,一为"外闭"义,一为"止"义。

按"五爱反""五溉切"等同音,与"牛盖切"韵部有代泰之异,与"下代反"声部又有匣疑之别。匣母与疑母的通用,可追溯到魏晋时期。《颜氏家训·音辞》:"李登《声类》以系音羿……此例甚广,必须考校"。系,属匣母,羿,属疑母,而李登系魏人,据"以系音羿"条可以推测在彼时的北方方言中,匣疑二母是相混的。而颜之推认为此直音须考校,则说明在当时的北方方言中匣疑当分。又曾敏行《独醒杂志》卷一:"已而元长入见,上以问答语之,对曰:'江南人唤和为讹。'"其中"和"属匣母,"讹"属疑母,可证唐宋时期在南方"匣""疑"二纽仍可混用。《裴韵》与岛田翰所引《五行大义》底本将"下代反"作为"五爱切"的又音,亦可证至晚从五代开始,此二纽在北方方言中已有区别,《裴韵》等将其收录大抵兼有别义的目的。而"阂"在《广韵》《集韵》等韵书中是代韵字,在其后的韵书又属"泰"韵,盖受当时实际语音影响所致。

2)"hài"音《大字典》揭其审音依据为《集韵》"户代切"。按此音最早见于前揭《汉书》"该藏万物而杂阳阂种也",颜师古注云:"阂音胡待反。"其后,《集韵》《类篇》《康熙字典》所引反切亦皆同此。其所系联义项亦皆表"藏塞"义,这应该是"阂"字表"藏塞"义项的最早读音。

按"胡待反""户代切"与"下代反"音同,但因《裴韵》与岛田翰转引之"下代反"产生时代未明,姑以颜师古音注为最早所见。"阂"用作"藏塞"义时皆音"hài",由此亦可反证前引"下代反"所表示的是"阂"之"藏塞"义。又《康熙字典》引《广韵》"古代切"、《集韵》"户

---

① 岛田翰所引《五行大义》底本抄于元弘三年(1333),他认为该底本犹见六朝规模,应是七百年外旧抄,且援引韵书多是当世失传者。原文为:"阂,五爱反,又下代反。释氏曰:又作'礙',水门也。今案《汉书》'杂阳阂种'《音义》'藏塞也。'"此处表"藏塞"义之"阂"盖音"下代反"。

代切"并音溉,藏塞也。王力《康熙字典音读订误》:"此条大错。古代、户代不同切,当分列。当云:《广韵》古代切,音溉;又《集韵》户代切,音劾。"此音"劾"代指音"胡槩切"之"劾"。且《广韵》未见"阂,古代切",因此《大字典》未从"溉"音拟音,甚是。"阂"表示"藏、塞"义的"胡待反"(下代反)与"五代反"系出同源,随着北方方言中的匣疑二纽不再混用,逐渐分化出"ài""hài"两种读音,据目前所见韵书及音注材料分析"ài"音(五代切)的出现较"hài"(下代反)略早。

3)"hé"音《大字典》据以审音的依据是《集韵·德韵》"纥则切"。按此音即始见于《集韵·德韵》"阂,礙也",《古今韵会举要·代韵》《康熙字典》亦皆收录此音,其所系联的义项亦皆作"礙也"。这应该是"阂"字表"礙也"义项的最早读音。

又按表示"礙也"的"阂"字原音"五溉切",《集韵》首先拟"纥则切"作为"阂"字的又音。此音应是由"下代反"孳生而来,原因有三:其一,《集韵》时期,"阂"字语义的分化;其二,受《广韵》中"劾"字异读的影响[1];其三,受时音影响[2]:《集韵》虽是以《广韵》为基础,但广收俗字、异读字,因此其收音更具有丰富性[3];而《广韵》中"阂"字仅收"五溉切"一音,盖因《广韵》所用反切是根据《切韵》《唐韵》等韵书修订而成,较实际语音稍显滞后,加之当时读书音仍读为"ài"所致,如杜甫《咏怀二首》:"衣食相拘阂,朋知限流寓。"笺注:"阂,五嘅切。不通也,又碍也。"而音"纥则切"的"阂"与"隔"字读音较为相近,且宋代开始二字多有连用,因此音"hé"逐渐保留在作为名词出现的"隔阂"之"阂"中。《洪武正韵·泰韵》牛盖切:"阂,外闭,又与礙同。《文选》'隔阂'。又'皆、解'二韵。"《洪武正韵》特别说明"隔阂,皆、解二韵",亦可作此说旁证。

4)"gāi"音《大字典》揭其审音依据为《篇海续编》"柯开切"。按此音最早见于《汉书·礼乐志》"专精厉意逝九阂",颜师古注:"如淳曰:阂亦陔也。若士者谓卢敖曰:'吾与汗漫期乎九陔之上。'陔,重也,谓九天之上也。师古曰:阂,合韵。音改,又音亥。"其后《四声篇海》(重刊详校本)《篇海续编》《康熙字典》皆作音"该",系自如淳"阂亦陔也"得音,而颜师古注说明此处"阂""海"押韵,为求合韵,故"阂"读"改"音;"又音亥",或为"阂"表藏塞也"之音,当与音"gāi"无涉。综上,"九阂"本作"九陔","gāi"是其通假读音。

5)"kǎi"音《大字典》揭其审音依据为《五音集韵·海韵》苦亥切:"阂,开[4]也。亦音开。"按此音最早见于《五音集韵》,其后《康熙字典》亦引此音义,除此之外,他书未见。又按"阂"本义"外闭也","开"义的由来或是反训,与"乱,治也"相类;或是他字误作"开"所致。考斯388号《正名要录》:"碍,止;阂,閇",可证前揭《五音集韵》"阂,开也"大误。此处之"开"应作"閇",二者系形近而讹。"閇"是"闭"的俗字,《龙龛手镜·门部》:"閇閈閉,三俗;閇,通;闭,正"。则《五音集韵》《汉语大字典》此义项应作:"阂,闭也",即本义"关门","音开"亦不当。

此外,《汉字源流字典》未收读音"ài",且不论"关门"义或是"阻碍"义,皆拟"hé"音;《中华字海》则仅收"hé"音与"阻隔不通"义,应是在《汉语大字典》的基础上,编纂者又删去了如

---

① "劾"在《广韵》有三音,分别为"胡得切""胡概切""苦戒切",此三种反切也是因"劾"字义分化而产生。
② 张渭毅《〈集韵〉异读研究》曾提到,《集韵》异读收录了大量的时音,详见《中国语言学论丛》(北京语言文化大学出版社,1999),兹不再赘述。
③ 鲁国尧《从宋代学术史考察〈广韵〉〈集韵〉时距之近问题》一文认为,宋人武功不足,文治有余,"述"遂一变而为"作","述"《广韵》遂一变而为"作"。《集韵》收字收音的丰富性正是宋人"作"《集韵》的体现。
④ 为体现"开"与"閇"二字形近以便论述,作释义用的"开"字皆不转写为简体。以下不再出注。

今已不使用的读音所致,却忽略了保持字典音义应尽量完备的原则。

综上所述,"阂"字发展至今,多以偏义复词"隔阂"的形式出现,在兼顾现有语音的基础上,可将作名词用的"隔阂"一词中的"阂"审音为"hé",表示"关门""阻逆""障碍"义时,则审音作"ài"为宜。此外《汉语大字典》中音项"hé"之下所举"隔阂华戎""树柱阂车"等例证中,则应加以斟酌,宜选用"隔阂"作名词的用例。可将"阂"字音项归纳如下:

　　　1.ài:①关门;②阻止、阻碍、障碍、限制(动);

　　　2.hé:界限(名);

　　　3.hài:藏,塞;

　　　4.gāi:通"陔",重。

三　小　结

"礙"字始见《说文·石部》:"礙,止也。"至晚在南北朝引申出"阻碍"义并取代"阂"字成为"阻碍类"语义场中的主导字形。这大概是由于"阂"字从门,本为"关门"义,之后语义又出现了分化,而"礙"字本义即为"止也",以"阂"表示"阻碍"义校之"礙"字稍显迂曲。此后"阂"字用例逐渐减少,"㝵"字却被广泛运用于佛经写卷之中,这大抵与其书写便利有关。至北宋大藏经开始刊刻后,以"㝵"代"礙"字现象也随之减少;同时作为"阻碍"义讲的"碍"字出现,元代开始用例蜂出,1964 年《简化字总表》公布后,"碍"正式取代了"礙"字。而"礙"被"碍"取代既是出于书写简化的需要,也是由于"㝵"字作声符的同时兼有表义之效。

而"阻碍"义的语境下,"礙"取代"阂"成为正字,"障阂""罣阂"只保留在早期刻本(写本)之中,如何为其注音就成了问题。工具书所选用的标准语音自然要考虑大多数人交流时使用的读音,要符合语音的发展趋势,但同时也需考虑汉字本身的声符以及字义的来源。正如本文所讨论的"阂"字,"gāi"作为通假音自当保留,ài、hài、hé 三音则皆为别义而作,例如音"hé",由《集韵》"纥则切"而来算是有据可循的,但将其带入佛经,如"解了诸法如幻、如焰、如水中月、如虚空、如响、如揵闼婆城、如梦、如影、如镜中像、如化,得无阂无所畏"一句中,"阂"肯定不会读为"hé"。又如前引《后汉书·隗嚣传》:"多设支阂。"李贤注:"支阂即支柱障阂",一直到清代,王念孙仍注"阂与碍同"。因此,如何在坚持语音发展的原则下,兼顾汉字的造字理据、结合字义给汉字注音是我们目前所需解决的问题。

征引书目

东汉·班固著,唐·颜师古注《汉书》,中华书局,1962。

唐·杜甫撰,南宋·蔡梦弼会笺《杜工部草堂诗笺》,清光绪八至十年遵义黎氏日本东京使署刻古逸丛书覆宋麻沙本。

北宋·李昉《太平广记》,明嘉靖四十五年谈恺刻本补配清钞本。

北宋·司马光《资治通鉴》,民国八年上海商务印书馆四部丛刊景宋刻本。

南宋·李清照《马戏图谱》,明万历二十五年金陵荆山书林刻夷门广牍本。

南宋·曾敏行《独醒杂志》,清乾隆三十七年至道光三年长塘鲍氏刻知不足斋丛书本。

南宋·辛弃疾《稼轩长短句》,元大德三年广信书院刻本。

元・郝经《续后汉书》，文渊阁四库全书本。

元・胡一桂《诗集传附录纂疏》，建安刘君优翠严精舍刻本。

元・刘瑾《诗传通释》，建安刘氏日新书堂刻本。

明・陈讲《马政志》，明嘉靖三年刻本。

甘肃省文物考古研究所编《天水放马滩秦简》，中华书局，2009。

毛远明《汉魏六朝碑刻异体字典》，中华书局，2014。

沈建华、曹锦炎《甲骨文字形表》，上海辞书出版社，2008。

张振谦《齐鲁文字编》，学苑出版社，2014。

裘锡圭《文字学概要》（增订本），商务印书馆，2013。

参考文献

[1]谷衍奎.汉语源流字典[M].北京:语文出版社,2008.

[2]汉语大字典编辑委员会.汉语大字典(第二版)[M].成都:四川辞书出版社,武汉:崇文书局,2010.

[3]冷玉龙等.中华字海[M].北京:北京友谊出版公司,1994.

[4]李乐毅.简化字源[M].北京:华语教学出版社,1996.

[5]鲁国光.从宋代学术史考察《广韵》《集韵》时距之近问题[M]//鲁国尧语言学论文集.南京:江苏教育出版社,2003.

[6]毛远明.汉魏六朝碑刻异体字典[M].北京:中华书局,2014.

[7]裘锡圭.文字学概要(增订本)[M].北京:商务印书馆,2013:10.

[8]陶家骏.敦煌研究院藏佚本《维摩诘经注》写卷研究[D].苏州:苏州大学,2012.

[9]汪业全.《颜氏家训・音辞》音辨述论[J].海南师范大学学报,2017(6):122—131.

[10]臧克和.汉魏六朝隋唐五代字形表[M].广州:南方日报出版社,2011.

[11]张渭毅.《集韵》异读研究[M]//中国语言学论丛(第二辑).北京:北京语言文化大学出版社,1999.

[12]张涌泉.敦煌俗字研究[M].上海:上海教育出版社,1996.

[13]张涌泉.汉语俗字丛考[M].北京:中华书局,2000.

[14]张涌泉.汉语俗字研究(增订本)[M].北京:商务印书馆,2010.

[15]张振谦.齐鲁文字编[M].北京:学苑出版社,2014.

Explore the Source of Simplified Character about "*Ai*"（碍）:

Also Talk about the Pronunciation and Meaning of "*Ai*"（阂）in Dictionaries

Fan Liting

Abstract：After "the General Table of Simplified Chinese Characters" was published，traditional character *Ai*（礙）replaced by simplified character *Ai*（碍）officially. Among the handed-down literatures and unearthed documents，there is no lack of examples where replace *Ai*（阂）and *Ai*（导）with *Ai*（碍/礙）. *Ai*（阂）and *Ai*（导）generated in Pre-Qin Era，then evolved its meaning into "hinder" in Han dynasty. *Ai*（礙）can date back in *Shuo Wen Jie Zi*（说文解字），and it developed its meaning as "hinder" in Southern and Northern dynasties，when it evolved into standardized words to express this meaning. Since then，*Ai*

（阂）had been replaced gradually，and what need to discuss is that the meaning of "hinder" is sound "hé" or sound "ài"，while as the common word Ai（导）still be used widely. In Song and Yuan dynasty，Ai（碍）appeared when Ai（导）added the radical Shi（石），activing in all kinds of writing，photocopy，and newspapers.

Keywords：ai（碍），ai（礙），ai（阂），ai（导），etymology and pronunciation

通信地址：浙江省嘉兴市广穹路 899 号嘉兴大学梁林校区二期文法学院厚德楼北 143

邮　　编：314001

E-mail：11804042@zju. edu. cn

敦煌草书写本 P. 2063V《因明入正理论后疏》释录补正[*]

张　航

内容提要　敦煌草书写本 P. 2063V 抄录了唐代法师净眼所撰《因明入正理论后疏》,其因明学的文本内容、富有特色的草书字形具有较高的研究价值,研究难度大。武邑尚邦、沈剑英、吕义、黄征四位前贤先后作过录文,但是仍有可勘之处。文章通过综合分析字形、文意和相关文献,对"𦶎""𦶎""𦶎""𦶎""𦶎""𦶎"六字的释录做出补正,对"所作性故""必无我故""此如、何者"的句读问题加以补定。

关键词　敦煌写本文献　《因明入正理论后疏》　草书　疑难字

P. 2063V 指法藏敦煌写本文献伯希和(Pelliot)编号 2063 号写卷的背面,其内容为唐代净眼法师所撰《因明入正理论后疏》(下称《后疏》),卷首题写"因明入正理论后疏 慈门寺沙门净眼续撰",尾题"因明入正理论后疏卷^①"。全篇共十九纸,每纸二十八行,每行字数不等,一般二十有零,天地、行间有界,全文有字部分共 508 行,计 10881 字。本卷草书字体规范、圆秀又不乏特色,与正面誊抄净眼《因明入正理论略抄》(下称《略抄》)字迹相同,乃出自一人之手,不少书法研究论著赞誉本卷字体为敦煌草书之最。

《略抄》《后疏》是净眼对唐文轨《因明入正理论疏》的阐明和评述,文轨《疏》是对唐玄奘译商羯罗主造《因明入正理论》的注解,《因明入正理论》又是对新因明学的开创者陈那(Dignāga)的著作《因明正理门论》的诠释与发展。"因明"简单来说,可以理解为古印度关于逻辑推理的学说。日本佛教学者武邑尚邦最早为《后疏》作释录,其录文收于《卍新纂续藏经》第 85 卷、武邑尚邦(2008)。随后沈剑英(2008)、吕义(2015)、黄征(2017)等兼补及释,录文渐臻完善,不过仍有可勘之处。本文剌举七例,对前人争议之处加以补充评断。疏误浅陋之处,敬请方家斧正。

＊本文受河北大学"汉字基础信息研究与汉字资源建设创新团队"经费资助。文章撰写过程中得到杨宝忠教授、梁春胜教授的指导,修改过程中承蒙汪维辉教授审阅,《汉语史学报》匿名审稿人也提出了宝贵意见,谨致谢忱! 文中疏误概由作者负责。

①　"卷"字原卷作"𦶎",是"卷"的异体字"弓"的草书写法。吕义(2015:161)指出:"按《日本历代书圣名迹书法大字典》178 页'卷'异体作'弓'。其中圣德太子法华义疏作'弓、弓'。筋切作'弓'。与此正同。"张涌泉(2010:332—337)指出"弓"等异体写法由"卷"字讹变而来,流行于六朝及唐代前期,并以图示总结字形演变轨迹(参看下图)。P. 2063V 的抄写时代为唐代前期,"𦶎"字的写法可以与楷书俗书互证,符合"弓""弓"等异体写法流行于唐代前期的时代特征。

一 藉、藉[①]

《后疏》："一者现量，谓量现境；二者比量，谓藉三相比决而知；三者圣教量，谓藉圣人言教方知，如无色界等。"（21—23）

"藉""藉"二字武邑、黄作"籍"，沈、吕作"藉"。

"藉""藉"皆为"藉"字，义为凭借。唐慧沼《因明入正理论续疏》："藉谓待藉。"（X53/P793B）即为此义。例句解释现量、比量、圣教量三个名称。比量"谓藉三相比决而知"，"藉三相"指凭借三相，"比决"指比较、判断。三相即"因三相"，是因明推论的三条规则，在净眼的著作中因三相具体表述为"遍是宗法性""同品定有性"和"异品遍无性"。圣教量"谓藉圣人言教方知"，要凭借圣人的言教才能得到。明一如编集《大明三藏法数》："圣教量，谓于圣人所说现量、比量之言教皆不相违，定可信受，是名圣教量。"（P181/P693B）圣教量又名"声量"。印顺《印度之佛教》："依圣典圣说而得者曰声量（即圣教量）。"（Y33/P232A）将例句中"藉""藉"二字释为"籍"则文意不通。

同时期因明文献中有关"藉三相"的表述是"藉""藉"为"藉"字的直接证据。唐窥基《因明入正理论疏》、唐慧沼《因明入正理论续疏》中均有："由藉三相因，比度知有火无常等故，是名比量。"（T44/P140B）（X53/P794B）

考辨字形，"藉""籍"二字，在楷书俗书中形近相乱，在草书中更易混淆。草书中偏旁"艹""⺮"同形，从"艹"的字如"藉"作"藉"（489 何须藉因显）、"藏"作"藏"（《略抄》23 各承三藏解不同）、"药"作"药"（《略抄》10 救疗方药）等，从"⺮"的字如"籍"作"籍"（《中国草书大字典》1082 智永）、"符"作"符"（《略抄》93 则有相符极成过）、"答"作"答"（《略抄》269 又《疏》中问答云）等。对于形体讹混的汉字，不可仅据字形录文，需要结合文意、异文来判断。

二 岂

《后疏》："若为别知立余量者，别知诸法岂唯有八？"（41—42）

"岂"字武邑、黄作"定"，沈、吕作"岂"。黄注："定，沈剑英录作'岂'，恐未确。"

"岂"为"岂"字，沈、吕之说可从。例句所在段落开头指出："将释论文，先解现、比二量义……言'立二量意'者，依西方诸师，立量数不同。"（19—21）然后依次陈述"立有三量""或有立其四量""或有立其五量""或有立其六量""或有立其七量""或有立其八量"的多种观点。最后总结道："若依陈那及商羯罗主菩萨等唯立二量：一名现量，二者比量。"（37—38）梳理文

---

① 为了行文简洁，文中分别以"武邑""沈""吕""黄"代指前文所举四种录文。为便读者检核，所举《后疏》例句均括注行数、所举单字均括注行数及所出文句，引用《略抄》字句则加注《略抄》字样，列举其他写卷则注明卷号。另外，文中引用《中国书法大字典》例字均注明页码和书写者。引用"CBETA 电子佛典集成"中的文献时，一律于引文后括注书目简称、所在册数、页码、栏次，其中"T"指《大正新修大藏经》、"X"指《卍新纂续藏经》、"P"指《永乐北藏》、"Y"指《印顺法师佛学著作集》、"A"指《金版大藏经》。

意可知净眼承继了陈那、商羯罗主"唯立二量"的观点,认为其他各量都是在现量、比量的基础上生发出来的。例句"若为别知立余量者,别知诸法岂唯有八"是通过反问的方式对其他立量数表示否定:如果要为不同的智设立其他量的种类,难道仅仅只有八种?"岂"表反诘,"定"无此用法。

　　考辨字形,草书中"岂""定"整体字形相近,但字的上部存在明显差别。"岂"写作"**岂**"(《略抄》70 岂可一切自性差别皆此宗因之所成立)、"**言**"(《略抄》198 岂可判此无过之宗违有过比量)等,"定"写作"**定**"(《略抄》49 谓相违决定是也)、"**定**"(P2412—66 定心所见名平等)等。例句中"**岂**"字上部写作"山"形,根据字形判断也是"岂"字。

三　但

　　《后疏》:"若尔者,何因《对法论》云:'问:于一一根门、种种境界,**俱**现在前。于此多境,为有多识,次弟而起,为俱起耶?'"(58—60)

　　"**俱**"字武邑、黄作"但",沈作"俱",吕录作"俱"却释作"但":"唐本[①]作'但',沈释作'俱'。余仍释'但'。"

　　"**俱**"是"俱"字,沈说为是。《对法论》即《阿毗达磨杂集论》。唐玄奘译《大乘阿毗达磨杂集论》卷二:"问:于一一根门种种境界俱现在前。于此多境,为有多识次第而起,为俱起耶?"(T31/P703A)"俱现在前"的主语"一一根门种种境界"为复数,"俱"在此是副词,义为全、都。释"**俱**"为"但"不合文意。

　　"俱""但"草书易混,但在这一写卷的书手笔下不相混淆。"俱"作"**俱**"(《略抄》61 俱益所成理)、"**俱**"(《略抄》99 俱不极成),"但"作"**但**"(《略抄》52 今言"能立"者,但是四中真能立也)、"**但**"(《略抄》108 故但可以极成之法成有法上不极成法)。例句末尾"为俱起耶"之"俱"作"**俱**",与"俱现在前"中"**俱**"的写法、用法完全一致,亦可为证。

四　会

　　《后疏》:"此文既违别转之义,如何**会**释?"(60—61)

　　"**会**"字武邑、吕作"会",沈作"言",黄作"念"。黄注:"念,武邑尚邦录作'会',沈剑英录作'言'。按:原卷作'**会**',当为'念'字。下文'不作此念','念'字作'**念**',可相比堪。"

　　"**会**"是"会"字,当从武邑、吕说。"会"义为领悟、理解,"释"义为解释,"会释"意指理解、解释。"会释"一词在佛教文献中不乏其例,尤其多见于义疏类文献,如:

　　(1)若缘起法非无为者,如何会释彼所引经?(唐玄奘译《阿毗达摩大毗婆沙论》卷二十,T27/P116C)

　　(2)又于余经如何会释?(唐玄奘译《阿毗达摩俱舍论》卷二十九,T29/P154C)

　　(3)大严经说如何会释?(唐圆测《仁王经疏》卷上,T33/P368A)

----

① "唐本"即指 P.2063V。

(4)若尔,前文如何<u>会释</u>?（唐慧沼《法华玄奘义决》,T34/P869A）

(5)诸论不同,如何<u>会释</u>?（唐普光《俱舍论记》卷四,T41/P84C）

(6)如胜义七十论异时因果如何<u>会释</u>?（唐窥基《成唯识论述记》卷四,T43/P380B）

(7)如是异说如何<u>会释</u>?（唐慧苑《续华严经略疏刊定记》卷二,X3/P602B）

(8)既立一名,余名皆废,如何<u>会释</u>?（元云峰《唯识开蒙问答》卷下,X55/P382B）

　　唐代以后"会释"一词在佛教义疏类文献中用例颇多。"如何念释""如何言释"则无其例。

　　考辨字形,草书"会"作"⿱"（《略抄》130 如何会释）、"⿱"（《略抄》187 如何会释）,"言"作"⿱"（P. 4642 此有成言）、"⿱"（341 以言显示）。"念"字敦煌草书常作"⿱"（P. 2412—73"若见若念"者）、"⿱"（P. 2141—184 谓如来性空无念故）、"⿱"（P. 2141—431 令起细念）,传统草书常作"⿱"（《中国书法大字典》599 王羲之）、"⿱"（《中国书法大字典》599 智永）、"⿱"（《中国书法大字典》599 怀素）。因此,例句"如何⿱释"中"⿱"是"会"字无疑。黄注论及下文"不作此念"（62）之"念"作"⿱",实为特殊的临时写法,其字下部"心"旁笔画含混,墨迹重叠,呈现为一个粗笔,故与"会"字相混。

五　⿰

　　《后疏》:"或有立其六量,谓即于前五量之外,别立有性量。如言房中有物,开门见物,果如所言。既称有⿰量有,故离前五立此量也。"（31—33）

　　"⿰"字武邑、沈、吕作"为"。武邑将"如言房中有物"后文句点断为:"开门见物果。如所言既称有为量。有故离前五立此量也。"吕注疑道:"唐本右旁有细笔小字似'部',似'初'?""'为'朱笔点去。其旁小字看不真着,(日)①、沈亦皆未释。"黄录作"而",注:"有而量有,武邑尚邦、沈剑英皆录作'有为量,有',后一'有'字属下句读。按:所谓'为'字原卷实作'⿰',墨笔书'为'字后,朱笔在字心点去,然后在点去之字右侧用墨笔小字改为'而'。根据后文相应句式有'无而量无'判断,此处应作'有而量有'。"

　　"⿰"经过两次校勘,应作"而"。依据高清彩色图版,"⿰"可拆解为墨书大字"⿰"、朱笔点涂符号"●"、墨书小字"⿰"三部分。根据原卷校勘痕迹推断,写卷正文原书墨笔大字"⿰",即"为"字草书,后于右侧旁注小字"⿰"来修改讹字,后又用朱笔涂去误字"⿰"。"⿰"字并非吕注所疑"部""初",而是楷书"而"的不规范写法。黄征（2019:188）"而"条收列"⿰",与"⿰"形近。"⿰"旁注正字、朱笔点删,当录作"而"或〈而〉。武邑、沈所据黑白图版,难以识别校勘痕迹,吕所据彩色图版不够清晰,也未作出正解,黄据高清彩图,结论可从,但其按语中存在疏误之处。黄注中"所谓'为'字原卷实作'⿰'"之"⿰"是草书"瓶"字,涉该文同页"瓶",原卷草书作"⿰'"致误。另外,黄注中"有而量有""无而量无"是从"既称有而量有""既称无而量无"中截取出来的片段,并非完整的分句,论证句式当以不割裂原句为宜。"既称有而量有"与下文"既称无而量无"句式相同,其中"称""量"是存在先后关系的两个动作,

_____

① "（日）"指武邑尚邦录文。

"既""而"前后搭配,是表并列、承接的连词。

六　"所作性故""必无我故"

《后疏》:"或有立其五量,谓即于前四量之外,更立义准量。如言:'声是无常。所作性故。诸所作者,皆是无常,譬如瓶等。若是其常,必无所作,如虚空等。'因此比量,即知无常,义准亦知无我。诸无常者,必无我故,故离前四立此量也。"(27—31)

此例的断句存在争议。例句基本反映了武邑、沈的断句方式,笔者在其基础上对标点符号做了进一步的修改。吕的断句参照武邑、沈,两者有异时兼列两说。黄的断句存在问题,主要在于将"所作性故""必无我故"中两"故"字属下句读,并认为"必无我故,故离前四立此量也"中:"故故,第二个'故'字原卷作重文号,当衍。"又指出:"武邑尚邦、沈剑英皆将第一个'故'字属上句读,未确。上下文'故……'句式频繁出现,比堪可得。"

《后疏》全文基本采取四字的节奏韵律,因明论式更加严格地遵循这种节律。因明论式一般包括"宗""因""喻"三个部分,这种论证公式与后世逻辑学中的三段论关系密切。例句"如言"后是一个完整的因明论式,可分析为:

声是无常。(宗)

所作性故。(因)

诸所作者,皆是无常,譬如瓶等。若是其常,必无所作,如虚空等。(喻)

"所作性故"意谓"(声)具有所作性的缘故",是论式中"因"的部分。因明论式第二段常用"故"字结尾,此时不宜套用汉语文献中"故"字经常出现在句首位置的行文习惯。原文中"所作性故"(365)、"以依意根故"(83)、"以不作色行相故"(137—138)等都是因明论式中的"因","故"的用法与例句一致。

"故"用在句末表示原因并不限于因明论式的"因",例句"必无我故"即是其例。原卷中同类文例如:

(9)由此能了自、共相故。(44)

(10)又《法花经》云:"诸法寂灭相,不可以言宣,以方便力故,为五比丘说。"(66—67)

(11)此释亦不当理,该比量故。(86)

(12)色等诸法,一一自相,不为共相之所覆故,各各显现,故名"现现"。(87—88)

(13)初约定散出体者,一切定心皆是现量,以取境明白故。(95—96)

(14)……正取了因,正显无常理故。二、兼取生因,通生敌论,解宗智故。(《略抄》18—19)

(15)无常正理,本来明显,由因力故;今得明显,因宗明故。名曰"因明"。(《略抄》24—25)

(16)若言"因明",亦摄彼喻,二喻皆是言因摄故。若言"喻明",不显三相,二喻唯诠后二相故。(《略抄》29—30)

(17)宗既合彼总中别法,合非别故,故是能立。(《略抄》68—69)

"必无我故,故离前四立此量也"与例(17)"合非别故,故是能立"相同,前一"故"是名词,位于句末,表示"……的缘故",后一"故"是连词,位于因果复句中后一分句的句首,表示"所以……",两者用法不同,缺一不可。"故故"原卷作"ﾉﾚ","ﾚ"是重文符号,并非衍文。

七　"此如、何者"

《后疏》:"又《瑜伽论·菩萨地》云,随事取,随如取。不作此念、此事、此如。何者?谓'随事取'者,缘依他性俗净;'随如取'者,缘圆成实性真净,其现量观内证离故言,不分别此事、此如也。"(62—64)

武邑、沈、吕、黄将"此如、何者"连读,非是。

"此如"后应断句,"如何"在此不是一个词语。"如"是名词,在佛教文献中指如实之相。"此念""此事""此如"呈并列关系。例句末"不分别此事、此如也"中"此如"也是这种用法。唐玄奘译《瑜伽师地论》:"如来即于此事、此处、此如、此时,皆正随念。"(T30/P574A)"此如"与"此事""此处""此时"并列,用法与例句一致。

检寻异文,北凉昙无谶译《菩萨地持经》①:"复次,菩萨从久远来入无我法智、离言语自性,一切法如宝知己,无有一法可起妄想,随事取、随如取,不如是念、是事、是如,但行其义。"(T30/P893C)唐遁伦《瑜伽论记》:"又《持地论》云:随事取、随[事]如取。不作是念、此事、此如。"(T42/P753B)唐圆测《解深密经疏》:"《地持论》云,菩萨观行随事取、随如取,不作是念、此如。"(X21/P355B)"此如""是如"相当,"如"均为名词,后需断句。

参考文献

[1]陈望道.因明学概略[M].北京:中华书局,2006.

[2]刚晓.因明学习指导[M].北京:宗教文化出版社,2014.

[3]黄征.敦煌俗字典(第二版)[M].上海:上海教育出版社,2019.

[4]黄征.法藏敦煌草书写本 P. 2063 净眼《因明入正理论后疏》残卷校录整理(编行校录之一)[J].佛教文化研究,2017(1):79—96.

[5]林宏元.中国书法大字典[M].香港:中外出版社,1976.

[6]吕义.唐净眼因明论草书释校[M].北京:中国商业出版社,2015.

[7]沈剑英.敦煌因明文献研究[M].上海:上海古籍出版社,2008.

[8][日]武邑尚邦.因明学的起源与发展[M].杨金萍,肖平,译,北京:中华书局,2008.

[9]张航.法藏敦煌草书写本文献(六种)整理与研究[D].保定:河北大学,2019.

[10]张航.法藏敦煌草书写卷 P. 2063 两种因明文献校补[J].励耘语言学刊,2019(1):33—42.

[11]张涌泉.汉语俗字研究(增订本)[M].北京:商务印书馆,2010.

①《菩萨地持经》及下引《地持论》《持地论》均为《瑜伽论·菩萨地》之异名。唐智升《开元释教录》:"《菩萨地持经》十卷,北凉天竺三藏昙无谶于姑臧译。"注:"或名《地持论》。……右一经初有归敬颂,出《瑜伽论》本地分中《菩萨地》。"(T55/P605C—606A)又:"《瑜伽师地论》一百卷,大唐三藏玄奘译。"注:"右此《瑜伽论》梁代三藏真谛译者名《十七地论》,只得五卷,缘碍,遂缀北凉三藏昙无谶译《地持论》,但成十卷,乃是'本地分'中《菩萨地》。此《瑜伽论》当第三译,前之二本部帙不终,大唐译者方具备矣。"(T55/P607C—608A)唐玄逸《大唐开元释教广品历章》"《菩萨地持经》一部十卷"后注"或云《持地论》"(A98/P274A)。据此可知《瑜伽师地论》(又名《瑜伽论》)原有真谛、玄奘两种译本,通行的是玄奘译本。《瑜伽论》中《菩萨地》部分另有昙无谶译本,名为《菩萨地持经》,又有《地持论》《持地论》等异名。

The Revise of Dunhuang Cursive Manuscript P. 2063V: *The Rear Commentaries of Nyāyapraveśakasūtra*

Zhang Hang

Abstract: Dunhuang cursive manuscript P. 2063V records *The Rear Commentaries of Nyāyapraveśakasūtra*, which was written by the Buddhist priest Jing Yan in the Tang dynasty. This text has great value for study based on its Hetuvidyā contents and distinctive cursive characters, while the research is not easy to conduct. Aiming at the problems left by former interpretations, this paper discusses the interpretation of six Chinese characters which are 稿, 着, 面, 岂, 侄 and 复, and revises the reading pauses and punctuation in three sentences by using scientific methods.

Keywords: Dunhuang manuscript, *The Rear Commentaries of Nyāyaprave śakasūtra*, cursive characters, problematic characters

通信地址: 河北省保定市莲池区河北大学新区 B1 教学楼

邮　　编: 071000

E-mail: zhang_sailing@qq.com

早期潮州方言词汇的语体[*]

张　坚

内容提要　本文通过对 19 世纪西方传教士潮州方言罗马字文献的文本分析,指出晚清潮州方言存在文言、正式语体和非正式语体三层语体,对应为词汇系统里的文言词、通语词和白话词。本文讨论这三类词汇的语体差异,并指出,词汇的语体差异与文白异读、词汇演变存在重要联系,大量文言词在今天的潮州方言中已消失殆尽。

关键词　清末民初　潮州方言　词汇　语体差异

一　引　言

汪维辉先生(2020)指出,语体是关乎语言研究对象和材料的一个关键性问题。汉语史研究中的语体问题近年来受到学者瞩目。不过,在方言研究中,语体问题仍较少受到关注。在历史层次复杂的南方方言中,语体差异现象往往与语言接触、历史层次相关,讨论方言史离不开对语体尤其是词汇语体差异的分析。

潮州方言作为闽语闽南片的一种次方言,历史层次尤为复杂,其文白异读现象历来多受到学者瞩目。以往学者注意到潮州方言与福建闽南方言文白异读面貌差异较大,也注意到潮州方言文白异读消长变化呈现出“文衰白盛”的趋势,探讨这种语音“文”“白”差异和趋势的背后成因除了音韵析层,同时也离不开对词汇层次尤其是语体差异的剖析。

本文试图通过对 19 世纪西方传教士潮州方言罗马字文献的文本分析,结合明代潮州戏文等方言文献,厘清早期潮州方言词汇的语体差异,并通过个案分析,讨论语体差异对方言形成尤其是词汇演变过程的影响。下文用{}来表示语义,用“”来表示词或语素,采用发圈法标注调类。

二　语体分类与西方传教士对汉语语体的认识

(一)语体分类

语体是由“交际的对象、场所和内容(包括说话者的目的和意图)”以及说者和听者的社

﹡本文为教育部人文社会科学研究青年项目“明清潮州方言文献整理与研究及数据库建设”(20YJC740089)、汕头大学科研启动经费项目“汕头大学图书馆藏珍稀潮州方言文献整理与研究”(STF22022)的阶段性成果,初稿曾在第三届语言演变研究论坛(广州:中山大学,2023 年 7 月)宣读。

会角色、文化背景所决定的(冯胜利,2010;蒋绍愚,2019)。基于此,蒋绍愚(2019)把语体分为这五类:俚俗体、直白体、平正体、文饰体、古雅体。汪维辉(2022)则借鉴仓石武四郎《岩波中国语辞典》的"硬度"分类法将汉语史上的词汇按语体特征分为五级:文 2 级(生僻的文言词)、文 1 级(一般的文言词)、0 级(文言与白话通用的词)、白 1 级(一般的白话词)、白 2 级(很俗的白话词)。学者一般认为语体分类出来的各级界限模糊,是一个连续体,时有交叉。

汪维辉(2022)的五级与蒋绍愚(2019)的五类比较接近。例如,"生僻的文言词"对应古雅体、"一般的文言词"对应文饰体、"文言与白话通用的词"对应平正体、"一般的白话词"对应直白体、"很俗的白话词"对应俚俗体。

(二)西方传教士对汉语语体的认识

很多传教士到达中国前,已开始利用早期编纂出版的双语辞书学习汉语。他们来到中国之后,一般都有当地牧师或助手帮助学习汉语及中国文化。经过两三年时间的学习训练,这些传教士才能轻松地使用口语交流。传教士至少需要学习一种方言,而且为了取得受人尊敬和具有影响力的地位,尤其关注书面语言的学习。[①] 翻译经典传播真理与交际的需要,使得传教士们在学习汉语时,必须兼修"文字表述"和"口头表达"——一般是先利用汉字学习书面语,再通过交际训练学习口语,而且对他们来说,口头表达更容易掌握。有的传教士就指出,作为知识分子,应该学习上流社会使用的文雅语言与跟百姓说话时的一般语言(Williams,1842:97)。

在西班牙传教士瓦罗编写的《华语官话语法》(1703)中,他就指出当时的汉语有三种说话的语体(modes of speaking)[②]:"第一种是高雅、优雅的语体。这种语体很少使用复合词,怎么写就怎么说,只在受过教育的人们中间使用;第二种语体处于高雅与粗俗之间的中间位置;第三种是粗俗的语体,可以用来向妇人和农夫布道。"瓦罗所说的第一种语体指脱离于实际口语,只在书写时使用的典雅文言,第二种和第三种才是在口语交际中使用的语体,两者是正式语体与非正式语体的区别。传教士的特殊身份决定了他们必须学会两种口语,并且能切换(高永安,2012;内田庆市,2014;袁进,2016)。而早在比瓦罗更早的明代耶稣会会士书简中,传教士就已经发现在中国人中可以区分三种层次的语言:"老百姓的语言""体面人的语言"和"书面的语言"。

书面语和口语之别更容易被传教士捕捉到。例如曾翻译过潮州白话圣经的美北浸信会传教士巴智玺(Sylverster Baron Partridge,1837—1912)就在一篇向差会的报告(Partridge,1884:268)中提到:

> ……只占中国人口很小比例的读书人能以默读的方式来读这些口语书籍,但若要他们读出声时,他们会使用一种普通人听不懂的读音来读。我们的口语书籍使用人们本地的语言——也就是他们的母语来写的,这种语体(style)简单而不古典,所以读书人思想上会对这种语体存在很大的偏见,这种偏见甚至会延伸影响到那些对汉字知之甚少的人。

---

① "A missionary inquiry" *The Baptist Missionary Magazine* Vol. LVI, No. 56 (1876):73.
② 暂用姚小平(2003)的译本将其翻译成"语体"。蒋绍愚(2019)认为此处翻译成"说话方式"更好。

这里这种"大众听不懂的读音"即是书音,在当时有可能是官话,也有可能是方言折合韵书等拼读出来的读书音。这种读书音是中国的知识分子在较为正式的场合或就学术性话题进行交流时,用接近书面语的高雅语体进行交流的读音(竹越美奈子,2015)。具体到潮州方言中,这类在民间被称为"正音""孔子正"的方言读书音,则使用于文教领域和一些庄重的民间仪式上,例如读书讽经、吟诵歌册、潮剧唱词、红白喜事、道教科仪等,这些读音常常带有当时权威方言的特点(张坚,2018)。而翻译圣经所使用的这种"简单而不古典"(simple and not classical)的方言口语却受到读书人的鄙夷,认为它不够庄重。

陈泽平(2010:283)认为传教士的观念与 19 世纪方言区读书人的观念比较接近。他指出《福州话拼音字典》(1870)里的"前言"将短语分成三类,第一类纯粹的书面语指《康熙字典》中用来说明字义的古代文言,第二类"通用"词语实际上大致是明清白话小说中的语言,即当时的"通语",但语音形式是方言的,第三类"俗语"才是一般不见于"通语"的方言词语,即所谓"狭义"的方言词汇。这三种形式的"书面语"及"口语"的语音形式都是方言的。

竹越美奈子(2015)则考察了早期粤语的语体,将社会阶层和语体概括为在较为正式的场合使用的"高级语体"和在家庭等使用的"低级语体",并且指出这两种语体并不完全割裂,而是呈现为连续体。

(三)19 世纪潮州方言的三种语体

目前所见的几部传教士编纂的潮州方言文献都出现类似的情况,当时的作者也未严格区分标注不同词句的语体。不过,在 19 世纪的潮州方言中,书面词语与口语词使用的读音往往有别:一般而言,书面词语更多地使用"正音"(classical sound),口语词则一般沿袭原来读法,即所谓的"白话"(colloquial),但二者的界限也并不十分分明。传教士汲约翰在讨论潮州方言的"文白异读"现象时,即注意到了三种用于不同的语体的读音,提醒读者字音或词音的文白异读应用于不同场合,显示出不同的语体色彩(蔡香玉,2012;徐宇航,2018:26—31)。这三种语体如下表所示:

表 1　19 世纪潮州方言的三种语体

	语体	读音	等级	社会阶层	场合	习得场所
书面语	文言	正音、孔子正	高	知识分子	正式的场合	在教育机构等
口语	正式语体	白音、白文				
	非正式语体	土话	低	非知识分子	非正式的场合	在家庭等

在传教士文献所记录的词句中,文言和正式语体一般使用于正式场合,交际对象为官员或知识分子;而非正式语体则使用于一般日常会话中,交际对象为平民百姓。英国长老会传教士卓威廉(William Duffus, 1846—1894)编写的 *English-Chinese Vocabulary of the Vernalular or Spoken Language of Swatow*(《汕头白话英华对照词典》)(1883)前言即谈到编写词典时全面了解汉语"未成文的演说"(the unwritten speech)[①]的重要性。这种"未成文

---

① 原文为:Years of labour and a very complete knowledge of the unwritten speech of the country would be necessary to make a work of this kind what it ought to be. 同时,作者还指出,由于缺乏本土白话书籍的参考,使得收录词汇的途径困难重重。

的演说"即是口语中的正式语体。

对本地人来说,文言语体通常需要通过教育习得,而口语中的正式语体和非正式语体则相对容易区别。新加坡翻译员林雄成编写的 *Handbook of the Swatow Vernacular*(《汕头话读本》)(1886)前言中即批评了外国传教士编写的文献出现了语体掺杂的问题。作为母语者,林雄成指出,外国传教士依靠当地的教书先生习得汉语知识,这些教书先生把一些"书卷气"(bookish)词语带入到他们的说话习惯,这些词只在书面语中使用,从来没有在口语中使用过,因此不为一般人所理解。为了掌握纯正口语,最好是尽早学习另一个班(class)的语言,而不是从像教书先生那样的学究班开始。有学问的人的确会加上几句礼貌客套或学究式的话,但这些话只在某些场合才会用到,纯粹是多余的东西。林雄成进一步指出在口语语汇书中插入书面语词的缺点是,学生在发现书中的某些词语不被人们所理解后,就会产生疑问:是否还能理解其他一些词语。因此,学生必须对那些在他看来可能有疑问的词语进行询问和确认(Lim,1886:preface)。[①]

显然,这涉及编纂者的观念与态度问题。一方面,外国传教士不得不依靠汉字这一媒介习得汉语,而在识字率极低的古代,仅有一些读过书的人才有资格充当传教士的中文老师;另一方面,这些通过读书学习文化知识,受书面语系统影响的读书人,丈雅意识浓厚,又很容易用方言读音去拼读书面语[②],因此 19 世纪的传教士文献出现了林雄成所批评的带有知识分子"书卷气"的语体特点。

竹越美奈子(2015)考察了早期传教士粤语文献的语体后得出结论:19 世纪广东知识分子在较为正式的场合多使用高级语体,即多用官话词汇或书面语词汇,而较少使用新词或本地词汇进行交流,但在日常生活中则使用低级语体,即多使用本地的口语词汇进行交流,新词也偶尔会用。[③] 从同时期的传教士文献来看,这种现象并不罕见,下文从传教士对语体的认识出发,从语体角度来分析早期潮州方言词汇的语体差异现象。

三　白话词、通语词和文言词

(一)早期汉语方言词汇的层次

从早期上海方言、福州方言和粤方言传教士文献来看,包括潮州方言在内的大多数南方汉语方言词汇都可以从语体角度划分出"白话词""通语词"和"文言词"三类。这三类词从共时平面的角度看,可看作是"文理"和"土白"分层的社会方言现象;从历史发展的角度看,则可视为汉语史不同时期层次的叠置,蕴含了各个不同时期的词汇层次。

---

① 原文为:These teachers are in the habit of importing into their speech a certain number of "bookish" words, that is, words which are only used in the written language, and are never used in the colloquial, and are not therefore understood by the people in general. To acquire the pure colloquial it is better to start with the early study of the language from another class rather than from a pedant like the teacher class. Learned men indeed add a few polite or pedantic phrases, but these are only used on certain occasions and are mere excrescences.

② 这种语体至今还常见于使用潮州方言播报的新闻、广播中,但当地人并不会认为这就是普通话。

③ 至今粤方言中也会出现这种情况,例如第三人称口语说"佢",但在粤语歌曲中则为"他"。

　　游汝杰、邹嘉彦(2016:33)曾对"文理"和"土白"的对立作了分类:一是指在读书时使用书音读出汉字,在说话时则脱离汉字而使用方言口语;二是指在日常生活中,在词汇和表达方式上有文理和土白之分。依据这种现象可以将方言词汇分为"土白词"和"文理词"。"土白词"是指日常口语使用的本地词汇;"文理词"是指书面语词汇或官话词汇,还可以包括一些谦辞和敬辞。方言里的土白词出现的时代较早,是原有的;文理词产生的时代较晚,是外来的。游汝杰把"文理"词汇分为两小类,一类是平时口语常用的,另一类是口语不用的书面语词汇,即所谓"转文"。

　　罗杰瑞(2007)则定了几条分界线来描述方言词汇历史地位:

　　第一,从使用情况的角度看,把方言词汇分为"书面词语"(learned words)和"口语词"(colloquial words),其中书面词语指的是说话的时候夹杂着的书面语,说的人是受过中等以上教育的人。

　　第二,从历史来源的角度看,也可以把方言词分为两类:书面流传下来的词语(literary)和民间流传下来的词语(popular),文传的指的是或早或晚已融入口语的书面语;俗传的指的是一般老百姓(特别是不识字的)从祖宗八代一代代口传下来的词语。

　　罗杰瑞(2007)指出,口语词可能是文传或俗传的,但是书面语词不是普通口语里用的,所以不是口语词。结合传教士对汉语语体的分类来看,游汝杰(2016)和罗杰瑞(2007)提出的汉语方言词汇分类关系大致如下表所示:

表 2　传教士、游汝杰等(2016)与罗杰瑞(2007)对汉语方言词汇的分类比较表

语体	传教士	游汝杰等(2016)		罗杰瑞(2007)	
白话词	俗语	土白词	本地词汇	口语词	俗传词
通语词	通语	文理词	口语常用词		文传词
文言词	文言		书面语词汇	书面词语	

　　可以看出,罗杰瑞(2007)所说的"口语词"相当于游汝杰等(2016)的"土白词"和"文理词"的口语常用词;游汝杰所说的"文理词"相当于罗杰瑞(2007)的"文传词"。这种分类结果与冯胜利(2010、2012a、2012b)从"调距"角度把语体分为"俗常体、正式体、庄典体"三大类的结果相似。

　　弄清楚了传教士文献的语体性质问题之后,我们便可对早期潮州方言文献记录的词汇性质作进一步辨析。根据来源及历史层次,我们将19世纪潮州方言传教士文献中的词汇按语体分为三类:一类是来自书面语中的古代文言词,一类是来自近代汉语口语中的词汇[①],一类是俗传(土白)词。其中,俗传词为固有层次,文言词及通语口语词则是外来的。

(二)早期潮州方言中的文言词

文言词属于高级语体,进入方言口语中的文言词大多是敬辞或谦辞。*Manual of Swatow Vernacular*(《汕头话手册》)(1907/1923)是英国长老会传教士汲约翰(John

---

　　① 考虑到反映方言与通语的接触关系,在本文中我们将这一类词称为"通语词"。"通语词"来自近代汉语口语而非文言,在早期潮州方言文献中,这类词语是比白话词更高级的一种语体词汇。

Campbell Gibson，1849—1919）编写的一本供西方人学习潮州话的课本，该书第二部分为威妥玛《语言自迩集》第四部分“问答章”（The Ten Dialogues）的潮州话译本，从这一部分，我们可以看到清末潮州知识分子的对话中仍保留了不少文言语体的敬辞和谦辞：

表 3　《语言自迩集》与潮州话比较

《自迩集》原文	《汕头话手册》潮州话译文	《汕头话手册》英语译文
您贵处是那儿？	Tsun-kè kùi-hú tī-kò？（尊驾贵府底块？）	What part of the country are you from，sir？
敝处是天津。没领教。	Pĩ-tshù Phóu-lêng；tsun-kè kùi-tshù？（敝处普宁；尊驾贵处？）	I am a Phou-leng man；may I ask your native place？
我也是直隶人。	Put-tshâi iā sĩ Tiê-chiu nâng.（不才也是潮州人。）	I am a Tie-chiu man too.

其中，“尊驾”“贵府”“贵处”为敬辞，“敝处”“不才”为谦辞，语体较《语言自迩集》的北京话更庄重典雅。作者在注释中还着重辨析了“府”和“处”的语体差异——“处”的用法虽然很有礼貌，但不如“府”那么庄重。[①] “贵府”用来尊称对方家乡所在的州府或家宅，而“敝处”在潮州话中还有一个更谦卑的说法“臭舍”[②]（Gibson，1923：142—143）。

在其他文献中，这些文言词也均可入句使用，例如美北浸信会传教士斐姑娘（Adele Marion Fielde，1839—1916）所编 *Dictionary of the Swatow Dialect*（《汕头方言词典》）（1883）有如下记录：

（1）nín kâi kùi hú tŏ̤ tī-kò̤？（恁个贵府伫底块）Where is your residence？（p. 156）

（2）kùi hú tī-kò̤？（贵府底块）Where is your mansion？（p. 280）

“尊驾”也同样见于《汕头方言词典》：

（3）cun kè sĭ ŭ mih sṳ̄？（尊驾是有乜事）What business has Your Excellency？（p. 228）

（4）cun kè kùi sè^n？（尊驾贵姓）What is your surname，honored Sir？（p. 280）[③]

（5）hŵn lâu cun kè lâi cip kho̤（还劳尊驾来执柯）will still trouble Your Excellency to act as middle-man.（p. 317）

汲约翰指出，“贵”与“鄙”是一种普遍遵守的礼貌形式，除非它的目的是将与之对话的人视为下等人，在这种情况下，可能会问 lṳ́ sĩ-mih sè^n（“汝是乜姓”）。文言词在句子中充分体现出与通语词、白语词的语体差异，显示出正式（高级）语体与非正式（低级）语体的差异。试比较《汕头方言词典》里的例子：

表 4　不同会话语境中的正式语体与非正式语体

会话语境	正式语体	非正式语体
询问对方年龄	汝贵庚？/春秋若夥？	汝若夥岁？

① 原文为：The use of ‘tshù’，though quite conrteous，is less honorific than ‘hú’.

② 原文为：One’s own home is ‘pĩ-tshù’，my humble abode. The still more self-depreciatory term，‘tshàu-sià’，my malodorous hut，is too extreme for common use.

③ 也同“阁下贵姓”，见该书第 268 页。“鄙姓”在《汕头方言词典》中也同“小姓”“微姓”记录在一起，意为 an humble name。

续表

会话语境	正式语体	非正式语体
询问对方有几个儿子	阁下有几位令郎？	汝几个团？
询问对方姓名	汝个大名我未曾请教。	汝个名叫作什物？
询问对方住处	尊驾贵府底块？	汝厝仜底块？

在编写《汕头方言词典》时，作者的语体意识强烈，有意记录一些文言词的对应白话说法。例如：

（6）"期颐"：cêk peh hùe kìe-cò khî-hi（一百岁叫做"期颐"）One a hundred years old is called a centenarian. (p. 136)

（7）"馑"：keⁿ-chài bộ siu-sêng kìe-cò kụ̀n（羹菜无收成叫做"馑"）When vegetables do not come to perfection there is said to be a vegetable famine. (p. 287)

（8）"善人"：hó̤ kâi nâng kìe-cò sǐen jîn（好个侬叫做"善人"）The good are called the righteous. (p. 203)

（9）"晦日"：saⁿ-câp kìe-cò hùe-jît（三十叫做"晦日"）On the thirtieth there is no moon. (p. 168)

（10）"孤峰独耸"：pât kọ̀ li phùe-kah m̄ kùe kìe cò ko hong tôk sóng（别块哩配佮唔过叫做"孤峰独耸"）Whatever rises disproportionately above its surroundings is called an isolated peak. (p. 500)

（11）"敬置梨觞候教"：i sǐ sía tǎⁿ"kèng-tì lâi siang hāu kà."（伊是写呾："敬置梨觞候教"）He wrote saying, "I await your answer before preparing the play and the banquet."(p. 408)

（12）"期服夫""杖期夫"：i kâi thiap cọ̀-nî chut cọ̀ ki-hôk hu, bộ chut cọ̀ cǐang-ki hu?（伊个帖做呢出做"期服夫"，无出做"杖期夫"）How is it that the notice she has issued of her husband's funeral says "mourning" instead of "deep mourning"? (p. 233)

（13）"甘霖"：hó̤-hó̤ kâi hǒ̤ kìe-cò kam-lîm（好好个雨叫做"甘霖"）A refreshing rain is called a timely rain. (p. 217)

（14）"治愚弟"①：cǔ cheng cọ̀ tī ngộ tǐ（自称做"治愚弟"）Styled himself, your humble servant. (p. 536)

早期潮州方言文献中出现不少文言词，这些词语庄重而典雅，多为知识分子在写作公文、书信等正式场合或书面中使用，是方言中的一种正式语体。以今天当地人的语感推断，这种语体一般用于知识分子或官员之间的交谈，使用场合与非正式语体有很大的差别。随着时代变迁，当代潮州方言中的文言词已大量消亡。

① "治愚弟"为谦辞，犹"治生""治晚"指士子对地方长官的自称，或部属对长官，或旅外官吏对原籍长官的自称，见《近代汉语词典》【治生】【治晚】条。

(三)早期潮州方言中的通语词

受历代文教传习及官话戏曲的影响,早期潮州话吸收了大量来自明清官话的口语词,这些通语的口语词进入到方言之中,成为口语中的正式语体词汇。这类词汇比较特殊,若从通语史的角度看,这类词相对于文言词是较为低级的词汇;但若从方言史的角度看,这类词因语言接触而产生,词形是外来的,读音却是本地的,比方言中固有的口语词更为高级。

试以早期潮州方言中的结构助词"的"、复数词尾标记"们"和被动标记"被"为例分析。

1."的"

相当于通语的"的"潮州方言说"个[₋kai]"①,口头表达中一般不用"的"。《汕头方言词典》第 534 页收录了"的[₋ti]"这一词条,释义为"Used by servants and inferiors to denote themselves; a final particle."语义及用法皆与近代汉语共同语有别。例如:

(15)peh-sèⁿ khù kìⁿ kuaⁿ sǐ cheng ka-kī cò̤ síe ti(百姓去见官是称家己做"小的") Common people who go before a magistrate speak of themselves as "humble selves". (p. 534)

"小的"是奴仆、平民、差役在尊长面前的自称,例如《元曲选外编·遇上皇》三折:"大人,小的是东京差来的。"今已不说。

除此之外,《汕头方言词典》中的用例还有:

(16)cí khí sū sǐ ǔ ti(只起事是有的)This is something that really happens. (p. 534)

(17)sǐ ti pǐen sǐ, hui ti pǐen hui, bō̤ thèng tàⁿ(是的便是,非的便非,无听呾)What is so state as being so, and what is not so state as not being so, and do not talk at random. (p. 534)

明代潮州戏文中也有 3 例使用"的":

(18)(丑白)禀爷爷,放告领牌,告状的只管进来。(《荔枝记》)

(19)(白)缉拿陈三、黄五娘一起私情的事,怎么不见回报?(《荔枝记》)

(20)驿丞过来,这猪羊都赏尔,余下的赏尔众手下去。(《金花女》)

从例句判断,这种"的"的用法在潮州话中使用范围十分有限,多见于公堂上打官司的法律诉讼语体。② 根据竹越美奈子(2015)的研究,早期粤语广州话结构助词使用"嘅[ke˧]",但在较为正式的场合或知识分子之间也使用"的[tik₋]",说明这是南方方言共有的官话借贷现象。③

2."们"

"们"是近代汉语才新出现的复数词尾标记,用于指人名词的后边表示多数。潮州方言一般在名词前加量词或指示代词表示多数,不用"们"。在早期潮州方言文献中,"们"主要与

---

① 本字未明,早期潮州方言文献如明代潮州戏文、清代潮州歌册均写作"個/个",本文暂从。

② 清末民初潮州歌册也有多处使用"的",如《古板一世报全歌》:"反说洪氏媳妇身,是个不贤的女人,亦无劝夫从正道,如此无用可知因。"又如《刘明珠全歌》:"当时府门细三思,何不早问一言词? 亦知女儿的信息,免吾在只心纷如。"

③ 从读音上判断,粤语的"的"带塞音韵尾-k,而潮州话的"的"不读入声(但"目的"的"的"仍读 tek₋),反映潮州话借入的是更为晚近的入声丢失塞音韵尾的官话音。

通语词结合表示多数①,读为阳平调,读音同"门"。《汕头方言词典》第 382 页:"们 mn̂g Sign of the plural of persons."例如"爷们"（the servants or attaches in a yamun）、"阿本们"（clerks in the yamun）、"阿总们"（constables）、"生理们"（merchants）、"读书们"（students）:"爷""阿本""阿总"均是指专门从事某种职业的人,后加"们"后表示一类人的复数,例如"爷们"在潮州方言里指｛衙门里的官差｝（official attendants）,而不是近代汉语共同语中表示①｛泛称男性的男主人｝或②｛男人自大的称呼｝,更不是｛爷儿们｝的意思（据《近代汉语词典》）;"生理们""读书们"则是由某种特定社会活动引申到从事这项活动的人,加上"们"表示这类人的集合意义（collective）,事实上可看作该类人的一组实体（entity）的集合。

从用例来看,潮州方言的"们"词义较实,可用于"指示词＋数词＋们"表示一类人②:

(21) cí cêk mn̂g úa cǐu kiaⁿ, hú cêk mn̂g bô-siang-kang（只一们我就惊,许一们无相干）These I fear, but those I am not concerned about.（p. 382）

(22) hú cêk mn̂g kâi nâng to m̄-hó kau-chap（许一们个人都唔好交插）It is not well to associate with those people.（p. 382）

(23) tī cêk mn̂g to m̄-ùi（底一们都唔畏）Fears no sort of people.（p. 382）

早期粤语广州话文献 Vocabulary of the Canton Dialect（《广东省土话字汇》）（1828）和 Chinese Chrestomathy in the Canton Dialect（《广东方言中文文选》）（1841）中,同样有"们"的记录。例如"少爷们"（Young gentlemen, mandarin's son's）（Morrison, 1828: SECTION ⅩⅩ）、"你们""小子们"（Bridgman, 1841: 102; 184）,显示了近代汉语共同语对南方方言的共同影响。

3."被"

早期潮州方言被动标记使用介词"乞[kʰut₂]"或"分[₋pun]",但是明代戏文及清末传教士文献中也使用"被[₅pi]"。《汕头方言词典》第 427 页:"被 pǐ A sign of the passive voice, showing that what follows was suffered or done."显然是来自通语。口语中的说法例如:

(24)（白）曾记得当初钱玉莲,被继母迫嫁孙汝权;将身超溪,脱落一双弓鞋溪边,待人知来捞伊尸首。（《荔枝记》第七出）

(25) i pǐ i hāi-sí（伊被伊害死）he was killed by her.（p. 427）

(26) i pǐ phín tńg khù（伊被贬转去）he was cashiered and sent home.（p. 453）

同时也使用"被……所……"句式:

(27) pǐ i sô pek a m̄ sǐ?（被伊所逼也唔是）Was urged to it by him was lie not?（p. 501）

(28) bŏi pǐ i sô khó;（袅被伊所苦）was not harrassed by him.（p. 501）

又如《汕头话手册》:

(29) káⁿ sī chíⁿ-ngûn pǐ nâng thau-khieh mé?（敢是钱银被人偷挈咩）No? Then he was robbed?（p. 91）

(30) Tō Thien-chin pǐ nâng liah, sǐ mé?（在天津被人掠,是咩）The opium was

---

① 明代戏文《荔枝记》有"不们"一词,也作"不末",意为"要不;不如",与复数标记无关。

② 下列例句在今潮州方言中均不说,这里的"们"或作"门"。"门"本身就有一类的集合意义,比如"儒门、道门、佛门、家门、吾门、兄门、孔门"等,俞敏（1989: 299）、吕叔湘（1940/1995）、潘悟云（2010）等均认为通语的复数标记"们"是从门类义的"门"虚化演变而来的。

shipped for Tientsin. (p. 91)

　　（31）Tsáu-kàu Suaⁿ-tang hái-mīn chiũ pī hái-tshảt lâu-tsũ.（走遘山东海面就<u>被</u>海<u>贼留住</u>）It never arrived; the junk it was on board of was taken by pirates off the Shantung coast. (p. 103)

　　从用例来看,这些句子多使用于较严肃的场合,都偏向正式语体。不识字的老百姓可能从戏文或唱本中把这类来自通语的词带入到某些严肃场合的口头交流中使用。早期粤语文献同样也有"被"的记录,从用例来看,与潮州话"被"的用法比较一致。

　　除了上述通语词之外,《汕头话手册》一书中记录了不少存在语体差异的词汇,作者汲约翰还在该书中明确辨析这些词的语体差异,如下几例:

　　（32）"虽/虽然":单用的"虽[꜀sui]"略带书卷气,比"虽然[꜀sui ꜀dʑien]"更典雅。

　　（33）"似乎/亲像":"似乎[꜆sɯ ꜀hu]"是一个书面语词,用法优雅,而不是常见白话"亲像[꜀tɕʰin ꜆tɕʰĩẽ]"。

　　（34）"星暝/成暝":"成暝[꜀seŋ ꜀me]",连夜;但书面语表达的"星暝[꜀tɕʰẽ ꜀me]",即有星的夜晚,更优雅,更富有诗意。

　　（35）"无奈何/无□[꜀ta]何":书面语的"无奈何[꜀bo ꜆nai ꜀ho]"和口语中的"无□何[꜀bo ꜀ta ꜀ua]"都是在白话中使用的,而且表达的意思是一样的。

　　（36）"既然/既是":"既然[ki꜄ dʑien]"和"既是[ki꜆si]":前者略显书卷气。

　　（37）"由在/由仁":"在[꜆tsai]"是"仁[꜆to]"的书面形式。

　　这些词的语体差异以今天的语感判断较不明显,总体而言,前者偏向"通语词",后者偏向"白话词"。一百多年来,受现代汉语的影响,上述"通语词"如"似乎""无奈何""既然"等在今潮州话口语中更为常用。

四　语体差异引发的词汇演变与层次更替

　　语体差异对语音、词汇、语法的运用都有很强的制约作用,而词汇尤甚(汪维辉,2020)。由于古代社会阶层的差异,不同语体为不同群体、不同阶层的"受众"而设,成为支配社会行为的规则。从表面上看,书面语与口语常常纠缠在一起,二者似乎难以分清,也不具备严格的同一性。而事实上,语体的差异很大程度上取决于词汇层面的差异,这种差异和交流是汉语词汇演变的一大特点,也是汉语词汇不断得到发展的优点(李如龙,2011:118)。

　　早期潮州话中不同语体的词汇之间常常发生竞争,表现在正式语体的文言词或通语词进入方言之后,与方言中同一概念域的其他词语进行竞争,发生词汇替换或词义扩大、缩小或转移等演变现象。同一个概念域中的不同词汇往往体现不同的语体色彩:通语词偏向高级语体,白话词更偏向低级语体。不过,有时候在通语中属于低级语体的词汇,进入方言中却成为较正式的高级语体。同时,由于使用场合不同,同一概念域之内的词往往形成了语义互补的倾向,呈现出不同的语体色彩。试以潮州方言中的{厨师}{脖子}{跑}义词的说法为例:

(一){厨师}的说法

"厨师"在潮州方言中的说法比较特殊。19 世纪传教士文献中有"厨房[ˌtou ˌpaŋ]""厨子[ˌtou ˈtɕi]""火头[ˈhue ˌtʰau]"三种不同语体的说法。《汕头方言词典》第 552 页提到:"官衙内个叫做'厨房';酒馆个叫做'厨子';行铺馆头用个叫做'火头'。"《汕头话手册》第 9 页则记录了"Húe-thâu 火头 Cook"。这三种说法都见于近代汉语(官话),但词义有所不同:

表 5　{厨师}的说法

词条	近代共同语词义	19 世纪潮州方言词义	现代汉语词义
"厨子"	厨师①	酒馆里的厨师(a cook)	厨师
"火头"	司烧火做饭者②	行铺馆头里的厨师(a cook，a scullion)	(其他)③
"厨房"	做饭菜的屋子④	①官衙里的厨师(cook for an official) ②做饭菜的屋子(a cook-house)	做饭菜的屋子

其中"厨子"的说法还见于《汕头白话英华对照词典》第 55 页{cook}条,释义为"one who provides feasts to order",专指{为宴会提供宴席的人},该义相比近代汉语的{厨师}义,范围缩小。

当代潮州方言保留了早期文献中"厨房、厨子、火头"三种说法里的"火头"。另据调查,还存在"阿厨[ˌa ˌtou]""厨师[ˌtou ˌsɯ]"两种说法,其中"厨师"来自晚期通语,较为正式,一般指高级酒店或餐馆里的厨师,是一个新词;"阿厨""火头"的说法不正式,特指食堂或乡间筵席的厨师,如今逐渐成为旧词。对厨师的称呼一百多年来发生了不同语体词汇的替换,这种替换与厨师这一职业的社会地位相关,体现了非正式语体到正式语体的变化。⑤

(二){脖子}的说法

{脖子}早期潮州话有"颔(团)[ˌam (ˈkĩa)]""脖[poʔ]""颈[keˈ]"三种说法。其中"颔"是非正式语体的白话词,下位词有"颔后[ˌam ˌau]/颔斗[ˌam ˈtau](脖颈)、颔下[ˌam ˌe]、颔顶[ˌam ˈteŋ]、颔筋[ˌam ˌkɯn]"等;"脖""颈"则是正式语体的通语词和文言词。

《汕头方言词典》第 438 页:"脖 poh The neck.""脖"仅保留在{上吊}义的"吊脖[tiau poʔ]/吊脖死[tiau poʔ ˈsi]"(也说"吊颔[tiau ˌam]/吊颔死[tiau ˌam ˈsi]")这一说法中。明代潮州方言表示{上吊}则说"吊颈",见《苏六娘》"苏妈思女责桃花"一出:"(占)不知伊人乜缘故,第二眠起吊颈死。""颈"也仅用于该例,后代罕见。⑥

---

　　① 明《朴通事谚解》卷中:"厨子你来,疾快做饭。"清《红楼梦》二一回:"不想荣国府有一个极不成器破烂酒头厨子,名唤多官。"参《近代汉语词典》。

　　②《五灯会元》卷九《沩山灵祐禅师》:"师在法堂坐,库头击木鱼,火头掷却火杪,拊掌大笑。"参《近代汉语词典》。

　　③《现代汉语词典》(第 7 版)第 594 页:"【火头】①火焰。②火候。③火主。④怒气。"

　　④ 明《西游记》二三回:"这都是仓房、库房、碾房各房,还不曾到那厨房边哩。"参《近代汉语词典》。

　　⑤ 另外值得一提的是,19 世纪潮州方言的{厨房}(the kitchen)有"厨房"与"灶下[tsu ˌe]"两种说法,分别为通语词与白话词,今"厨房"也成为{做饭菜的屋子}的主流说法。

　　⑥ 现代有个别新词仍用"颈",如"猪颈肉[ˌtɯ ke ˌnek]""长颈鹿[ˌtsʰiaŋ ke ˌtek]",为晚近通语词。

根据《汉语方言地图集》词汇卷图 063{脖子}(neck)，今潮汕地区均说"颔"，只有澄海说"颔团"。根据调查核实，澄海的主要说法仍是"颔"。汪维辉(2016/2018：189—190)认为"脖"最早可能在北系官话中兴起，元代以后随北系官话成为通语并迅速扩散。19 世纪潮州方言中的{脖子}可能在明清时期吸收了通语的说法，受限引进到口语中，今已不说。

有意思的是，福建闽南方言{脖子}义词的中心语素也说"颔"，而{上吊}则说"吊脰"(周长楫主编，2006：296)，与潮州方言相反，该处反而保留了旧词"脰"。关于上吊自杀，两地口语中似乎都避免直接说"吊颔"，大概自杀在人们看来是一件极不吉利的事情，尽量使用委婉语。①

(三){跑}的说法

{跑}义词潮州方言一般说"走[⸢tsau]"。《汕头方言词典》第 29 页："走 cáu To run；to travel；to get away."又从通语中借入"跑"，指{更快速地跑}。第 448 页："跑 pháu To run；to gallop；to hasten."《汕头白话英华对照词典》第 209 页{prance}条："thiàu(跳)；pháu(跑)；pháu-lâi pháu-khù(跑来跑去)."

早期潮州方言文献中的"跑"主要用在"跑马[⸢pʰau ⸤be]、跑文书[⸢pʰau ⸤bun ⸢tsɯ]、跑京差[⸢pʰau ⸤kiā ⸤tsʰe]"等通语词中，或如动物的{跑}(俗语"又爱马好跑，又爱马唔食草")，另外《汕头方言词典》第 30、448 页还有"会跑会走[⸢oi ⸢pʰau ⸢oi ⸢tsau]"一词，用来形容状态活跃(very active；can canter around)。"跑"可与"走"构成并列式双音节词"跑走[⸢pʰau ⸢tsau]"，形容{跑得快}(to run fast)，该词在不同文献中均有记录，但今已不说。

"跑马"与"走马"不同。"跑马"指{骑马奔跑}(to gallop a horse；to race horses)。如：

(38)陈达、杨春赶上，一家一朴刀，结果了两个性命。县尉惊得跑马走回去了。(元明《水浒传》三回)

(39)(外)呀，岸上跑马的什么人？(末扮报子跑马上)马上传呼，慢橹停船看羽书。(明汤显祖《牡丹亭》四二出)

(40)并无紧急事私行跑马者，八旗兵鞭五十。(清《皇朝文献通考》卷一七九)

"走马"指{驰马禀报军情或传递文书之人}。如：

(41)不闻有一人援桴鼓誓众而前者，但日令走马来求赏给，助寇为声势而已。(唐韩愈《与鄂州柳中丞书》)

(42)应机至州，未几，有走马入奏事。(宋司马光《涑水纪闻》卷七)

早期潮州方言有"行船走马三分命""走马看真珠"等俗语，文献中相关词汇则有"走马楼[⸢tsau ⸤be ⸤lau]、走马信[⸢tsau ⸤be sin⸣]、走马灯[⸢tsau ⸤be ⸤teŋ]"等。

根据《汉语方言地图集》词汇卷图 139{跑}(run)，"跑"的说法主要见于长江以北，闽语、客家话、粤语都说"走"。潮州方言从通语中借入"跑"之后，语义窄化(narrowing)，指{更快速的跑}，且不能单用，在词汇中以不自由语素的方式保留。今潮州方言只有在"跑步、赛跑、跑车"等通语词中说"跑"。

---

① 事实上，通语也使用"自缢""自经""悬梁""投缳"等婉称。

五 总 结

在明清时代,中国的知识分子在较为正式的场合或就学术性话题进行交流时,多用接近书面语的高雅语体进行交流,在谈论日常生活或与非知识分子进行对话时,则使用本地的口语进行交流(竹越美奈子,2015)。19世纪的潮州方言中,正式语体和非正式语体的使用场合界限比较分明。除了少数官员或知识分子在正式场合中使用官话或方言"正音"交流之外,普通百姓阶层都使用"白话"交流,后者与今天并不大异。

一百多年来,由于历史的发展与社会的变化,潮州话语体范畴的正式与非正式、雅与俗之间的对立趋于模糊。随着语言接触程度加深,通语中的口语词不断进入方言,今天很多方言中固有说法不断被普通话词语所替代,而不少原本属于书面语的词汇则被吸收进方言,成为一般口语词。与此同时,由于文言的失落,大量的文言词已经消失,19世纪潮州方言传教士文献中记录的"庄典体"即"知识分子的语言"已难觅踪影。

参考文献

[1]白维国主编. 近代汉语词典[M]. 上海:上海教育出版社,2015.

[2]蔡香玉. 汲约翰的潮汕方言研究及其历史文化价值[M]//潮学研究(第十四辑). 广州:花城出版社,2008.

[3]曹志耘主编. 汉语方言地图集·词汇卷[M]. 北京:商务印书馆,2008.

[4]陈泽平. 19世纪以来的福州方言——传教士福州土白文献之语言学研究[M]. 福州:福建人民出版社,2010.

[5]冯胜利. 论语体的机制及其语法属性[J]. 中国语文,2010(5):400-412.

[6]冯胜利. 语体语法:"形式—功能对应律"的语言探索[J]. 当代修辞学,2012(6):3-12.

[7]冯胜利. 语体原理及其交际机制[M]//汉语教学学刊(第八辑),北京:北京大学出版社,2012.

[8]高永安. 清代前期西方人学习汉语的理念与方法初探——以瓦罗《华语官话语法》所记为例[M]//国际汉语教育:动态·研究(第四辑),北京:外语教学与研究出版社,2011.

[9]广东省潮剧发展与改革基金会. 明本潮州戏文五种. 广州:广东人民出版社,1985.

[10]蒋绍愚. 汉语史的研究和汉语史的语料[M],语文研究,2019(3):1-14.

[11]李如龙. 从《龙岩方言词典》看龙岩话的特点和研究价值[J],龙岩学院学报,2015(4):27-30.

[12]李如龙. 关于文白异读的再思考[M],汉语特征研究. 厦门:厦门大学出版社,2018.

[13]李如龙. 论汉语的口语词汇与书面语词汇[M],汉语词汇学论集. 厦门:厦门大学出版社,2011.

[14]罗杰瑞. 汉语方言田野调查与音韵学[J],北京大学学报(哲学社会科学版),2007(2):91-94.

[15]吕叔湘. 释您,俺,咱,喒,附论们字[M],吕叔湘文集(第2卷). 北京:商务印书馆,1940/1995.

[16]内田庆市. 近代西方人的汉语文体观[M]//张西平,柳若梅编. 汉语国际教育史研究. 北京:商务印书馆,2014.

[17]潘悟云. 汉语复数词尾考源[M]//徐丹主编. 量与复数的研究. 北京:商务印书馆,2010.

[18]瓦罗. 华语官话语法[M]. 姚小平译. 北京:外语教学与研究出版社,2003.

[19]汪维辉. 词汇的语体差异及其分析——以一篇五代公文为例[M]//汉语史学报(第二十六辑). 上海:上海教育出版社,2022.

[20]汪维辉. 汉语核心词的历史与现状研究[M]. 北京：商务印书馆，2018.

[21]汪维辉. 汉语史研究要重视语体差异[J]. 南京师范大学文学院学报，2020(1)：1—10.

[22]汪维辉. 说"脖子"[M]//朱庆之，汪维辉，董志翘等编. 汉语历史语言学的传承与发展——张永言先生从教 65 周年纪念文集，上海：复旦大学出版社，2016.

[23]徐宇航. 潮州方言一百多年来的音韵演变[M]. 北京：商务印书馆，2018.

[24]游汝杰，邹嘉彦. 社会语言学教程(第三版)[M]. 上海：复旦大学出版社，2016.

[25]俞敏. 古汉语的人称代词[M]//俞敏语言学论文集. 哈尔滨：黑龙江人民出版社，1989.

[26]袁进. 西方传教士对现代汉语形成的影响[J]. 语言战略研究，2016(4)：52—58.

[27]张坚. 潮州方言的"正音"与新文读层次[J]. 汉学研究(第 36 卷)，2018(3)：209—234.

[28]周长楫. 闽南方言大词典[M]，福州：福建人民出版社，2006.

[29]竹越美奈子. 早期粤语口语中的语体[M]//南开语言学刊. 北京：商务印书馆，2015.

[30]Bridgman, Elijah Coleman. *Chinese Chrestomathy in the Canton Dialect*[M]. Macao: S. Wells Williams, 1841.

[31]Fielde Adele Marion. *A Pronouncing and Defining Dictionary of the Swatow Dialect Arranged according to Syllables and Tones*[Z]. Shanghai: American Presbyterian Mission Press, 1883.

[32]John Campbell Gibson. *A Swatow Index of the Syllabic Dictionary of Chinese*[Z]. Swatow: English Presbyterian Mission Press, 1886.

[33]John Campbell Gibson. *Manual of Swatow Vernacular* (Part. I) [M], Swatow: English Presbyterian Mission Press, 1907.

[34]John Campbell Gibson. *Manual of Swatow Vernacular* (Second Edition) [M], Swatow: English Presbyterian Mission Press, 1923.

[35]Lim, Hiong seng. *A Handbook of the Swatow Vernacular*. Singapore: Singapore—Printed at the Koh Yew Heanm Press, 1886.

[36]Morrison, Robert. *Vocabulary of the Canton Dialect*[M]. Macao: The Honorable East India Company's Press, 1828.

[37]Sylverster Baron Partridge. "Seventieth Annual Report."[J]. *The Baptist Missionary Magazine* Vol. LXIV, No. 12 (July,1884): 268.

[38]William Duffus. *English-Chinese Vocabulary of the Vernacular or Spoken Language of Swatow*[Z]. Swatow: English Presbyterian Mission Press, 1883.

[39]Williams, S. W.. *Easy Lessons in Chinese* [M]. Macao: The Office of The Chinese Repository, 1842.

The Style of Early Chaozhou Dialect Vocabulary

Zhang Jian

Abstract：Through the text analysis of romanized literature on Chaozhou dialect written by western missionary in 19th century, this paper points out that there are three styles of Chaozhou vocabulary in the late Qing Dynasty, including Classical Chinese vocabulary, formal language vocabulary and informal language vocabulary corresponding to the three styles in pronunciation. This article discusses differences among the three styles of vocabulary, and points out that these differences are closely connected to both literal and colloquial readings，as well as to vocabulary evolution. It also notes that the Classical Chinese vocabulary has disappeared in today's Chaozhou dialect.

Keywords：19th century，Chaozhou dialect，vocabulary，style

通信地址：广东省汕头市金平区汕头大学文学院
邮　　编：515063
E-mail：zhangjian09@163.com

"元白话"研究述评*

刘泽鑫

内容提要　有元一代留下了相当丰富的口语材料,它们大多被通称为元白话文献。但是因为普遍受到不同程度的语言接触的影响,这些白话文献并不"匀质",甚至彼此所反映的汉语面貌差异很大。本文尝试梳理与"元白话"相关的术语及研究史,并提出若干可资研究的问题。

关键词　元白话　汉儿言语　语言接触　学术史

西晋"永嘉之乱"后,鲜卑、契丹、党项、女真等少数民族先后在我国北方建立起北魏、辽、西夏、金等少数民族政权,而元代的蒙古族和清代的满族甚至实现了全国性的统治。在少数民族统治我国北方近千年的历史进程中,汉族与少数民族之间深度接触,少数民族语言也对汉语产生了相当程度的影响。北魏、辽、金等时代留下的文献数量较少,因此我们对这些时代的汉语口语面貌还不是很了解。但蒙元时期留下了较多反映口语的文献,它们能补充我们对于元代汉语的认识,同时也为研究蒙汉两种语言之间的接触互动提供了宝贵的材料。下面先对"元白话"及相关术语进行考辨,再梳理相关的研究史,最后提出一些可资研究的问题。

一　"元白话"与相关术语

对于有元一代的汉语,学界有"元白话""汉儿言语""蒙式汉语""蒙汉混合语"等多种称呼,我们先简单梳理上述术语。

这些术语中最早出现的是"汉儿言语",原指北方少数民族对汉语的称谓。太田辰夫(1954/1991)第一次将"汉儿言语"纳入汉语史的研究中,他将六朝以来受到北方阿尔泰语接触影响下的汉语都称为"汉儿言语",同时认为"汉儿言语"的上限在六朝,下限则是在明初,后来被官话取代。值得注意的是,根据太田氏的研究,所谓"汉儿言语"不仅在"汉儿"中间使用,也在北方民族和"汉儿"之间使用。更令人吃惊的是,"即使在母语各异的北方民族中间它也被作为共同语,并且连极僻远的地方也可通行",这在元代更为普遍。"汉儿言语"是一种"卑俗"或者"不合规范"的汉语(太田辰夫,1954/1991:198、201—202)。

太田先生的这一定义影响较大,也被多数学者所接受。但是他用以代表"汉儿言语"面

*感谢业师方一新先生的指导,本文初稿曾在2019年11月浙江大学汉语言研究所内部会议上报告,蒙汪维辉、史文磊、姚永铭诸先生指教。在文章成稿过程中遇笑容先生指点良多,亦得到汪锋先生的帮助,匿名评审专家的意见对文章修改帮助很大,在修改过程中又得师妹马沛萱、屈美辰的协助,一并致谢。文章有任何纰漏,概由笔者个人负责。

貌的文献却包含了直译体、直讲体、会话书等几类性质差异较大的文献①,它们所反映的语言面貌也大相径庭(李崇兴,2001)。正因如此,有学者对"汉儿言语"的具体所指产生了疑问。如曹广顺、陈丹丹(2009:119)指出:"如果我们把这些文献的语言统称'汉儿言语',同样也就抹杀了它们的内部区别,同时也使'汉儿言语'变成了一个没有实际意义的概念。"

祖生利(2007、2009)同样意识到"汉儿言语"所指不够明确的问题,他认为太田先生所描述的"汉儿言语"从词汇和语法的来源上看像是皮钦语(Pidgin),但它又能作为某种汉人社团的母语,而这是克里奥尔语(Creole)才有的特征。为此,他将太田先生所说的元代"汉儿言语"细化为"蒙式汉语"和"汉儿言语"两类,两者在语言性质和所处时代上都有所区别。"蒙式汉语"是元代前期的一种"中介语":"它主要用于蒙古人和汉人之间的语言交际……蒙式汉语本质上应属于一种以汉语为上层语言(superstrate language),以蒙古语为底层语言(substrate language)的皮钦汉语(Mongolian Pidgin Chinese)。"(祖生利,2007:3)而"汉儿言语"则用来特指"元代后期在蒙古语(及诸色目语)影响下形成的流行于大都等北方地区的汉语变体",是蒙式汉语和标准汉语经过"协商"后的产物(祖生利,2009:125)。

上面提到,太田先生认为"汉儿言语"在汉人之间、在汉族与少数民族对话的情形下都会使用。祖生利先生则认为,前期的"蒙式汉语"最多只是蒙古人与汉人之间交流用的"皮钦语",自然不是汉人之间的共同语,不应划入"汉儿言语"的范围。元代后期,才出现了已成为某些汉人母语的"克里奥尔语",以《原本老乞大》为代表。江蓝生(2011)虽没有论及"蒙式汉语",但也将《原本老乞大》视作"汉儿言语"的典型代表,认为是当时北方各民族的共同语。

最近,阮剑豪(2022)提出新说,认为元代北方存在两种通行的口语:一种是"汉儿言语",另一种是"蒙汉混合语"。其中"蒙汉混合语"与祖生利的"蒙式汉语"相当,是汉人和蒙古人交流时使用的"皮钦语",而阮氏所定义的"汉儿言语"只使用于汉人之间,与太田先生和祖先生都不同。阮氏认为"汉儿言语"应当如太田辰夫先生所说的那样自古有承,不应该是元代后期才形成的,因此他定义的"蒙汉混合语"也不局限于元代前期。表1反映了三位学者对于"汉儿言语"及相关术语的适用范围所秉持的不同理解。

表1 几位学者对"汉儿言语"及相关术语内涵的理解

对话状态	太田辰夫	祖生利	阮剑豪
蒙古人和汉人对话	汉儿言语	蒙式汉语(早期)、汉儿言语(晚期)	蒙汉混合语
汉人之间对话		汉儿言语	汉儿言语

实际上,最常见的指称元代汉语的术语是"元白话"。"元白话"和"元代汉儿言语"的内涵大体一致(曹广顺、遇笑容,2004;陈丹丹,2018),是"元代特殊历史条件下,蒙古统治者学习汉语的成果。"(曹广顺、遇笑容,2015:3)虽然"白话"与"文言"相对,指接近口语的汉语,但"元白话"是指称元代不同程度受到蒙古语影响的汉语的集合,彼此并不匀质,这一点也与"汉儿言语"类似。如曹广顺、遇笑容(2014)说到:"元代带有白话色彩的文献可以统称元白话文献……通常所说的元代白话文献只是一个含有'特殊语言现象'的文献集合,不同的文献,不同的使用者对这些'特殊语言现象'的使用有明显的差异……这种程度的差别在两端

---

① 具体来说,太田先生列举了《白话圣旨》《元典章》《通制条格》《孝经直解》《老乞大》等几种文献,他称之为"蒙古语直译体"。如果按照李崇兴(2001)的分类,《白话圣旨》和《元典章》中部分文书应视作直译体文献,《孝经直解》则归入直讲体文献。

上,几乎可以说是不同性质的语言……因此'接近当时口语'就成了一种模糊的说法,有的接近汉人说的汉语,有的接近蒙古人说的汉语。"因此,"元白话"自身即代表了一个连续统,一端是纯汉语,另一端是皮钦语/混合语(陈丹丹,2010)。需要说明的是,在元代几乎找不到完全不受蒙古语影响的汉语文献。李崇兴(2001)将元杂剧视作"纯汉语"的代表,但即使在元杂剧中也存在句末助词"有"等明显的蒙古语干扰特征。因此,"纯汉语"也只是一个理想概念,元代几乎所有反映口语的文献都可称为"元白话"文献,也都不同程度地受到蒙古语的影响。

结合上面的讨论,相较于"汉儿言语",我们更倾向于选择"元白话"这一术语,这基于下面三点考虑:首先,"元白话"时代指称更为明确。如果要表达类似的意义,便要在"汉儿言语"前特别注明元代,较为啰唆。其次,学界已经存在"宋元白话""明清白话小说"等类似"时代+白话"的构词类型,因此"元白话"也更容易与既有术语相联系。最后,现有成果对"汉儿言语"究竟是不是"汉儿"的母语仍然存在争议,使用"元白话"则较为中性。

二　研究史回顾

我们下面简单对元白话的研究史作出回顾。我们将其粗略地分为两个阶段,分别介绍如下:

(一)第一阶段:20 世纪 50—90 年代

这一时期既是近代汉语研究的创立阶段,也是元白话研究的起步阶段。这一时期的研究分为两类,一是专门研究元白话中典型的蒙古语干扰特征,二是利用现代阿尔泰语系语言的材料分析北方汉语中受阿尔泰语影响的成分。虽然二者接触时间并不限于元代,但元白话文献往往是其中的重要佐证。

在前一领域中,太田辰夫(1954/1991)的《〈老乞大〉的语言》是研究这一领域的发轫之作,在其后的《关于汉儿言语——试论白话发展史》和《〈训世评话〉的语言》等文章中,太田氏利用《南村辍耕录》《老朴集览》等元明时期的学者笔记及自己的研究成果,列举了句末助词"有"、表原因的后置词"上头"等一系列汉语受到蒙古语影响的个案,并在此基础上讨论"汉儿言语"的性质问题。

余志鸿(1983)《元代汉语的后置词"行"》及其 1992 年的增补版《元代汉语的后置词系统》对元白话复杂的后置词系统做了细致描写。蒙古语是 SOV 语言,具有发达的格标记系统,又多以后置词为主;当它与汉语这种 SVO 语序的孤立语接触时,产生的汉语变体包含各类表语法范畴的后置助词,这也是蒙古语干扰最集中的地方。余氏分表假设、目的原因、与格为格、场所由来等几类后置词分别讨论。其中,他称"行"为多功能后置词,因为"行"可以用于对译蒙古语众多语义范畴。江蓝生(1998)进一步考证"行"为"上"白读音的变音,方位词作格标记的现象在语言接触中极为常见,往往也会出现一词多职的情况。

亦邻真(1963、1982)两篇文章是蒙古学学界读史籍时的必读资料。其中《读 1276 年龙门禹王庙八思巴字令旨碑》表面上只是对一篇较早使用八思巴字和汉文书写的元代白话碑文的精读,但是作者逐词旁注,标记了相应的语法形式所代表的语法范畴,并介绍了元白话的对译情况和古代蒙古语语法与现代蒙古语语法之间的不同。在《元代硬译公牍文体》一文中作者讨论了蒙古语语法在硬译文体中(即汉语史学界所说"直译体")的表现,对于汉语史的研究同样有很大的价值。作者指出,元代硬译文体在词法方面"机械地翻译蒙古语复数、格介词和静动词、动词词尾",在句法方面"保留蒙古语句式,如宾语在谓语前面、长定语、助动词'么道'前的长句"等。作者的本意是让研究者能读懂这些"古怪"的句子,但诸如祈使句末的"者"、用于因果或前后相连的两个动作之间的"呵",以及方位词作格标记等现象他都一一指出,而且十分准确。该文的文末还附录了十篇硬译公牍文体的批注,其语料来源广泛。除大家常用的元代白话碑、《元典章》及《通制条格》等,还有《宪台通纪》《高丽史》等不为人所注意的语料。其中,《高丽史》中收录的 1231 年窝阔台的圣旨长期无人提起[以笔者所见直到曹广顺、遇笑容(2019)才得到关注],亦邻真也已经指出该篇"风格与元代颇不相同",值得重视。

在后一领域中,江蓝生(1999)指出现代汉语比拟句的几种格式很可能是受到阿尔泰语影响的结果。宋代以前,汉语的比拟式基本由都"像义动词"构成,即"如""似""像"等;金元时期出现了"喻体+似(的)+NP/VP"结构,以《刘知远诸宫调》为代表。梅祖麟(1988)利用突厥语、蒙古语、满语等几种阿尔泰语系语言中第一人称复数区分包括式和排除式的现象,并根据刘一之(1988)对汉语"包括式"和"排除式"的对立始见于 11 世纪的论证,猜测北方汉语中"咱们"与"我们"之间的对立正是受到阿尔泰语影响的结果。除此之外,桥本万太郎1983 年及 1987 年的两篇文章《北方汉语的结构发展》和《汉语被动式的历史·区域发展》中,也都包括部分元白话的例子。

(二)第二阶段:21 世纪初至今

20 世纪几十年的研究中,学者们已经揭示出元白话明显受到蒙古语的影响,存在"有""么道""者""上头"等标志性特征。因此,这一阶段的研究并不仅仅停留在这些显著特征的讨论上,而是更为全面系统的分析。其中又包含两大研究指向:一是专书研究,全面系统地揭示元白话文献的不同性质;二是利用语言接触、第二语言习得等理论,对元白话文献的性质、元白话的使用范围以及蒙汉语言接触的具体细节等问题进行讨论。

首先是专书研究,涉及《原本老乞大》《通制条格》《孝经直解》等。如韩国学者李泰洙的博士论文(2003 年出版)从词汇和语法两个方面,将 20 世纪末发现的教科书《原本老乞大》和后代三个修订本进行了细致的比较,揭示出元代《原本老乞大》与明清版本之间的差异多数反映出明显的蒙古语干扰特征。书后附有四种版本《老乞大》的逐条比较,便于后来的学者使用。另一位韩国学者曹瑞炯(2014)也进行过对元代《原本老乞大》专书的研究。

祖生利是汉语史学界少有的通晓蒙古语的学者,他的博士论文《元代白话碑文研究》在蔡美彪先生辑录的基础上增补,共收录白话碑文 118 篇,并进行了细致的校注。祖先生在这个基础上分析其中的语法现象,其中方位词、代词、助词和复数词尾的内容也都以单篇论文形式发表(祖生利,2001a、2001b、2002a、2002b)。值得一提的是,他通过利用照那斯图先生对于八思巴字文献的研究整理成果,对中古蒙古语材料进行了直接的比较研究。[①] 元代白话碑是反映蒙汉语言接触程度最深的语料,祖生利先生细致的研究,几乎所有各种蒙古语的干扰成分均得到了考察。后来的学者讨论蒙古语干扰项时,往往都借鉴他的研究成果,利用他描写出的现象进行进一步研究。

几乎与此同时,刘坚先生领衔的汉语史专书研究项目也在持续推进。李崇兴、祖生利《〈元典章·刑部〉语法研究》、高育花《〈元刊全相平话五种〉语法研究》,以及时代稍早的江蓝生、杨永龙《〈刘知远诸宫调〉语法研究》都是金元时期专书语法研究的代表。

其次是对于现代语言学理论的借鉴。

诸家对于元白话"皮钦语""克里奥尔语""混合语"等性质的判断多借鉴自语言接触理论。以陈保亚(1996)和 Thomason(2001)为代表的语言接触理论被学界广为接受。Thomason 认为克里奥尔语的产生过程有两类,一类由"皮钦语"母语化而来,另一类由词汇供给语逐渐变异而产生。祖生利(2009)认为"汉儿言语"即是由后一种路径产生的克里奥尔语,其产生机制是 Thomason 提出的"协商"(negotiation)[②],即"纯汉语"接受了某些"蒙式汉语"中某些特征性成分而产生了蒙汉共同使用的"汉儿言语"。

陈保亚(1996)指出,"匹配"是母语干扰目标语言的第一个阶段,其结果是产生了与目标语有同源关系的民族方言。祖生利(2018)将陈保亚语音上的"匹配"推广到语法上,说明这种匹配是一种语法范畴间的对应,包括等值匹配、相似匹配、条件匹配和匹配落空等情况,并讨论了汉语与蒙古语匹配后的语言学结果,丰富了蒙汉语言的接触细节。陈丹丹(2010)借鉴了 Thomason 对"借用"(borrowing)和"母语干扰"(substratum)两类不同机制的区分,提出元白话中这一连续统中,越靠近蒙古统治者越受"母语干扰"机制影响,而越靠近汉族百姓越受"借用"机制影响。

"元白话"是蒙古人学习汉语的结果,与第二语言习得直接有关。Thomason(2001)主张区分"与第二语言有关的语言接触"和"与第二语言无关的语言接触"两种不同的类型,曹广顺、遇笑容(2015)由此提出要区分究竟谁是改变语言的主体,也即区分"说目的语类型的语言接触"和"学目的语类型的语言接触"。元白话显然是学目的语类型的语言接触,这样产生的变化往往不容易保留,即很难真正进入汉语并被继承下来。为此,曹广顺、遇笑容(2019)指出:"从成吉思汗、窝阔台到朱元璋,现有的材料显示,元白话可能始终只是元代蒙古人没有能够完全习得汉语时用作交流的中介语,没有成为当时北方大部分区域实际使用的共通语,最终随着蒙古王朝的结束走向了消失。"

"对比分析"与"偏误分析"是研究二语习得时的常用方法。遇笑容(2011)利用对比分析的理论讨论了《老乞大》的语言性质问题。在分析了蒙汉语言结构差异之后,她借鉴"难易度假设",对元白话中的蒙古语干扰特征在汉语中出现和消失的顺序进行讨论和预测,发现蒙汉两种语言之间差距最大的部分最难被蒙古人所习得,因而最容易进入蒙古人的汉语。反过来,它们也最不容易被汉人所接受,因此很难在标准汉语中得到保留。曹广顺、遇笑容

---

① 中古蒙古语主要指 13 世纪到 17 世纪的蒙古语,与现代蒙古语有不小的差异。比如在现代蒙古语标准语中,第一人称复数并不存在包括式和排除式的对立,但是中古蒙古语则存在上述对立。

② Thomason 所说的"协商"与陈保亚(1996)所提出的"互协"相似,即可视为汉语方言的"蒙式汉语"与汉语进一步接触过程中,随着蒙古人汉语学习的深入会"纠正"自己很多错误,向汉语"回归",而汉族人也从"蒙式汉语"中学到了不少的"不标准"的表达,也即陈保亚称其为"并合"的过程,双向互动的结果即是"互协",最终形成了相对稳定的"汉儿言语"。

(2019)则是利用"偏误分析"讨论元白话性质的代表。《李朝实录》和《高丽史》中存有一些朱元璋明显具有蒙古语干扰特征的圣旨,与元白话风格相近。张全真(2005)认为上述风格的圣旨是官吏转写的结果。汪维辉(2010)指出了其中明显反映实际口语音变的例子,提出朱元璋本人十分看重自己的语言,加之圣旨的神圣性,不允许一般人对它进行改动,所以应当是朱元璋语言的真实记录,而并非转写的结果。至于圣旨具有"汉儿言语"风格的原因,可能是朱元璋在长期南征北战也学会了"汉儿言语"。曹广顺、遇笑容(2019)对这些蒙古语干扰特征(即习得汉语的"偏误")进行分析,发现朱元璋的圣旨中出现元白话干扰特征的部分十分集中,而且句末"有"的使用也毫无规律。他们认为这正好反映了第二语言习得中的"误仿"现象,恰如语言使用者在"误仿"的过程中往往会反复提及目标语中最明显的特征,朱元璋为了让他的话更容易被朝鲜人所接受,故意频繁使用受到蒙古语干扰的"有"。因此,他们认为朱元璋只是在刻意模仿,但实际上并不会说这样风格的汉语,也从侧面说明汉人基本不会使用这样有明显蒙语干扰特征的变体汉语。

除了上述成果,利用活语言材料研究元白话也是近些年的新方向。在已经成功举办多届的"元白话与西北汉语方言国际学术研讨会"中,与会学者尝试利用和阿尔泰语言接触较深的西北方言与元白话进行比较研究,最新的成果如刘星、敏春芳(2021)。

三 值得进一步研究的问题

(一)关于文献的性质和"元白话"的性质仍有讨论的必要

祖生利(2009:128)提出:"元代'汉儿言语'究竟在多大的地域范围和怎样的言语社团中通行,或者说'汉儿言语'和'纯汉语'的畛域何在,则是不容易回答的问题。"虽然相比于太田辰夫先生的时代,学界对这一问题的研究已经有了很大的进步,对不同类型的元白话文献做了整体性质上的区分,但即便是某一类文献内部可能同样需要进一步分类,以明确其语言性质。如曹广顺、陈丹丹(2009)仔细分析了《元典章·刑部》,发现元代社会不同阶层的人对"特殊语言现象"使用情况也不同,在一般百姓口中几乎不出现,官员或多或少使用,官员的家属偶然使用,而诏书或蒙古使用者则甚至每句都用。如果没有这样细致的观察和统计,我们就很容易利用《元典章》提出元代汉语口语中普遍存在蒙古语干扰特征这样的错误假说。

再如,同样是直解体文献,许衡和吴澄的著作就比贯云石《孝经直解》的干扰成分要少很多。汪维辉指出:"由于贯云石精通多种少数民族语言,所以他的译文采取了较为独特的方式,即在当时汉语口语的基础上,有意识地运用少数民族所熟悉、便于接受的语言形式和表述方式。这使得其译文既有当时汉语的口语特色,又有明显的少数民族语言特色,充分满足了那些粗通汉语的少数民族读者的特殊需要。"[①]但正如匿名审稿人所指出的,贯云石是维吾尔族人,母语同样是阿尔泰语,他的汉语不排除也受到其母语的影响,未必是有意加入那些干扰特征。

---

① 见浙江大学研究生选修课《近代汉语研究》教案。

元代白话碑在元白话文献中蒙古语干扰特征最多,也被祖生利(2007)看作"蒙式汉语"的代表,是蒙汉两种语言接触的早期阶段。但竹越孝(2015:28)提出:"元代白话碑的'直译体'实际上是后代的产物。换言之,'直译'并不是元代蒙文翻译的最原始形式,而是人工打造的形式。"他认为"直译"并非翻译者汉语水平有限,而是为了"表现出原文的优越性"而刻意为之。如果竹越先生的理解不误,那"直译体"文献也许就不适合作为"皮钦汉语"的代表。类似地,如果带有明显干扰特征的汉语在当时有更高的地位,那汉人官员也可能为了政治目的故意模仿这种风格(陈丹丹,2010)。总之,对于元白话文献性质的理解还存在相当的争议,值得持续关注。

(二)对于明代前期语料的关注不足

作为元朝的继任者,明代前期汉语的方言通语已经有所改变,但是还可以看到很多一脉相承的痕迹,比如明代建国一百多年以后的《正统临戎录》,全篇仍然遍布元白话的干扰特征。除此之外,明代开国的洪武皇帝朱元璋经常以白话入圣旨,《近代汉语语法资料汇编》也选录了《遇恩录》和《皇明诏令》中的朱元璋白话圣旨。可惜,学界对这些材料关注较少,甚至国内没有一篇专门讨论《遇恩录》或《正统临戎录》等重要文献的论文。目前个别学者已经开始尝试对明代前期语料进行挖掘。如汪维辉(2010)在《李朝实录》和《高丽史》中,又辑录出了6段白话圣旨;邢永革(2017)从《吏文》《弇山堂别集》《明御制大诰》等文献中辑出了部分篇章(可惜未公开)。

研究者往往更关注某种现象如何产生,但是却经常忽视某种现象何时消失。元代汉语诸多受蒙古语影响的干扰特征在明代逐渐消失,究竟是个怎样的过程,值得梳理和研究。要想解决类似的问题,就需要深入考察明代前期相关语料。陈丹丹(2019)比较了明代前期朝鲜文献与本土文献,发现本土文献中较少出现元白话的干扰特征,仅存的少数特征,如语气词"呵"和时间词"时"表示假设和条件等现象,也是扩大汉语原有形式的范围和使用频率,符合 Heine(2008)所提出的"语法复制"规律。因此,这样的干扰特征较为顽固,更容易在汉语中得到保留。我们需要更多类似的个案讨论,逐渐明确元明易代之后"正统汉语"的回归过程。

(三)对于接触层次的微观考察还需加强

学界对于直解体、直译体等文献的区分,实际上是在宏观层面上对语言接触的深度进行考察。与之相对的"微观考察",指各种具体的蒙古语干扰特征在不同元白话文献中的使用情况。比如句末的"有"在所有文献中都出现,而"介词+着"结构则只出现于白话碑和《元典章》中。如果可以较为全面地考察不同性质的文献中各种蒙古语干扰特征的分布情况,我们就可以进一步讨论接触的顺序问题。陈保亚(1996)提出了语言接触的"无界有阶"原则,即语言接触是无界的,但却是有阶的。所谓的"阶"即是层次,即在语言接触过程中,借用是有顺序或蕴含特性的。那么蒙汉语言接触的"阶"是什么?如果能找到这样的"阶",它们主要与社会因素还是结构因素相关?反过来,当正统汉语逐渐"回归",更容易借用的项目是不是更不容易消失?这同样要求我们关注上一节提到的明代早期文献,上述陈丹丹(2019)的研究是其中代表。另外,2.2节提到的遇笑容(2011)利用"对比分析"对《老乞大》诸版本语言变化的研究,对此亦有所涉及。比如她发现OV语序和普遍名词后面的复数标记"每"在汉语中消失的速度较慢,认为这是汉语的受事主语句和人称名词后加后缀表复数这两类语法形式与蒙古语有交叉,因此不容易摆脱干扰,而像句末助词"有"这样蒙汉差异极大的语法形式则消失很快。

(四)对于词汇及构词法的研究仍显薄弱

由于蒙古语是典型的SOV语言,并且是一种黏着语。因此,和汉语这样的SVO语序的孤立语接触时,语序和各种格标记往往成为比较显性的差异,也更为研究者所重视。与此相对的,词语的使用和关于词语内部构词法的研究则较少有人关注。参考Thomason(2001)的理论,汉语中出现的大量蒙古语借词与第二语言习得无关,是熟练的汉语使用者通过"借用"(borrowing)带进汉语的,而蒙古人学汉语产生的元白话则是"转用"(shift)机制。但是语言接触是一个互动的双向过程,不应顾此失彼。关于元白话的词汇研究,方龄贵《元明戏曲中的蒙古语》是其中的代表性著作,类似的专书研究还有李福唐《元代直解作品词汇研究》、阮剑豪《〈元典章〉词语研究》等。与此相关问题即:大量借词的涌现对于汉语的构词法是否产生相应的冲击和影响? 北方汉语中广泛存在的"A里AB"式及"了吧"等"类中缀"的形成,是否与此相关? 再如接触理论一般认为中介语的词汇系统比较简单,这种简化究竟体现在哪些方面? 阮剑豪(2009)提出"一词多义"是元代汉语词汇的显著特征,除此之外是否还有其他的类型? 这些问题目前都还很少有人涉猎。

四 结 语

以上分三方面对"元白话"一词的界定、相关的研究史和未来可供参考的研究方向分别进行了相关评述。作为近代汉语乃至汉语史研究中的重要一环,元白话与中古汉译佛经和清代旗人汉语一样,也都是了解汉语史上语言接触面貌的窗口。总体而言,元白话的研究队伍不算壮大,也有不少可以进一步讨论的问题,值得学者在这一领域进一步深耕细作。

参考文献

[1]曹广顺,陈丹丹. 元白话特殊语言现象再研究[M]//历史语言学研究(第二辑). 北京:商务印书馆,2009.

[2]曹广顺,遇笑容. 中古译经、元白话语法研究与语言接触[M]//汉语史学报(第十辑). 上海:上海教育出版社,2010.

[3]曹广顺,遇笑容. 变与不变——汉语史中语言接触引发语法改变的一些问题[M]//历史语言学研究(第八辑). 北京:商务印书馆,2014.

[4]曹广顺,遇笑容. 从中古译经和元白话看第二语言习得导致的语言接触——以语言接触导致的语法变化为例[M]//历史语言学研究(第九辑). 北京:商务印书馆,2015.

[5]曹广顺,遇笑容.《高丽史》中的早期元白话材料[C]."汉语历史词汇语法研究国际学术研讨会"会

议论文.北京:北京大学,2019‐10‐18—10‐20.

[6][韩]曹瑞炯.《原本老乞大》语法研究[D].北京:中国社会科学院,2014.

[7]陈保亚.论语言接触与语言联盟[M],北京:语文出版社,1996.

[8]陈丹丹.从《元典章》和《经世大典》的异同看元白话的性质[M]//历史语言学研究(第三辑).北京:商务印书馆,2010.

[9]陈丹丹.从元白话中与语序有关的特殊语法现象看语言接触和语言变化[M]//历史语言学研究(第十二辑).北京:商务印书馆,2018.

[10]陈丹丹.明初白话受蒙古语影响产生的特殊语法现象研究[J].民族语文,2019(6):53‐59.

[11]方龄贵.元明戏曲中的蒙古语[M].上海:汉语大词典出版社,1991.

[12]江蓝生.后置词"行"考辨[J].语文研究,1998(1):1‐10+15.

[13]江蓝生.从语言渗透看汉语比拟句的发展[J].中国社会科学,1999(4):170‐179。

[14]江蓝生.也说"汉儿言语"[M]//近代汉语研究新论(增订本).北京:商务印书馆,2011.

[15]李崇兴.元代直译体公文的口语基础[J].语言研究,2001(2):65‐70.

[16]李福堂.元代直解作品词汇研究[D].南京:南京大学,2010.

[17][韩]李泰洙.《老乞大》四种版本语言研究[M].北京:语文出版社,2003.

[18]刘星,敏春芳.语言接触视角下的元白话与西北方言比较研究[M]//汉语史与汉藏语研究(第八辑).北京:中国社会科学出版社,2020.

[19][美]梅祖麟.北方方言中第一人称代词复数包括式和排除式对立的来源[M]//语言学论丛(第十五辑).北京:商务印书馆,1988.

[20][日]桥本万太郎.北方汉语的结构发展[J].语言研究,1983(1):88‐99.

[21][日]桥本万太郎.汉语被动式的历史·区域发展[M]//近代汉语研究(二).北京:商务印书馆,1987/1999.

[22]阮剑豪.《元典章》词语研究[D].杭州:浙江大学,2009.

[23]阮剑豪.元代汉儿言语和蒙汉混合语的关系与辨析[J].内蒙古电大学刊,2022(1):48‐53.

[24][日]太田辰夫.汉语史通考[M].江蓝生,白维国,译.重庆:重庆出版社,1991.

[25]汪维辉.《李朝实录》和《高丽史》中的汉语研究资料[M]//汉语史学报(第九辑).上海:上海教育出版社,2010.

[26]邢永革.明代前期白话语料词汇研究[M].南京:凤凰出版社,2017.

[27]亦邻真.读1276年龙门禹王庙八思巴字令旨碑[J].内蒙古大学学报,1963(1):113‐123.

[28]亦邻真.元代硬译公牍文体[M]//元史论丛(第一辑).北京:中华书局,1982.

[29]余志鸿.元代汉语的后置词"行"[J].语文研究,1983(3):48‐50+63.

[30]遇笑容.汉语语法史中的语言接触与语法变化[M]//汉语史学报(第四辑).上海:上海教育出版社,2004。

[31]遇笑容.试用对比分析看《老乞大》中的特殊语言现象[M]//历史语言学研究(第四辑).北京:商务印书馆,2011.

[32]遇笑容.从汉语语言接触谈起——共时、历时两个视角[R].中国人民大学讲座,2019‐11‐04.

[33]遇笑容,曹广顺.《训世评话》中的特殊语言现象及其语言性质[M]//历史语言学研究(第六辑).北京:商务印书馆,2013.

[34]张全真.朝鲜文献中的明初白话圣旨语言研究[J].(日)言语文化研究.日本松山大学26/2,2005.

[35][日]竹越孝.论"直译"的真正目的——以蒙汉、满汉对译文献为例[M]//历史语言学研究(第九辑).北京:商务印书馆,2015.

[36]祖生利.元代白话碑文研究[D].北京:中国社会科学院,2000.

[37]祖生利. 元代白话碑文中方位词的格标记作用[J]. 语言研究，2001a(4)：62－75.

[38]祖生利. 元代白话碑文中代词的特殊用法[J]. 民族语文，2001b(5)：48－62.

[39]祖生利. 元代白话碑文中助词的特殊用法[J]. 中国语文，2002a(5)：459－472＋480.

[40]祖生利. 元代白话碑文中复数词尾“每”的特殊用法[J]. 语言研究，2002b(4)：72－80.

[41]祖生利. 元代的蒙式汉语及其时体范围的表达——以直译体文献研究为中心[J]. 当代语言学，2007(1)：1－13＋93.

[42]祖生利. 试论元代的“汉儿言语”[M]//历史语言学研究(第二辑). 北京：商务印书馆，2009.

[43]祖生利. 元代直译体文字所反映的蒙汉语码转换机制[M]//历史语言学研究(第十二辑). 北京：商务印书馆，2018.

[44]Thomason，Sarah. *Language Contact：An introduction*[M]. Washingtown：Georgetown University Press，2001.

[45]Heine，Bernd. Contact-induced word order change without word order change[M]//In Peter Siemund & NoemiKintana (eds.)，*Language Contact and Contact Language*. Amsterdam：John Benjamins Publishing Company，2008：33－60.

A Review Study on Yuan Baihua

Liu Zexin

Abstract：The Yuan generation had a considerable amount of oral materials，most of which are commonly referred to as Yuan Baihua literature. These Yuan Baihua literatures are not uniform，however，due to the influence of varying degrees of language contact，and there are significant differences in Chinese reflected. This paper attempts to sort out the terminology and academic history related to Yuan Baihua，and proposes several questions for further research.

Keywords：Yuan Baihua，Haneryanyu，language contact，academic history

通信地址：浙江省杭州市拱墅区湖州街 51 号浙大城市学院外国语学院/浙江省杭州市西湖区余杭塘路 866 号浙江大学外国语学院

邮　　编：310015

E-mail：2489732540@qq. com

《脉望馆钞校本古今杂剧》新探[*]

[日]佐藤晴彦 撰 赵铁锌 译

内容提要 佐藤晴彦先生是日本著名语言学家,师承太田辰夫先生,任职于神户市外国语大学,从事近代汉语研究。他的《脉望馆钞校本古今杂剧》新探》一文考虑以《脉望馆钞校本古今杂剧》作为语料运用于语言研究,但这批杂剧各个版本的形成时期和地域性尚未理清。探讨某语料的时代性,一般从音韵、语法、词汇等几个方面入手。此外,佐藤先生认为从文字表记(即文字书写形态)的角度进行探讨也是有效的方法。他对《脉望馆钞校本古今杂剧》做了抽样调查,选取来历不明本之外的各版本中"哩""慌""教""原来"四个词语的表记,对它们的使用频度进行比较分析,发现各版本古老表记的留存率不同。按照古老表记留存多少的顺序,《脉望馆钞校本古今杂剧》各版本排列如下:于小谷本 > 古名家本 > 内府本 > 息机子本。古老要素的留存率即使不是其版本的形成期,也和形成期有密切的关系。佐藤先生的探究推进了对《脉望馆钞校本古今杂剧》各个版本的形成时期和语言特征的研究。

关键词 脉望馆钞校本古今杂剧 版本 哩 慌 教 原来

一 引 言

众所周知,《脉望馆钞校本古今杂剧》因收藏者明代藏书家赵琦美的室名"脉望馆"而命名。后来,其藏者屡有更迭。清初,归钱曾所有。因钱氏《也是园书目》著录,故亦称《也是园古今杂剧》。这批杂剧存 242 种,所收元明杂剧相当于臧晋叔《元曲选》的两倍半。它不仅从数量上远远超过《元曲选》,所收刊本、抄本大都保留着比《元曲选》更早的面貌,在中国戏曲史上堪称杂剧研究的宝库。

这么重要的资料,从戏曲史研究角度,很早就被关注了,有孙楷第(1953)、郑振铎(1956)等的研究。[①] 但不知何故,后来似乎没有什么研究了。最近,小松谦(1991)对内府本做了详细的考察,其研究才终于有所推进。

笔者很早就考虑能否把这部庞大的《脉望馆钞校本古今杂剧》(以下略称"脉望馆本"或者"脉望馆")当作语料来使用。作为语料使用,最理想的是明确该材料的形成时间和地域性。但是,这个问题并非那么容易能够解决的。特别是像"脉望馆"这样各个版本来历都不清楚的材料,要弄清其形成时期和地域性几乎令人绝望。

既如此,退而求其次。"脉望馆"所收的几个版本,至少哪个版本更旧,哪个版本更新是

---

* 本文原载《神户外大论丛》第 49 卷第 4 号,神户市外国语大学研究会 1998 年 9 月发行。本文为教育部人文社会科学研究规划基金青年项目"明人校刊杂剧研究"(项目编号:18YJCZH261)的阶段性成果。

① 译者按:郑振铎《跋脉望馆钞校本古今杂剧》一文发表于 1939 年 11 月出版的《文学集林》第一辑《山程》,此文后收录于 1956 年出版的《劫中得书记》。佐藤先生使用的是《郑振铎古典文学论文集》,该书中《跋脉望馆钞校本古今杂剧》一文收录自《劫中得书记》,文后署的《劫中得书记》的出版时间,故误以为此文刊于是年。孙楷第《也是园古今杂剧考》(1953)是修订本,初稿名《述也是园旧藏古今杂剧》,刊于 1940 年 12 月。

可以弄清的。特别是成书时间,与《水浒传》等小说涉及的复杂问题相比,戏曲的成书时间从周宪王的作品看还是稍微明确一些的。在此基础上,笔者以为戏曲的价值不应只在文学方面,而更应该作为语料充分加以利用。

拙文基于上述思考,拟考察"脉望馆"的各版本哪个版本存留古貌,哪个版本更新。虽然统称脉望馆本,但作品有 242 种之多,一次调查所有的作品是不可能的。于是,我们选择其中几种做调查,即抽样调查。即便是一部分,经过调查,问题所在也会显而易见。随之,研究方向也自然会明确下来。

虽然以哪种标准来选择作品都可以,但笔者认为首先应以《元曲选》中所收录的作品为中心做调查。当然,这并非仅限于《元曲选》。今后的方向,调查结果应该是对有必要更详细探讨的版本做进一步重点调查。

二　本文的方法

探讨某语料的时代性,一般考虑音韵、语法、词汇等几个方面,但笔者以为从文字表记的角度切入也是有效的方法。特别是几乎无时间间隔的材料,从语言的层面考察,语音就不用说了,就是语法和词汇的研究也不能期待有太大的成果。这是因为它们短时间内并没有明显的变化。在这一点上,如恰当地选择文字表记,应该可取得相应的成效。

举个容易理解的例子,试看疑问代词"哪"的情况。这个〈哪〉字,作为疑问代词使用是在民国以后。此前,指示代词、疑问代词都写作〈那〉,在文字上,没有指示代词和疑问代词的区别。也就是说,使用〈哪〉这个表记的材料是民国以后的。若指示代词、疑问代词都使用〈那〉,就可以判断是清代以前的材料。当然,有意识的模仿除外。

不过,这样的判断根据只有一个确实不可靠,可以的话,多多益善。所以,本文选取从元代到明代表记发生变化的四个词语来分析。这四个词是语气助词"哩"、形容词"慌"、介词"教"和副词"原来"。这四个词在元代以前分别写作〈里〉(唐五代时期为〈裏〉)〈荒〉〈交〉〈元来〉。只是"哩"在明初,除了〈哩〉以外,也写作〈俚〉〈裡〉。这四个词成为现在的表记是在明代以后。这样,如果调查各个作品中这些词语用怎样的表记法来表现,据其使用频度,就可以弄清其更古老表记的留存率。也就是说,留存了相应程度的古老要素。其古老要素的留存率即便不是其版本的形成期,也和形成期有密切关系。

另外,本文所用的文本是《全元杂剧》本(台湾,世界书局)。[①]

三　"脉望馆"的版本

"脉望馆"包含有几个版本,今从孙楷第(1953:77—153)之说,大体分类如下:刊本有古名家本和息机子本,抄本有内府本、于小谷本,以及来历不名的本子。

---

① 世界书局本是《脉望馆钞校本古今杂剧》的影印本,部分印刷有不清晰的地方。这种情况,有因原脉望馆本自身存在虫蛀等问题,导致世界书局本不清晰;也有影印的技术问题,即便原本清晰,世界书局本也会不清晰。这种情况,就要时常和原本比较,加以探讨。

下面,本文将对这些版本进行探讨。

1. 刊本

在此,统计上述四个词语的表记在"脉望馆"刊本中的使用情况,如表1所示。

表1　"脉望馆"刊本调查表

刊本名	作品名	里[语助]	裡[语助]	哩[语助]	荒	慌	交	教	元來	原來
古名家本	窦娥冤	1	2	1	5	0	0	4	0	2
	金线池	6	0	0	0	0	0	8	0	0
	救风尘	17	0	0	1	0	0	6	0	5
	胡蝶梦	8	0	0	6	1	0	25	0	0
	荐福碑	5	0	0	0	0	2	8	0	0
	岳阳楼	17	0	0	1	0	(1)	4	1	1
	后庭花	13	0	0	5	0	0	46	1	5
	倩女离魂	10	0	0	1	0	1	9	1	6
	勘头巾	25	0	0	8	0	0	2	0	5
	王粲登楼	0	0	8	0	3	0	6	0	0
	酷寒亭	8	0	0	2	0	0	1	0	2
	谢天香	16	0	0	0	1	0	9	0	4
息机子本	忍字记	0	0	18	0	3	(2)	2	(1)	9
	㑇梅香	0	0	32	0	16	0	26	0	8
	看钱奴	0	0	28	0	2	0	7	0	2
	生金阁	0	1	18	0	9	0	4	0	3
	切鲙旦	0	0	7	0	0	0	1	0	2
	东堂老	0	0	61	1	1	0	8	0	1
	留鞋记	0	0	6	0	3(1)	(4)	12	0	8(1)
	连环计	0	0	18	0	4	0	9	0	11
	九世同居	0	0	5	0	0	0	2	0	1

备注:1. 数字标()的,是由于缺页等原因而手写所补的词语数。

　　　2.《酷寒亭》不是"脉望馆"本,为参考起见而添加。

据此表可知:

第一,"哩"的表记,古名家本和息机子本有明显的区别。也就是说,古名家本除《窦娥冤》《王粲登楼》有几个例外,基本上使用〈里〉。相反的,息机子本除《生金阁》的一个〈裡〉外,①都使用的〈哩〉。

第二,"慌"的表记,古名家本除《胡蝶梦》《王粲登楼》《谢天香》外,基本使用的是〈荒〉。相对应的,息机子本与其相反,除《东堂老》外,基本都使用〈慌〉。

第三,关于"教""原来",古名家本、息机子本都使用〈教〉〈原来〉,〈交〉〈元来〉却极其罕见。

这种现象到底意味着什么呢? 下面,我们来探讨一下这个问题。

1.1 关于"哩"

首先,举个具体的例子。

你媳妇要嘱付你话里。	(《窦娥冤》13. b. 10②)
兀那婆く谁唤你裡。	(同上 3. b. 6)
他家还有个媳妇哩。	(同上 4. a. 3)

由此可见,"裡"的表记在元代是没有的,而且,在明代也并不多见。据笔者所知,只在二十回本《平妖传》中使用过几次。③

〈里〉这个字本来是表示距离的意义而使用的。它是唐五代时期作为语气助词使用的〈裏〉简化作〈里〉,并在那一时期暂时使用的。然而,大概在元末明初,〈里〉的表记由于与本来表示距离义的表记容易混淆,无论如何都要与之区别开来的想法开始萌生。其一,就是考虑给〈里〉加上"示补旁"的表记表现出来。

这样,它并不仅限于"示补旁",也有"口字旁""单人旁"。〈里〉带有"单人旁",即成为〈俚〉。而"俚"字本身自古就有,但像《广韵》所言的"赖也,聊也,又南人蛮属也",与当下讨论的"俚"意义不同。也就是说,它并不是借用从前就在使用的"俚"字,而是给〈里〉加上"单人旁"的"新字"。不过,正如佐藤(1991)所指出的,这一表记和〈裡〉一样,并没有长期使用。

由此可以推测,古名家本《窦娥冤》与其他古名家本相比,〈里〉的表记法改动较多。

比《窦娥冤》改动更多的是《王粲登楼》,这从〈里〉的表记一个也没有留存即可知道。并且,由1.2所要谈及的"慌张"的表记全部统一为〈慌〉,而〈荒〉一个也没有的情况也可窥见。

王粲你发酒风哩。	(《王粲登楼》7. a. 10)
吾兄怕不说的是哩。	(同上 21. a. 4)

另一方面,我们再看息机子本,与古名家本恰恰相反,呈现出全都统一为〈哩〉的面貌。息机子本是万历二十六年(1598年)刊行的,那时〈哩〉的表记已经成为普遍现象。从《生金阁》中保留的一个〈裡〉推测,息机子本的底本应当仍留存着旧的表记。

---

① 〈裡〉这一表记并不正确,所有的〈里〉都加"示补旁",无一例外。这个时期,带"衣补旁"〈里〉的"裡"的表记还并未使用。只是带"示补旁"的〈里〉字在现行的铅字中没有,所以不得不用〈裡〉暂时代替。

② 所示为原著的页数、表里、行数。下同。

③ 参看佐藤晴彦(1986)。

我养着你个家生哨裡。　　　　　　　　　　　（《生金阁》12.b.6①）

不过,并不是说〈哩〉的表记就是从万历年间开始普遍使用的。这个问题,在 3 的周宪王处会提到。在明确记载永乐、宣德年号的周宪王作品中,〈哩〉已经被视为普遍的表记,〈里〉〈裡〉已非常少见。

以此为前提,再来看古名家本,〈里〉为主流现象就显得极为重要。古名家本的编者一般认为是陈与郊,并由龙峰徐氏刊行于万历年间。但从〈哩〉的表记来看,则留存着比万历更古老的面貌。由此,可以考虑以下两种可能:

1)古名家本的刊行比万历早。

2)若是万历刊行,其底本则相当古老,并且没有太大改动。

这两点,虽然不能马上得出结论,但也不能否定 1)的可能性。

1.2 关于“慌”

“慌”的表记,在古名家本和息机子本中表现出非常明显的对立。古名家本更多地保留着〈荒〉这个旧的表记,而息机子本则几乎统一为新的表记〈慌〉。

古名家本

那厮害荒也。　　　　　　　　　　　　　　（《后庭花》4.a.10）

觑了这王庆荒獐势煞……　　　　　　　　　（同上 20.a.5）

丑荒走上,净扮先生跟上……　　　　　　　（《勘头巾》9.b.1）

慌做甚么? 忙做甚么?　　　　　　　　　　（《王粲登楼》26.b.9）

息机子本

姐姐,你慌么?　　　　　　　　　　　　　（《㑰梅香》19.b.3）

不付能得相见唬的慌上慌。　　　　　　　　（同上 26.a.2）

正老人同外老人慌上云……　　　　　　　　（《生金阁》14.a.9）

你那般荒,怎么?　　　　　　　　　　　　（《东堂老》31.a.5）

1.3 关于“教”“原来”

这两个表记法和“哩”“慌”不同,是明代平均的表记法。由此可以推定一事,那就是与〈哩〉〈慌〉相比,〈教〉〈原来〉的表记法,尤其是〈原来〉这种表记固定下来的时间更早一点。这一点,在 4 中将再次提到。

古名家本

休教走了,拿住这杀人贼者!　　　　　　　（《胡蝶梦》4.b.2）

教我领他二人见夫人去。　　　　　　　　　（《后庭花》2.b.3）

烧着一只鹅……可交他飞的去了!　　　　　（《荐福碑》7.a.7）

原来是梅香在这里。　　　　　　　　　　　（《倩女离魂》13.b.7）

这岳阳楼上作祟的元来是你!　　　　　　　（《岳阳楼》6.a.4）

---

① 息机子本宾白的部分是两行,但在本文线格内的部分都看作一行。换言之,就是把白的双行作为一行来数。

息机子本

小子累次教人问这亲事…… 　　　　　（《㑇梅香》5. a. 2）

休教我罗帏中梦断魂飞莫延迟。 　　　（《留鞋记》6. a. 1）

原来我这哥哥平日是个悭吝苦尅的人。 （《忍字记》4. a. 6）

笔者感兴趣的是刊本中一些手写增补的部分。这或许是因为原本有残损，又或者是出于某种需要而进行手写增补，但显而易见，那里仍大量使用旧的表记法。

古名家本

又待交我人间等…… 　　　　　　　　（《岳阳楼》又 22. b. 6）

息机子本

空交人珠泪满腮。 　　　　　　　　　（《留鞋记》又 8. a. 2）

我师法旨，交你看经、念佛、打坐…… 　（《忍字记》20. b. 8）

元来都在我头上。 　　　　　　　　　（同上　又 21. b. 5）

其中，《岳阳楼》《留鞋记》没有任何校记，而《忍字记》的开头有赵琦美笔迹，题"于谷峰先生查元人孟寿卿作"。以此类推，这些手写的地方或许是据于小谷本补上的。①

2. 抄本

与刊本所见相同，抄本中四个词语的调查结果如表 2 所示。

表 2　脉望馆抄本调查表

抄本名	作品名	里[语助]	裡[语助]	哩[语助]	荒	慌	交	教	元来	原来
内府本	五侯宴	16	0	0	0	2	0	9	0	6
	陈母教子	18	0	0	0	2	0	8	0	1
	汗衫记	22	0	0	0	1	0	9	0	9
	赵礼让肥	2	0	2	2	7	0	1	0	1
	桃花女	29	0	0	0	4	0	8	0	3
	赚蒯通	4	0	0	0	0	0	2	0	0
	小尉迟	6	0	0	0	0	0	4	0	2
	燕青博鱼	14	0	0	0	1	0	0	0	3
	任风子	7	0	0	0	1	1	3	0	5

---

① "脉望馆"中未包含于小谷本的《忍字记》，故不能确认。

抄本名	作品名	里[语助]	裡[语助]	哩[语助]	荒	慌	交	教	元來	原來
于小谷本	庄周梦	4	0	0	1	0	6	1	0	0
	剪发待宾	6	0	0	0	0	3	2	0	0
	渭塘奇遇	5	0	0	0	0	4	0	3	0
	误失金环	11	0	1	0	3	13	0	1	0
	东墙记	6	0	0	1	1	34	2	1	0
	桃符记	14	0	0	0	①	1	1	2	0
	遇上皇	8	0	0	1	0	10	1	0	1
	贬黄州	2	0	0	1	0	2	7	0	1
	黄花峪	6	0	0	4	0	4	0	1	1
来历不明本	举案齐眉	11	0	0	0	1	0	3	0	4
	盆儿鬼	8	2	0	1	5	0	0	2	7
	冤家债主	1	0	15	0	0	2	0	2	0
	杀狗劝夫	3	0	16	5	①	42	5	5	0
	马陵道	25	0	0	1	1	0	21	0	4
	百花亭	1	0	5	4	1	0	1	2	2
	货郎旦	4	1	7	3	0	3	0	0	4

备注:数字打〇的,表示的不是"慌",而是异体字。

由表格大概可知如下几点:

一是,"哩"的表记,内府本和于小谷本几乎统一为古老的表记〈里〉,而来历不明本除了〈里〉之外,〈哩〉也较为多见。

二是,关于"慌",内府本几乎都使用〈慌〉,而于小谷本、来历不明本多保留〈荒〉。

三是,关于"教",内府本仍统一为新的〈教〉,而于小谷本多保留旧的表记〈交〉。来历不明本则正好介于两者之间,既有改为新的表记,也有保留旧的表记。

四是,关于"原来",也同样是内府本改为新的表记,于小谷本保留旧的表记,来历不明本既有改为新的表记,也有保留旧的表记。

接下来,就各个问题进行探讨。

2.1 关于"哩"

这一表记,内府本、于小谷本都很好地保留旧的表记。这一点与先前所提到的古名家本和息机子本的关系不同。

内府本

石婆婆儿,着你过去里。　　　　　　　　(《桃花女》3.a.9)

我知道少下你些房宿饭钱,不曾还哥哥里。(《汗衫记》2.b.8)

这个庄户人家吃饭哩。   （《赵礼让肥》5.b.3）

于小谷本

兀那桃树下,一个美貌佳人寻自尽里。   （《桃符记》1.b.10）

兀那秀才看嗒里。   （《误失金环》5.a.5）

你不信自看去,见在前厅上见老夫人哩。   （同上 21.b.5）

这里有一点值得注意。上述文例,原来抄本的〈里〉,全都以不同的笔迹附上"口字旁",显然是后加上去的。而且,从笔迹和"脉望馆"的收藏情况来判断,后来加上那些的恐怕就是赵琦美,其方式则是彻头彻尾的。例如,在内府本中,《桃花女》是使用〈里〉最多的,共有 29 处,没加"口字旁"的仅有 2 处。于小谷本中,《桃符记》最多,有 14 处,毫无例外地都加上"口字旁"。这意味着什么呢,他究竟为何如此执着于加上"口字旁"呢?①

到了赵琦美时期,作为"哩"的表记,〈哩〉是正确的,〈里〉是错误的意识发挥了强烈的作用。也就是说,〈哩〉是正字的认识已经固定下来。这正如在现代,若把应该写作疑问词〈哪〉的地方写成〈那〉就认为是错误的,道理相同。

笔者以为,某个新的表记出现时,并不能立即作为正确的表记固定下来。首先,对旧的表记总会产生某种抵触情绪,这是第一阶段。随之,会考虑到其他的表记,这就进入了反复摸索的阶段。此时一般采取多种表记。这个多种表记的共存时期会持续一段时间。于是,在出现的几种表记里,逐渐统一为人们感觉最合适的表记,其他的表记就进入淘汰期。经过这个时期,会稳定为一个表记。接下来就进入其他表记的排除阶段。也就是说,认为这个表记是"正确"的,其他表记是"错误"的。凡某一文字表记转为另外的文字表记时,大概都要经历这一过程。这样看来,万历末年的赵琦美时期,应是〈哩〉这一表记固定下来的最后阶段。

其次,来历不明本又如何呢? 只要看一下表 2 的"哩",就不难想象是几个系统的不同版本混杂在一起的。例如,《举案齐眉》《盆儿鬼》《马陵道》这三个作品,虽然其他条目的文字表记数值都略有出入,但"哩"的数值却非常接近。由此可知,这三个作品有可能是同一系统的版本。事实上,这些作品的笔迹相似,抄写者大概就是同一人。其余四个作品中,《冤家债主》《杀狗劝夫》《百花亭》三个作品,不只是"哩"这一项数值,其他各项数值也非常接近。因此,重新审视这三个作品,也能认定是同一人的笔迹。当然,此与前述三个作品的笔迹完全不同,而且这三个作品的共同点是使用方格纸。大概这三个作品就是同一系统的版本。至少可以肯定抄手为同一个人。剩下的《货郎旦》,在这七部作品中没有发现同一系统的。不过,如果扩大调查范围,一定有同系统的版本。

2.2 关于"慌"

关于"慌"这一表记,内府本多用〈慌〉,而于小谷本多用〈荒〉。这是因为于小谷本未作过多修改的结果。

内府本

那小的可害慌也。   （《赵礼让肥》11.b.5②）

---

① 这样的改写不只是给〈里〉加"口字旁"。此外,即使对方位词的〈里〉也毅然加上"示补旁"。更有部分抄本把〈甚麽〉写作〈是麼〉或者〈是末〉,把疑问语气助词〈麽〉记作〈末〉等的情况。这些也几乎改写为〈甚麽〉〈麽〉。

② 原本没有页数,所以把开头有题目的地方作为第一页算起。其他文本,页数不明的情况也按同样的方法处理。

急慌忙脚步儿频那。　　　　　　　　　（《桃花女》26. b. 10）
方今中兴汉世，天下黎庶荒荒。　　　　（《赵礼让肥》1. a. 8）
于小谷本
刘庆甫同旦做荒上云，…　　　　　　　（《黄花峪》9. b. 9）
旦荒出门，跪下科云，…　　　　　　　　（《庄周梦》10. a. 7）
比是你不慌呵，休要想他。　　　　　　（《误失金环》21. b. 10）

　　这里有个有趣的现象，在表 2 中，于小谷本和来历不明本都有在数字上打○的异体字。现举例如下：

六儿谎上云，不好了！（不）好了！　　　（《桃符记》7. b. 4）
员外你不要谎。这两个贼子他不肯背去……　（《杀狗劝夫》20. b. 6）

　　这个〈谎〉，当然不是"撒谎"之意，而是"慌张"的意思。若进一步将此异体字的调查范围扩大至明初的周宪王，古名家本中有如下例子：

不好了，〞〞〞，王义打死人也！（谎下）　（《继母大贤》7. a. 4）
把不住自惊谎，小鹿儿心头跳。　　　　　（同上 15. b. 3）

　　与此同时，也有相反的现象。例如下：

等夫人来时，说个慌不知怎生走了。　　　（《墙头马上》12. a. 4）

　　此《墙头马上》也是古名家本，但这个〈慌〉，应是"（说）谎"之意，不是"慌张"之意。这种现象也可以认为是"抄本常见单纯误写""刊本印刷时的单纯失误"，但至少发生这种失误的背景有其理由。这一时期，给"慌"的表记〈荒〉刚刚开始加上"竖心旁"，文字表记〈慌〉还处在不稳定期。正如"哩"处所见那样，因为给〈里〉加上某种符号，就和〈里〉这一文字区别开来一样，给具有"慌张"意义的〈荒〉加上某个符号，与"荒芜"之意的〈荒〉相区别的意识就在那个背景下开始萌生了。
　　当然，〈慌〉字早就有了，但"慌"这个词本来没有"慌张"之意。例如，在《广韵》中为"懻慌，呼晃切"（"懻慌"是"失意的样子"），在《集韵》中为"虎晃切，昏也"，都是上声。另外"荒"这个词也如《广韵》作"荒芜"那样，本来没有"慌张"之意。但在唐代已经被假借为"慌张"之意。在此基础上，给它加上"竖心旁"成为〈慌〉以区别〈荒〉字的意识始于明初。那时，也给〈荒〉加上"言字旁"表记为〈谎〉。可是，因为"慌张"是精神的、内心的东西，所以，比起〈谎〉，〈慌〉的表记更贴切。结果，〈慌〉就得以固定下来。与此同时，它的读音也变为了平声。
　　2.3 关于"教"
　　在内府本和于小谷本中，"教"的表记也表现出明显的对立。

内府本

我为甚连珠儿热酒教他饮了三巡?　　　　　　(《汗衫记》4. b. 4)

他教我到三更前后,披开头发倒坐门限……　　(《桃花女》9. a. 1)

则交捉意马,收却少年心。　　　　　　　　　(《任风子》2. b. 7)

于小谷本

又遇着这等人物,交我神不附体。　　　　　　(《东墙记》4. b. 2)

交我怎生睡的着?　　　　　　　　　　　　　(《误失金环》7. a. 10)

教他过来。　　　　　　　　　　　　　　　　(《贬黄州》19. b. 9)

　　像"哩"或"慌",给〈里〉或〈荒〉加上"口字旁"或"竖心旁",很容易就成为"哩"或"慌"。然而,把〈交〉改写为〈教〉就没有那么简单。因此,〈交〉几乎没有改写为〈教〉。但《东墙记》中却有 4 处被改写为〈教〉,上面列举的例句也改写为〈教〉。

　　来历不明本,"教"的表记很不稳定,有必要扩大调查范围再作判断。

　　2.4 关于"原来"

　　"原来"这一表记,可以说与"教"情况相同,内府本全部换为新的表记,于小谷本仍保留旧的表记,来历不明本则处于两者之间。

内府本

兄弟原来不知……　　　　　　　　　　　　　(《任风子》5. a. 10)

原来这一盏盏都是瓮头清。　　　　　　　　　(《燕青博鱼》24. a. 6)

原来我是尉迟恭的儿……　　　　　　　　　　(《小尉迟》9. a. 4)

于小谷本

元来是金陵的白面郎。　　　　　　　　　　　(《渭塘奇遇》11. a. 4)

门东娘元来是鬼魅。　　　　　　　　　　　　(《桃符记》7. b. 7)

原来这龙有风云,虎有山岩。　　　　　　　　(《遇上皇》25. a. 8)

来历不明本

又不是个包袱,元来却是一个人。　　　　　　(《杀狗劝夫》10. b. 7)

元来为风月如此也。　　　　　　　　　　　　(《百花亭》11. a. 2)

原来是一所花园,一园好花也。　　　　　　　(《盆儿鬼》3. b. 3)

　　以明代为界,〈元来〉写作〈原来〉大概是从避朱元璋的讳开始的。

　　以上,我们对刊本和抄本分别作了探讨。虽然说是旧新,究竟新到什么程度,旧到什么程度还不清楚。为探讨这个问题,有必要用抄写时期或出版时期确定的本子进行比较。因此,我们来看时代明确的材料周宪王的作品。

3. 周宪王的作品

　　周宪王的作品,有几种在其序言等处写有年号,因可知这些作品的出版时间,所以非常珍贵。现在,调查明确记有抄写时期或出版时期的资料中的 4 个词语,结果如表 3 所示。①

表 3　周宪王作品调查表

年号	作品名	里[语助]	裡[语助]	哩[语助]	荒	慌	交	教	元來	原來
永乐二年	辰钩月	1	1	0	0	1	1	5	0	3
永乐十四年	义勇辞金	0	0	2	4	0	1	8	0	2
〃(?)	降狮子	0	0	3	0	0	0	2	0	0
宣德五年	牡丹仙	0	0	2	0	0	0	3	0	2
〃(?)	牡丹品	0	0	0	0	0	0	1	0	0
宣德八年	香囊怨	0	0	5	0	1	0	15	0	3
宣德九年	牡丹园	0	0	3	0	1	0	5	0	5
〃	继母大贤	0	0	7	2	②	0	16	0	0
〃(?)	团圆梦	0	0	1	2	0	0	5(1)	0	2

备注:数字上打○的,表示是异体字,标()的,表示的是手写补充的部分。

　　比较表 3 和表 1、表 2,会发现许多值得注意的地方。其中最明显的一点是,"脉望馆"无论刊本,还是抄本,四个词语都大多保留了旧的表记法,而周宪王的作品几乎遵循了明代的平均表记法。

　　由此表来看,四个词语中,最早成为新表记的是"原来"。〈元来〉最早被改写为〈原来〉,可能和避朱元璋的讳有关。

　　原来他是上界二十八宿内娄金狗一星。　　　　（《辰钩月》2.a.5）
　　原来云长在此。　　　　　　　　　　　　　　（《义勇辞金》20.b.6）
　　由表 3 可见,永乐二年(1404 年)以降,〈原来〉无一例外。

　　其次,成为稳定表记的是"哩",在 4 个词语中,这个表记也格外引人注意。相对于永乐二年《辰钩月》所保留的〈里〉〈裡〉的旧表记,永乐十四年的《义勇辞金》以后都用〈哩〉,这是非常典型的现象。

　　今夜那秀才又在书院中自言自语里。　　　　　（《辰钩月》4.a.10）
　　他问我:"为甚来?"小生道:"救月裡。"　　　（同上 2.a.8）
　　丞相等着哩,行动些。　　　　　　　　　　　（《义勇辞金》16.a.1）

　　从该表可见,永乐初年还没有使用〈哩〉。但至永乐中期,已经开始使用〈哩〉了。② 这样

---

① 年号处标(?),表示的是序文上虽然没有明确的写作时间或标明出版时期,但根据其情况可以推测出来。例如,《义勇辞金》的"引"署"永乐岁在丙申"。也就是永乐十四年(1416 年)出版。而,《降狮子》没有"引"。但是两者一看便知是同一版本。因此,《降狮子》的出版也可大致看作永乐十四年。只是由于不能断定,所以加(?)。另外,所用文本版本依次如下:《辰钩月》于小谷本;《牡丹仙》《牡丹品》《牡丹园》为《明周宪王乐府三种》(京都大学人文科学研究所藏);《降狮子》《义勇辞金》为宣德间周藩刻本(《全明杂剧》,台湾鼎文书局所收);《香囊怨》《继母大贤》《团圆梦》为古名家本。

② 佐藤晴彦(1991)列举《宣德刊本娇红记》(1435 年)"哩"的旧用例,认为"哩"开始使用于宣德年间,应予以纠正。另外,《辰钩月》的〈里〉加了"口字旁",而且,〈裡〉的"示补旁"也标上"口字旁",作品末尾记有"丁巳三月二十八日校清常道人",故此举即赵琦美所为。

来看,就能够理解先前所提到的古名家本、内府本、于小谷本的〈里〉是如何保留旧的表记了。

其次,比较稳定的表记是"教",最不稳定的是"慌"。

4."脉望馆"各版本新旧的推测

最后,在上述内容的基础上,我们来探讨来历不明本之外的诸版本以怎样的顺序保留旧的表记。前面的分析,因表1、表2数字错综复杂,一时难以理解。因此,我们下面采取更简单的方法。这个方法就是在诸版本中,把各个词语保留旧表记的记作＋,新表记的记作－,两者无法判定用±来表示。这样,结果即列为表4。

表4 "脉望馆"各版本新旧比较表

语汇 ＼ 版本	古名家本	息机子本	内府本	于小谷本
哩	＋	－	＋	＋
慌	＋	－	－	±
教	－	－	－	＋
原来	－	－	－	＋

据此表,按照保留旧表记多少的顺序,版本排列如下:

于小谷本 > 古名家本 > 内府本 > 息机子本

小松谦(1991:156)指出:

很明显,内府本系诸本在相当程度上已经发生了改变,几乎没有保留原本的面貌。

从笔者的调查来看,很认同这种见解。内府本与这四种中最新的息机子本接近,做了很多改动。当然,所谓的改动是从小松谦(1991:141)"原作所具有的尖锐思想和讽刺精神已经丧失了"的观念而来,绝不是在"改变文字表记"的意识之下进行的。文字表记也作了改订,可以说是副产品。但是,这里即便没有那样明确的意识,文字表记改变这一点却也是非常重要的。尽管在没有特别关注文字表记的情况下修订文字,文字表记还是改变了。如此呈现出的表记法,一定是当时平均的表记法。

表记旧,未必就等于版本抄写、出版时间旧。但至少可以肯定,这种可能性不能轻易否定。

四　总　结

以上,对"脉望馆"的各版本作了一些探讨。此前,一般认为"脉望馆"抄本是万历年间之物,①这是因为赵琦美"抄"于万历年间。但是,笔者对此抱有很大疑问。

的确,赵琦美的校记中明确记有万历年间的文字,经孙楷第详细整理,赵琦美何时校订何剧一目了然。但笔者以为更重要的问题并不在此。以赵琦美的校记为焦点,只能研究赵氏如何阅读杂剧,却并不是"脉望馆"本身的研究。因此,在赵氏校记上花费大量心力,对考察脉望馆本各版本的形成时期来说并非上策。

最重要的问题在于抄本的笔迹和赵琦美的笔迹截然不同。郑振铎恰恰指出"他自己动手钞写的"。但是,那是笔者断然不能相信的。比较笔迹,"抄"的不可能是赵琦美本人。这意味着什么呢?按照字面意思来理解"抄"这个词是不可想象的事情。但抄本的笔迹和赵的笔迹明显不同确是事实。这个矛盾究竟从何而来呢?笔者考虑了以下两种可能。

1)赵氏以前即有的抄本,只是赵氏自己校订了。

2)赵氏以外的某人抄写,赵氏自己校订了。

由本文可见,于小谷本保留着相当古老的表记。因此,首先能想到的是抄本的抄写时期可能最早,也就是1)的可能性。但是,这就无法理解"抄"的表达。只要忠实于"抄"这个词,1)就不成立了。

如果是第二种情况,那"抄"的时期即使是万历年间也无所谓。也就是说,可以假定是赵委托别人所抄,恰恰是郑所否定的"委之钞胥"这种可能。而且,这种可能性很高。这种情况下,就可以判定该抄本保留着古老的表记。只有这样考虑,才能理解抄本笔迹与赵琦美笔迹的不同,以及抄于万历年间的文本竟然反映以前的语言面貌的矛盾。

今后的课题,在对各个相关版本全部调查的同时,抄本的笔迹也要充分考虑其中才有效果。

另外,孙锡信(1992:69—82)也讨论过语气词〈哩〉。这是追溯现代的"呢"出现之前历史的精心之作。但是,正如本文所触及的那样,从〈裏〉到〈哩〉的变化,有相当复杂之处,并非如孙氏所论那么简单。

参考文献

[1]孙楷第.也是园古今杂剧考[M].上海:上杂出版社,1953.

[2]孙锡信.语气词"呢"、"哩"考源补述[J].湖北大学学报,1992(6):69—82.②

[3]小松谦.内府本系诸本考[M]//小松谦.田中谦二博士颂壽记念——中國古典戲曲論集.東京:汲古書院,1991.

[4]佐藤晴彦.《平妖傳》新探(2)——馮夢龍の言語的特徵をさぐる[J].神戸外大論叢,1986,37(1~3):159—181.

[5]佐藤晴彦.近代漢語研究の基本問題——中国旧小説、戯曲を資料として[J].外國學研究(XXII)神戸市外国語大学外国学研究所,1991:1—60.

[6]郑振铎.跋脉望馆钞校本古今杂剧[M]//郑振铎古典文学论文集.上海:上海古籍出版社,1984.

① 例如,孙楷第(1953:1)指出:"刊本抄本中并有明赵琦美题跋,知斯编所收之七八为赵琦美录校之本……"郑振铎(1956:977)也说:"有许多种杂剧,并不是委之钞胥,还是他自己动手钞写的。"再有,小松谦(1991:126)脉望馆钞本的解说也作如下说明:"赵琦美于万历四十至四十五年间(1612至1617年)抄写的。"

② 后收录在孙锡信《汉语历史语法丛稿》,上海:汉语大词典出版社,1997.

致谢：本文作者佐藤晴彦先生不嫌译者浅陋，欣然应允翻译之事，并数次审阅译稿，其为学严谨之态度令人钦佩。不想佐藤先生今已作古，看不到刊印的译稿了，只能以此译稿为之纪念。文章翻译多得同学康小亮帮助，他曾在九州岛大学攻读欧洲古典哲学专业博士，惜因留学时限已到，未能卒业而归国；华南师范大学李莉薇教授、郑州大学王连旺副研究员、暨南大学李宁老师都帮忙处理一些疑难问题；稿成之后呈阅浙江大学汪维辉教授，汪教授对译文不符合中文表达之处提出了指导性意见；杭州师范大学王文香老师为做校读，并提出了不少修订意见。译者在此一并致谢！

A New Probe into the *Ancient and Modern Drama Transcript at Mai Wangguan*

Written by Sato Haruhiko　　Translated by Zhao Tiexin

Translator's Note：Mr. Haruhiko Sato is a famous Japanese linguist. He studied under Mr. Tatsuo Ōta and works at Kobe University of Foreign Studies，where he is engaged in the study of modern Chinese. His article "A New Exploration of the *Ancient and Modern Drama Transcript at Mai Wangguan*" considers using the *Ancient and Modern Drama Transcript at Mai Wangguan* as a corpus for language research，but the formation period and regionality of each version of this batch of dramas have not yet been sorted out. To explore the timeliness of a corpus，we generally start from several aspects such as phonology，grammar，and vocabulary. In addition，Mr. Sato believes that exploring from the perspective of text notation (i. e. the form of text writing) is also an effective method. He conducted a sample survey of the *Ancient and Modern Drama Transcript at Mai Wangguan*，selected the notation of the four words "*Li*"（哩），"*Huang*"（慌），"*Jiao*"（教），and "*Yuanlai*"（原来）in various versions other than the unknown version，and compared and analyzed their usage frequencies，and found that the retention rate of ancient notations in various versions was different. According to the order of how much ancient notation is preserved，the versions of "*Ancient and Modern Drama Transcript at Mai Wangguan*" are arranged as follows：Yu Xiaogu version ＞ Gu Mingjia version ＞ Imperial Household version ＞ Xijizi version. The preservation rate of ancient elements is closely related to the formation period of its version，even if it is not the formation period of its version. Mr. Sato's research has promoted the research on the formation period and language characteristics of each version of *Ancient and Modern Drama Transcript at Mai Wangguan*.

Key words：Ancient and Modern Drama Transcript at Mai Wangguan，version，*Li*（哩），*Huang*（慌），*Jiao*（教），*Yuanlai*（原来）

通信地址：广东省广州市天河区瘦狗岭路 377 号暨南大学华文学院 308 室
邮　　编：510610
E-mail：136757636@qq.com

"难过"语义演变与转类动因探析*

李思贤

内容提要 "难"和"过"在线性序列上邻接出现,义为"难以度过",其搭配对象在唐以后由空间扩展到时间和事态。演变过程中"难过₁"在语境中由[＋困难]义产生隐含的[＋不适]义,并出现了"困难"义与"不适"义两可解读的过渡阶段。当搭配对象扩展到"人或人的身体部位"时,"不适"义最终固定下来,于明清时期完成了词汇化。成词后"难过₂"可以描述身体不适和心情悲伤双重语义。"难过₂"描述身体时也可泛指身体不适,也可描述具体的特定部位,这一用法目前在现汉普通话中已基本萎缩,只保留在部分方言区。"难过"可以描述"疾病"和"悲伤"两种概念,这符合具身认知中认知、身体和环境的一体性原则,基于语言使用者共同的身体体验,在汉语乃至世界语言中还存在类似的语言现象。

关键词 难过 语义演变 转类 具身认知

一 引 言

《现代汉语词典》(第7版)将"难过"标注为形容词,下设两个义项:①不容易过活(记作"难过₁"),如例(1a);②难受(记作"难过₂"),如例(1b)。

(1)a.那时家里人口多,收入少,日子真<u>难过</u>。

　　b.他听到老师逝世的消息,心里非常<u>难过</u>。

目前学界关于"难过"的研究只集中于"难过₂",研究角度可分为三类:第一类是对于"难过"这类心理情绪词的定性,它们在语义上与心理动词十分接近,因此早期研究将其归入心理动词。周有斌、邵敬敏(1993)提出了心理动词的鉴别式:S[指人]＋[很＋V]＋O,"难过"这类词无法进入鉴别式中,被称为准心理动词。第二类是从共时角度对这类词语义指向和句法功能的分析,赵春利(2007)指出了"难过"等词的语义特征及其与名词的语义关系,赵家新(2010)对"难过"等心理形容词进行了穷尽式的义征分析和语义形式化描写。第三类是从历时角度考察"难过"的词汇化过程,这类研究目前较为少见,仅有陈晨(2016:32－37)在分析"难X"这组词的词汇化时描述了"难过"的演变,但文中并未探讨"难过₁"和"难过₂"的关系、"难过"的转类动因及语义演变的机制。

本文拟在现有研究基础上回答如下问题:"难过₁"是否成词,标记为形容词是否合适?"难过₂"是否成词,何时成词,成词路径是什么?"难过₁"与"难过₂"之间是否存在语义演变

* 基金项目:中国人民大学科学研究基金项目"语言学视野下的汉译佛经时代考辨"(202230215);中国人民大学科学研究基金项目(中央高校基本科研业务费专项资金资助)"从《佛本行集经》看'者'的衰落及其对汉语的影响"(23XNH136)。

本文在写作过程中得到朱冠明师,吴永焕老师和朱湘蓉老师的指正,文稿曾参加第十八届谢无量大赛,蒙专家评委惠赐宝贵意见,并在2022年首届"朴学之光"研究生学术论坛和2022年第四届汉语词汇史青年学者论坛宣读,得到汪维辉、王诚等前辈学者的指教,师妹孙畅在修改过程中给予建议与帮助,匿名审稿人给了建设性修改意见,谨一并致谢!

关系,演变过程如何? 以上这些问题,只有追本溯源,从历时层面深入挖掘"难过"的演变过程,才能更为全面和清晰地给出答案。

二　"难过"的来源及使用

(一)"难过"表示空间难以经过

"难"的本义是鸟,后借以表示"不易"。《玉篇·隹部》:"难,不易之称。"《说文·辵部》:"过,度也。从辵咼声。""过"原始义是"经过""度过"。"难"与"过"共现,最初多用于描述自然环境,表达因地势、河流等原因导致路不好走,不易渡过,如:

(2)日不显目兮黑云多,月不见视兮风非沙。从恣蒙水诚江河,州流灌注兮转扬波。辟柱槙到忘相加,天门狭小路彭池。无因以上如之何,兴诗教海兮诚<u>难过</u>。(《汉晋西陲木简汇编(二编)·风雨诗》)

(3)远行地<u>难过</u>,大智力所能,如二国中间,难可得过度。(东晋·佛驮跋陀罗译《大方广佛华严经》,9/563b)

(4)向东南傍海岸,川野<u>难过</u>,山坂重重。(《入唐求法巡礼行记》卷四)

(5)僧辞师,师云:"你辞去那?"云:"是。"师云:"前头江<u>难过</u>。"僧云:"一切临时。"(《云门匡真禅师广录》,《古尊宿语录》卷一八)

"难"与"过"连用最早可见于例(2)《汉晋西陲木简汇编》收录的《风雨诗》中,诗中的环境描写可知作者身处险峻之地。"过"在句中作谓语,意义比较实,"难"作状语修饰动词。早期"难过"连用表达因环境险恶或山河阻隔而导致路不好走,难以经过,如"远行地难过""川野难过"等。

(二)"难过"的对象扩展到时间和事态

唐代开始,"难过"描述的对象扩大,由空间扩展到抽象的时间和事态,如:

(6)高文端云,官健受苦日久,朝夕<u>难过</u>,家属尽在潞州,若遣回军,必皆情愿。(李德裕《续得高文端贼中事宜四状》,《全唐文》卷七百三)

(7)一番记着,一夜还<u>难过</u>。伊还思念我。等得归来,恁时早早来呵。(杨泽民《满路花》,《全宋词》)

(8)一更才至,冷清清撇奴在帐里。翻来复去如何睡,二更里泪珠垂。二更<u>难过</u>,讨一觉频频的睡着。(《闹五更》,《全明散曲》)

(9)他说道:"南膳部洲<u>难过</u>日子,走到东胜神洲花果山上去住。"(《三宝太监西洋记》第一九回)

这些例句中"难过"描述的对象有明显的时间性,如"朝夕""一夜""二更""日子"等词,各例中"难过"出现的语境类似,都表示说话人感慨时间难熬,不好度日。"难过"描述的对象由具体的地理环境扩展为比较抽象的时间。用例中所述对象既可以置于"难过"前,如例(8)

"二更难过",也可以置于"难过"后,如例(9)"难过日子"。

除了描述时间,"难过"也可以用来形容抽象的事态,如:

　　(10)天子纪纲犹被弄,客人穷独固难过。(李浩弼《从幸秦川赋鸳兽诗》,《全唐诗》)

　　(11)忍饥受渴终难过,须投分义旧情亲。(《敦煌变文选注·捉季布传文》)

　　(12)这只是说循循勉勉,便自住不得,便自不由自身己。只是这个关难过,才过得,自要住不得,如颜子所谓'欲罢不能'。(《朱子语类》卷三一)

例(10)中描写了客人穷独的状况,例(11)为"忍饥受渴"的窘迫处境,例(12)"这个关难过"中的"关"不指称实体的隘口,指的是"自不由自身己"的情况,这些艰难的处境使说话人感觉难以度过。

(三)"难过"表示人身体不适或心情不快

明代以后,"难过"可以泛指人身体不适,也可以明确具体的不适部位,如:

　　(13)那酒不饮也罢,才到腹中,便觉难过,连叫肚痛。(《醒世恒言》卷二七)

　　(14)(瑞虹)喉咙间有了一线之隙,这点气回复透出,便不致于死,渐渐苏醒,只是遍体酥软,动掸不得,倒像被按摩的捏了个醉杨妃光景。喘了一回,觉道颈下难过,勉强挣起手扯开,心内苦楚。(《醒世恒言》卷三六)

　　(15)景臻曰:"只是喉咙底下有些难过。"(《隋唐两朝志传》第一一六回)

　　(16)(沈氏)忙又上前去问她;"可觉有什么难过?"秀春摇头道:"一点不觉怎样,只是肚饿得慌。(《八仙得道》第三回)

例(13)—(15)是"难过"与身体部位搭配,用以明确不适部位,如"腹中难过""颈下难过""喉咙难过"。例(16)"难过"泛指身体不适。

明末以后,"难过"也可以专门用来描述心情悲伤,尤以清代为盛,如:

　　(17)只是巫娘子清白身躯,毕竟被污,外人虽然不知,自心到底难过。(《初刻拍案惊奇》卷六)

　　(18)美爷一看,原来我栽筋斗栽到小孩手里啦。美爷想到此处,心里头一阵难过,面上还有点真挂不住。(《三侠剑》第二回)

　　(19)他又叮嘱过不要叫喊,只得忍着,心中好不难过。(《七剑十三侠》第三九回)

　　(20)说着,几乎要放声哭将出来,这一下把个章秋谷也说得十分难过起来,想着天壤茫茫,置身无地……就也不知不觉的洒了几点英雄眼泪。(《九尾龟》第八八回)

例(17)—(19)中均表示说话人内心消极、悲伤的情绪,前三例都明确表明是"心里难过",而例(20)可以不加"心上"这一限定成分,直接表达悲伤情绪。

下表统计了各时期"难过"搭配对象的情况:

表1　各时期"难过"搭配对象使用情况①

	空间	时间	事态	身体/身体部位	心理	总计
唐以前	2					2
唐五代	5	3	8			16
宋元	8	7	9			24
明	12	10	9	6	7	44
清	25	13	23	13	178	252

从表中可知,唐以前"难过"连用只出现2例,且只用于描述空间环境,唐五代起"难过"的用法迅速扩张,所描述对象扩展到"时间"和"事态"。宋元时期"难过"描述空间、时间及事态的用例继续增加。明代描述空间、时间、事态的用例略有增加,但最显著的变化是"难过"可以描述人的身体或心理。清代描述空间、时间、事态、身体的用例均有小幅增加,而用于描述心理的"难过"则激增至178例,足以证明,清代时"心情悲伤"义已成为"难过"的主要义项。

三　"难过"语义演变的相关问题

"难过"与空间、时间和事态搭配时可以理解为"难以度过",即为"难过₁",与身体或心情搭配时只能理解为"难受;不适",为"难过₂",下文回答文章开头提出的问题。

(一)"难过₁"是否成词

"难过₁"可以按字面意思理解为"难以度过",其搭配对象从空间向时间和事态扩展,尚未成词,理由如下:

从结构的凝固性来看,"难过₁"内部组合不紧密,可以插入其他成分,且词的组成部分可以单独受修饰语修饰,不符合"词汇完整性原则"(董秀芳,2011:26),如:

(21)a.死后妻子与同家人辈牢守门户,自过日子,再不去叨忝金宪家一分势利。(《二刻拍案惊奇》卷四)

b.但是一件,他既然不足,我女到他家里,只怕难过日子。(《二刻拍案惊奇》卷六)

(22)栀子花开六瓣头,情哥郎约我黄昏头,日长遥遥难得过,双手扳窗看日头。(《山歌》卷一《等》)

(23)老残道:"县里人都起身得迟,不如天明后,同店家商议,雇个人去更妥。只是

这河难得过去。"(《老残游记》第一六回)

例(21)a、b两句在同一文本中出现"过日子""难过日子"两种不同用例,例(22)、例(23)两句"日长遥遥难得过""这河难得过去","难"和"过"中间还插入了"得"。① 上述用例说明"难过₁"作"难以度过"义时结构凝固性较低,词义的内部形式透明,词的整体意义等于构词语素意义之和,因此我们认为"难过₁"并未成词。

"难过"以动词短语形式作"难以度过"义,在后代文献中仍有使用,例:

(24)苏活叹一口气低低说道:"这种日子狠难过呵。"麻利沙摇摇头说:"可不是么,更加上这种怪闷人的天气,今天是今年第一个晴天呢。"[莫泊桑(著)胡适(译)《二渔夫》]

(25)辰河弄船人有两句口号,旅行者无不熟习,那口号是:"走尽天下路,难过辰溪渡。"事实上辰溪渡也并不怎样难过,不过弄船人所见不广,用纵横千里一条沅水与七个支流小河作准,说说罢了。(沈从文《辰溪的煤》)

(二)"难过₂"是否成词,何时成词

明末以后,"难过₂"的对象扩展至人或人的身体部位,用以表达"身体/心情难受"时,"难过₂"凝固成词。此时"难过₂"已经凝练成一个新的整体,其词汇意义不再是两个构词语素的叠加。"难过₂"已经转类为描写情绪状态的形容词,用来表达较为抽象的情感概念,因此对象不能置于"难过₂"之后,只能放在"难过₂"之前。

(三)"难过₁"如何发展出"难过₂"

"难过₁"搭配时间和事态,表示"难以度过",这种语境可能会对当事人造成心理或身体的双重影响,因此产生了"不适"义。下文用三个情境为例来分析"难过"由"难以度过"义向"不适"义演变的过程。

1.因离别生出悲伤情绪

(26)一番记着,一夜还难过。伊还思念我。等得归来,恁时早早来呵。(杨泽民《满路花》,《全唐诗》)

(27)恰才相见便情合,离了他半霎儿应难过。(佚名《快活三过朝天子》,《全元散曲》)

(28)那公子在一旁,正因父亲无法不起身赴官,自己无法不留家乡试,父子的一番离别,心里十分难过。(《儿女英雄传》第二回)

上例中三句都是描述离别和思念亲人的语境,人在此情景下总会产生悲伤惆怅的心情。例(26)"一夜还难过",属于"难过₁"与时间相搭配,表示因相思而觉难以度过,例(27)"离了他半霎儿应难过",表达因分离而难以度过,但此句中已隐含心情悲伤义。例(28)中父子离别,因此"心里十分难过","难过₂"与"心里"搭配,显然表示当事人内心悲伤。

---

① "难得过"这样的表达在方言中也存在,如重庆万州方言:"好热,这几天好难得过。""做生意赔钱哒,日子难得过。"这进一步从方言角度佐证了"难过"作"难以度过"义结构松散,尚未成词(孙畅,私人交流)。

2.事态窘迫诱发悲伤心理

(29)你道我秋夏间犹难过,冬月天怎地熬。可不春来依旧生芳草。你道我白身无靠何时了,可不说青霄有路终须到。(《萧何月夜追韩信》第一折,《新校元刊杂剧三十种》)

(30)彼时披枷带锁,坐狱受刑,不知还有往日受用的快活在否,还是羞耻苦难难过也?(戚继光《练兵实纪》卷九)

(31)(王氏)回到故家,见家中什物器具,漂流净尽,心中大为难过,病势益见沉重。(《八仙得道》第九回)

如例(29)"秋夏间犹难过"中"难过₁"与时间对象搭配表示时间难捱,与后文的"冬月天怎地熬"相对应。例(30)"羞耻苦难难过"是处境难熬难以度过,但前文还出现了"快活",因此与之对应的"难过"也可理解为"不快"。例(31)"心中大为难过"的原因是家里遭受水患,此时只能理解为"难过₂",表达悲伤情绪。

3.身体不适而难以度过演变为身体难过

"难过₂"可以描写身体部位不适,如上文提到的"肚子难过""喉咙难过""颈下难过"等,表达疼痛等不适症状。因疼痛等原因导致难以度过,可以直接演变为身体不适义。

明清语料中"难过₂"常与身体部位"肚腹"搭配出现,"肚腹难过₂"是从"因受饿或肚胀而难以度过"的事态中演变而来的,如:

(32)我岂不知自有一日回家,只是眼下受饿难过。(《琵琶记》第一一出)

(33)食虫气血诸停积,胀痛难过总可凭。(王泰林《退思集类方歌注·备急九类》)

(34)a.那酒不饮也罢,才到腹中,便觉难过,连叫肚痛。(《醒世恒言》卷二七)

b.老和尚慈悲慈悲……此时我肚腹疼痛难过了。(《济公全传》第六五回)

例(32)中人因受饿而难以度过,例(33)正好相反,是因肚胀引发不适,这两例都是描述事态,但是这种事态带给说话人的直接感受就是肚子感受到不适,例(34)a、b两句可以直接用"肚腹"和"难过"搭配,"肚腹难过"即为"肚痛"。这体现了"难过"搭配对象由事态到具体身体部位的变化过程。

(四)"难过₂"成词以后如何发展

在现代汉语普通话中,"难过₂"只用于表示"心情悲伤",不表示"身体不适",后一种用法主要见于部分官话区、晋语区和吴语区,详见表2。

表2 方言中"难过"作"身体不适"义的分布情况

方言区	方言片	方言点	释义或例句
官话区	中原官话(汾河片)	山西永济、芮城	肚子难过的。(病了)(许宝华,1999:5228)
	中原官话(关中片)	陕西宜川、韩城、合阳	肚子难过。(邢向东等,2012:493)
	西南官话(武天片)	湖北武汉	肚子疼得难过。(李荣,1995:245)
	西南官话(成渝片)	四川成都	老母猪翻圈——肚皮难过。(黄尚军,2006:710)

方言区	方言片	方言点	释义或例句
	西南官话(滇中片)	云南新平	这两日肚子以首难过了。(张甬、张世进,1986:59)
	江淮官话(洪巢片)	安徽合肥	"难过"释义:身体上的难受、生病、不舒服,或心理的怨气、舍不得。(阚宝林,2020:273)
晋语区	五台片	山西忻州	难过死。(病故)(许宝华,1999:5228)
	吕梁片	山西石楼	难过下了。(病了)(同上)
吴语区	太湖片	江苏苏州	我今天颈椎难过得不得了。(我今天颈椎不舒服。)我感觉脑袋难过格。(我感觉脑袋不舒服。)我今天膝盖很酸,难过特哉。(我今天膝盖很酸,很不舒服。)(刘浩,2020)
		上海松江	"难过"释义为:①难受;②生病;③有疙瘩,过不去。(许宝华、陶寰,2015:357)

　　"难过"作"身体不适"义的用法沉积在方言中,呈现散点分布,目前并未发现分布规律。用法上承袭明清传统,可以泛指"生病",还可以与身体部位搭配表达身体某处不适。

四 "难过₁"到"难过₂"词性转类

　　"难过₁"到"难过₂"由动词短语演变为形容词,从描述特定的动作变为指与特定事物相关联的感受,本节探究"难过"词性转类动因。

　　首先,"难过₁"词性转类与其自身的构词方式有关。张国宪(2004)指出,"形＋动"组合中,高及物动词一旦接受了单音节形容词修饰,及物性会明显弱化,表现为带宾语功能弱化。比如可以说"唱京剧",不能说"清唱京剧",可以说"坐沙发",不能说"稳坐沙发"。"难过₁"的构词方式即为"形＋动","过"作为实义动词,原本有较高的及物性,受到"难"的修饰后,"过"带宾语功能弱化,这为"难过₁"转类为不能带宾语的形容词奠定了基础。

　　其次,受事主语句的大量使用是"难过₁"转类的根本原因。"难过₁"作为状中短语"难以度过"时,所述对象可以位于"难过₁"之后,如"难过日子",也可以前置,如"前头江难过""这个关难过"。前置对象在形式上是句子的主语,但在语义角色上是"过"的受事,句中未出现施事及任何被动标记,隐含的施事应为说话人或泛指人,整个句式构成 PV 结构的受事主语句。这类句式从形式上限制和保障了"难过"后无法再加宾语,这恰好符合形容词不加宾语的典型特征,为"难过₁"转类提供了句式上的保障。下表为"难过₁"与搭配对象位置关系的统计情况。

表3　各时期"难过₁"与所述对象位置关系①

	空间		时间		事态	
	受事居前	受事居后	受事居前	受事居后	受事居前	受事居后
唐以前	2					
唐五代	3	1	1	2	5	1
宋元	2	6	6	1	8	
明	7	5	5	4	9	
清	14	4	8	5	19	2
总计	28	16	20	12	41	3

从表格数据可知,当"难过₁"描述的对象为空间、时间时,受事居前的用例随着时代的变化由少变多。"难过₁"所述对象为事态时,受事居前的用例在每个阶段都远超受事居后的用例。"难过₁"与事态搭配时受事居前的语序非常固定,这极大地促进了"难过₁"的词义演变及词性转类。可以说,如果没有"难过₁"在受事主语句中大量出现并占据主导,其词义演变及词性转类将无从谈起。

五　从过渡阶段看"难过"的语义演变

"难过"作"难以度过"义时,描述对象经历了空间＞时间＞事态的扩展。② 这种扩展是基于不同的认知域内概念之间的隐喻映射(mapping),符合认知发展的一般规律。说话人将源域(source domain)空间域投射到目标域(target domain)抽象的时间和事态概念中,这种投射不是任意的,是基于说话人认知中三域的相似关系,通过类推促动而产生了聚合关系的顿变。

"难过₁"到"难过₂"的语义演变不同于隐喻映射的顿变,而表现为渐变性,其间经历了三个阶段:A→AB→B。

A:"难过₁"——难以度过(搭配空间、时间和事态,凸显"困难"义)

AB:过渡阶段——"难以度过"或"身体不适/心情悲伤"两可理解

B:"难过₂"——身体不适/心情悲伤(搭配人/人的身体部位,凸显"不适"义)

A阶段"难过₁"搭配的对象是空间、时间和事态,"难过₁"内部结构透明,只能理解为"难以度过"。AB阶段为过渡阶段,此时"难过"既可以理解为"难以度过",也可以理解为"身体不适/心情悲伤"。到B阶段,"难过"前的搭配对象为"人或人的身体部位","难过"无法再理解为"难以度过",只能理解为"身体不适或心情悲伤"。

下文重点列举AB阶段两可的用例以证明这一过渡阶段的存在,如:

---

① 有少数用例未纳入统计:1)主语居于受事和"难过"之间,如:只被你害杀人也么哥! 真个是寒来暑往人难过。(蒋一葵《尧山堂外纪》)2)受事未出现,如:太祖所坐战舰,正忧难过,意欲弃舟,另坐别船。(徐渭《英烈传》第一三回)

② "难过1"描述对象经历了由空间到时间和事态的扩展,这是核心语素"过"在发挥作用。唐以前"过"的对象可以是空间、时间和事态,如:1)北过降水,至于大陆。(《书·禹贡》)2)年之暮奈何,时过时来微。(曹操《精列》)3)若事过而后知,则与无智者齐矣。(北齐·刘昼《新论·贵速》)

（35）奈片时难过，怎得如今便见。（柳永《安公子·梦觉清宵半》，《全宋词》）

（36）心里人人，暂不见、霎时难过。天生你要憔悴我。（黄庭坚《少年心》）

（37）彼时披枷带锁，坐狱受刑，不知还有往日受用的快活在否，还是羞耻苦难难过也？（戚继光《练兵实纪》卷九）

（38）且说钮成刚吃饱得酒食，受了这顿拳头脚尖，银子原被夺去，转思转恼，愈想愈气。到半夜里火一般发热起来，觉道心头胀闷难过，次日便爬不起来。（《醒世恒言》卷二九）

（39）诓贾梦熊愁急莫释，以致触发旧患，心口疼痛难过，即乘间自缢身死。（祝庆祺《衙役诈赃担保之人情急自尽》，《刑案汇览三编》第三编）

（40）最难受的，还是那一只印掌，沉重万分，渐渐被他们压得酸疼起来，十分难过。耳中只闻"张真人还不投降""张天师快快退位"的声音。（《八仙得道》第七一回）

如例（35）和例（36）中的"片时难过""霎时难过"主要表示时间难挨，但句中已经隐含了心情悲伤义。例（37）"羞耻苦难难过"是"难过"与事态搭配，表示事态困窘而难以度过，但上文中还出现了"快活"，因此与之对应的"难过"也可以内心悲伤。例（38）中"心头胀闷难过"是心脏感觉胀闷，属于生理上的不适，但前文中又有因"受了这顿拳头脚尖，银子原被夺去"而"愈想愈气"。例（39）"心口疼痛难过"多指生理不适，但同时也包含了"愁急莫释"的情绪。例（40）可以理解为"印掌（被压得酸疼）而难以度过"，也可以直接理解为天师自觉难过不适。

吴福祥（2003）指出，语法化理论中的渐变（gradualness）原则强调，一个形式 X 的功能由 A 到 B 的演变通常是一个具有连续统性质的渐变过程，在这个过程中总会有一个可以观察到的过渡阶段（中间状态）AB 的存在，即 A＞AB＞B。只要能找到过渡性状态 AB，那么形式 X 的功能 A 和 B 之间的内在关联即可得到证实。通过对"难过"语义演变的描写与分析，也很好地佐证了这一观点，只有存在大量两可解读的用例，从 A 到 B 的语义演变才有说服力，才能更好地证明"难过₁"到"难过₂"的演变源流关系。

六　结　语

情绪和情感是人对客观事情的态度体验及相应的行为反应，它包括刺激情境及对其解释、主观体验、表情、神经过程及生理唤醒等内容。（彭聃龄，1988：436）我们注意到，身体不适与悲伤情绪本身就有内涵上的相关性，悲伤作为一种消极情绪，是人对客观事物或行为的消极体验，悲伤引发的生理反应与疾病的症状有相似的负作用，甚至悲伤也能够造成生理和心理上的双重疾病。更进一步，人的认知、身体体验以及人所处环境这三者之间也有密切的关系，据叶浩生（2010），认知心理学中的"具身认知"着重强调身体在认知过程中的关键作用，认知是通过身体的体验及其活动方式而形成的。认知存在于大脑，大脑存在于身体，身体存在于环境，这进一步强调了认知、身体和环境的一体性。

本文中，"难过""难受"都可以用来形容身体和心理的双重不适。王云路、张凡（2008）指出："'宛转'是身体翻转滚动的样子，通常是被打得疼痛难忍时的举动，也可指人极度悲伤时的举动。"其他语言中也有类似的表达，英语中 painful 既可以表达肉体疼痛（physical pain），也可以表达令人痛苦的（或难过、难堪）（upset or embarrassed）或不愉快的、困难的

(unpleasant or difficult)。西班牙语中 padecer(义为"感到身体上受到损伤、疼痛、疾病或惩罚")表示悲伤就像患有某种疾病一般，其名词形式 padecimiento 在表示病痛的同时也寓意着苦难和不幸"(羊敏慎，2020：26)。汉语和其他语言中是否还有别的词可以同时承担悲伤和疾病的义项？基于语言使用者共同的身体体验，我们认为这是高度可能的，但具体情况还需进一步研究。

参考文献

[1]陈晨. "难 X"双音词词汇化及相关问题研究[D]. 武汉：华中师范大学，2016.
[2]董秀芳. 词汇化：汉语双音词的衍生和发展(修订本)[M]. 北京：商务印书馆，2011.
[3]黄尚军. 成都方言词汇[M]. 成都：巴蜀书社，2006.
[4]阚宝林. 合肥方言[M]. 合肥：安徽文艺出版社，2020.
[5]李荣. 武汉方言词典[M]. 南京：江苏教育出版社，1995.
[6]刘浩. 《苏州方言词典》"高兴""难过"词义补遗[J]. 海外文摘·学术，2020(19)：6－8＋31.
[7]彭聃龄. 普通心理学[M]. 北京：北京师范大学出版社，1988.
[8]王云路，张凡. 释"踊跃"及其他——兼谈词义演变的相关问题[J]. 中国语文，2008(3)：276－280.
[9]吴福祥. 汉语伴随介词语法化的类型学研究——兼论 SVO 型语言中伴随介词的两种演化模式[J]. 中国语文，2003(1)：43－58.
[10]邢向东，王临惠，张维佳，李小平. 秦晋两省沿河方言比较研究[M]. 北京：商务印书馆，2012.
[11]许宝华，宫田一郎. 汉语方言大词典[M]. 北京：中华书局，1999.
[12]许宝华，陶寰. 松江方言研究[M]. 上海：复旦大学出版社，2015.
[13]羊敏慎. 汉语和西班牙语中"悲伤"情感概念隐喻的对比分析[D]. 杭州：浙江大学，2020.
[14]叶浩生. 具身认知：认知心理学的新取向[J]. 心理科学进展，2010(5)：705－710.
[15]张弗，张世进. 新平方言志[M]. 昆明：云南民族出版社，1986.
[16]张国宪. 形动构造奇偶组配的语义·句法理据[J]. 世界汉语教学，2004(4)：5－17.
[17]赵春利. 情感形容词与名词同现的原则[J]. 中国语文，2007(2)：125－132.
[18]赵家新. 现代汉语心理形容词语义网络研究[M]. 北京：中国社会科学出版社，2010.
[19]周有斌. 邵敬敏. 汉语心理动词及其句型[J]. 语文研究，1993(3)：32－36＋48.

Semantic Change and Motivation for Conversion of Part of Speech of "Nanguo(难过)"

Li Sixian

Abstract："Nan(难)" and "guo(过)" appeared next to each other，meaning "difficult to pass". After the Tang Dynasty，its collocation objects expanded from space to time and state of affairs. In the process of evolution，"nanguo₁(难过₁)" has produced the implicit meaning of [＋ discomfort]from the meaning of [＋ difficulty]in the context，and there has appeared a transition stage in which both the meaning of "difficulty" and "discomfort" can be understood. When the collocation objects of "nanguo(难过)" were "people or people's body parts"，the meaning of "discomfort" was finally fixed and completed the lexicalization in the Ming and Qing Dynasties. The word "nanguo₂(难过₂)" can refer to both physical discomfort and sadness. When used in body，"$nanguo_2$（难过$_2$）" can not only describe physical discomfort in general，but also specific body parts，this use is no longer used in the modern Chinese，only retained in some Chinese dialects. "Nanguo（难过）" can refer to two concepts，"illness" and "sadness"，which conforms to the principle of the unity of cognition，body and environment in embodied cognition. Based on the common physical experience of language users，similar linguistic phenomena exist in Chinese and even other languages in the world.

Keywords：*nanguo*（难过），semantic evolution，conversion of part of speech，embodied cognition

通信地址：北京市海淀区中关村大街 59 号中国人民大学文学院
邮　　编：100872
E-mail：lisixianvip@163.com

龙泉司法档案俗语词考释三则[*]

倪荣强

内容提要 立足于龙泉司法档案,采撷"管样""易色""霸闭"三则俗语词试作考释,希望对解读和研究龙泉司法档案有参考价值,对词汇研究、词典编纂有推动作用。

关键词 龙泉司法档案 俗语词 考释

龙泉司法档案是晚清民国时期浙江省龙泉县地方法院档案,汇集了咸丰元年(1851年)至1949年间龙泉地方司法机构审理的案卷,卷宗数量为17333卷,88万余页,是目前所知晚清民国时期数量最大、保存最完整的地方司法档案。在这批档案中,诉讼案件占大部分,包括诉状、辩诉状、言辞辩论记录、庭审口供等,蕴含了大量的日常生活用语、方俗语词,客观地反映了当地语言的真实面貌,为语言研究提供了宝贵的一手材料。其中,有一些俗语词不易理解,为语文辞书所不载,对档案的阅读和研究造成了一定的障碍。本文拟运用审辨字形、破除假借、排比归纳、体察语境等方法对"管样""易色""霸闭"三则俗语词作以考释,希望对解读和研究龙泉司法档案有参考价值,对词汇研究、词典编纂有推动作用。

一 管 样

《民国二十二年(1933)十二月十四日龙泉县法院民事判决二十二年度易字第九十五号判决原本》:"其陈述要旨略称被告族中于清光绪三十三年将土名珠树坪、季念坪、墓桶背三处山场出当与原告珠灯会为业。当时山内树木均已拼砍无疑,嗣由原告会边管样。"(《龙泉》3/1933/1206)^①

按:"管样"即"管养",义为管理养护。龙泉司法档案中恰见相似的表达,如下:

《民国二十三年(1934)七月十六日浙江永嘉地方法院民事判决二十三年度上字第九号判决(正本)》:"其上诉陈述及答辩意旨略称季正宗等季姓族众于光绪三十三年将土名珠树坪、季念坪、墓桶背三处山场当与上诉人等珠灯会边为业。当初山上树木均已拼砍无疑,嗣由上诉人等会边管养。"(《龙泉》3/1933/1224)

两判决书所述为同一事件,内容形式基本一致,通过比对可以推知,"管样"与"管养"应

---

* 基金项目:国家社科基金重点项目"明清汉语字词关系研究及数据库建设"(22AYY017);四川省岷江上游经济社会与生态文明研究中心项目"岷江上游半坡寨文书字词研究"(2023MJZC003);四川省区域文化研究中心重点项目《清代冕宁司法档案全编》俗字研究"(QYYJB2402)。小文写成后,殷晓杰教授和《汉语史学报》匿名审稿专家提出了宝贵的修改意见,谨致谢忱。

① 括号内文字为引文出处,分别表示书名+辑数/卷数/页码,如"《龙泉》3/1933/1206"表示《龙泉司法档案选编》(简称《龙泉》)第3辑1933年卷1026页,下仿此。

为同一个词，用字不同。"样"与"管"义难榫合，应非本字，当为"养"的通假字。在浙江契约文书中多见"样"通"养"的情况，例如：

> 《道光十五年(1835)八月吴作钏立发佃》："山内杉树代吾看样，不许私斫。"(《浙江畲族文书集成·文成卷》1/64)

> 《钟有财等诉状》："四至炳赤，载(栽)样树木。……本年八月二十二日挥令伊族周河利、周河妹等将财等所样松木盗砍有百余株。……实系某等该山所样之树，向其理还。"(《浙江畲族文书集成·文成卷》1/206)

> 《道光二十九年(1849)雷东开碎等立卖契》："未卖之先，平(并)无文墨交干，记(卖)之后，种与蓝边自能栽插杉掌管样篆管样。"(《浙江畲族文书集成·文成卷》4/59)

"看样"即"看养"，看管养护。"栽样"即"栽养"，栽种养护。"掌管样篆管样"即"掌管养篆管养"，"管养"义同于"掌管养篆"，应是书写契约时语义重复表达。且在浙江畲族文书中频现"养篆"，即见"样"之本字"养"，兹举两例：

> 《嘉庆二十二年(1817)七月叶旺根立当契》："雷边开掘耕种，养篆树木为利。"(《浙江畲族文书集成·文成卷》4/89)

> 《(时间不详)雷寿益立卖截契》："此园场未卖之先，并无内外人等文墨交关，既卖之后，任听叔边自行起园掘种，栽插养篆，永为己业。"(《浙江畲族文书集成·文成卷》5/268)

"养篆"即养护、蓄养之义。石仓契约中亦有"养篆""样篆"用例，例如：

> 《光绪九年(1883)十二月初四日阙佳贤仝侄德球立卖山契》："其山场未卖之先，并无文墨交加，既卖之后，任凭叔公推收过户，完粮养篆，永远管业，并及四至界内松杉茶头杂木一应在内。"(《石仓契约》2/4/76)

> 《民国十一年(1922)正月十一日叶开能立讨山场字》："日后茶树、松木，非(榧)子样绿(篆)，仟(扦)种杉木出挤种，主人、山主两人对半金(均)分。"(《石仓契约》4/3/136)

浙东契约文书中亦见"样"通"养"。

> 《咸丰七年(1857)正月慈溪朱昌玉立租山契》："当即言定每年样(养育)念支。……其山内树木样上(新生长的)，山主、管主对开。"(《清代浙东契约文书辑选》55)

释文将第二个"样"理解为新生长的，不当，应通作"养"，培植养护也。

从字义看，"养"有养育、养护之义，"管"有主管、管理之义，二字义可相合，构成并列复合词。从引文语境看，"管养"的对象为山场，可理解为管理养护(山场松杉木等植被)。此外，其他文献中见"管养"一词，而义有所不同。例如：

> 《皇朝通典》卷八十四《刑五》："死者之家情愿收领者，即赏给为奴，如自揣不能管养，不愿收领者，亦即改发伊犁给厄鲁特为奴。"

> 《清实录乾隆朝实录》卷一百二十："务将旗人视如子弟，留心管养，不时教训，俾令各知永远生计。"

> 《生绡剪》第三回："以故那些姬妾都战战兢兢，管养这些鸟儿，如养娘和爷的一般。"(55)

以上诸例中，"管养"的对象为人或动物，可分别解释为"照管抚养、管教""照管饲养"。因支配的对象不同，取义有所差异。

二　易　色

《江楫律师呈光绪三十三年(1907)八月初九日季长招等立批字》：“其树自拵之后任凭连客边砍伐，自行出售生财，众等并无异言。如有<u>易色</u>，季边一力支当，不干客边之事。”(《龙泉》3/1933/1309)

按：“如有易色”这一假设是承上句“自拵之后任凭连客边砍伐，自行出售生财，众等并无异言”的约定作出的，预设了与约定相违的情况。“易色”大致相当于“异言”及与约定相抵牾的行为，可释为相异的意见或行为。在契约套语框架之下，别契中该句法位置或作“异色”，可资参证。例如：

《道光二十八年(1848)十一月卓培松等立找契抄件粘呈》：“其田自找之后，任凭毛边推收过户，税契完粮，另佃耕种，收租管业，永为亲业。日后卓边不得再言找赎，亦不得另生枝节识认等情，此系父遗下款分清业，与内外兄弟子侄人等俱无干涉。如有<u>异色</u>，自一力支当，不涉买事。”(《龙泉》1/晚清/411)

《民国八年(1919)正月十六日罗庆儒等立出领字抄件等粘呈》：“自领之后，其碓税任凭庆俭边自行修造管理，众等无得异言。如有<u>异色</u>不清，众边自能支当，不干受者之事。”(《龙泉》2/1918/426)

《民国十八年(1929)十一月六日周敏功等立典卖屋契》：“自典之后，任凭陈边择吉迁移，居住管业，周边并无异言翻悔以及另生枝节等情，此屋系日前承祖手遗下自己分关内清业，与内外伯叔兄弟子侄人等俱无干涉。如有<u>异色</u>，周边自能一力支当，不涉陈边之事。”(《龙泉》3/1930/831)

《民国十七年(1928)十二月初三日陈文贤立贴批》：“其田自贴之后，任凭兄边自种自收一年，弟边毋得异言反悔，此祭田本年应轮及昌德公派下子孙办祭完粮，与内外伯叔兄弟等俱无干涉。如有<u>异色</u>，弟自一力支当，不干贴者之事。”(《龙泉》3/1933/1360)

“易色”“异色”当义同。《玉篇·日部》：“易，异也。”“易”“异”含义相同，从文契用字情况来看，在“易/异言”“悔易/异”等词语结构框架中二者无别，可作同义替换。例如：

《咸丰二年(1852)十二月钟门雷氏立卖契》：“吾边伯叔子侄不得<u>易言</u>之理。如有此色，自能支解，不涉边叔之事。”(《浙江畲族文书集成·文成卷》2/126)

《咸丰四年(1854)四月钟员平立卖契》：“吾边兄弟子侄不得<u>异言</u>之理。如有此色，自能支解，不涉弟叔之事。”(《浙江畲族文书集成·文成卷》2/134)

《顺治十六年(1659)十二月十六日吴仁礼立卖契》：“家外人等无得<u>易言</u>。”(《徽州文书》6/1/80)

《康熙九年(1670)九月初三日倪君鞍立卖契》：“家外人等无得<u>异言</u>。”(《徽州文书》6/1/81)

“易言”“异言”义谓异议。

《康熙十年(1671)十一月初三日汪阿业立卖契》：“自成之后，各无<u>悔易</u>。如有悔者，罚出纹银五钱公用。”(《徽州文书》6/1/86)

《乾隆十三年(1748)三月二十一日汪开三立卖契》：“自成之后，两无<u>悔异</u>。如悔者，

甘罚白银二两公用。"(《徽州文书》6/1/101)

"悔易""悔异"义谓反悔异言。

《说文·色部》:"色,颜气也。"颜气即脸色、表情。脸上神情的变化有时可以反映一个人对事物的态度看法,故可引申指相对抽象的态度、意见或行为。浙江契约文书中见"色"表示态度、行为的情况,例如:

a.《嘉庆二十二年(1817)四月初四日地畬村内同众立卖契》:"其山自卖之后,迁穴,众等不得异言返(反)悔。其山如有此色不清,卖主自己一力枝(支)当,不干受主之事。"(《龙泉》1/晚清/398)

b.《乾隆十年(1745)十二月十九日季承蛟立真契粘呈》:"日后本家兄弟亲房叔伯子侄人等亦无为碍等情。如有此色,本家自能支当,不涉买主之事。"(《龙泉》3/1930/92)

c.《乾隆三十一年(1766)十二月初十日孙黄贵立找田契》:"其田自找与后,永远不敢再找取赎。如有色,甘受叠骗罪。"(《石仓契约》1/1/56)

d.《宣统三年(1911)八月曹邦燮立卖契》:"本家伯叔兄弟子侄不得异言。如有此色,自能支解,不涉钟边之事。"(《浙江畬族文书集成·文成卷》1/230)

例句 a 中"此色"指地畬村众异言反悔的态度、行为。例句 b 中"此色"指日后卖主边兄弟亲房叔伯子侄人等干碍等行为。例句 c 中"色"指赎回的行为。例句 d 中"此色"指卖主边伯叔兄弟子侄异言的行为。

从词的结构成分及类型来看,"易色"系偏正式合成词,"易"取义为不相同的、相异的,"色"取义为态度、意见或行为,二者结合成词,义为相异的意见或行为。

附带提及,《汉语大词典》"异色"词条解释为"①不同颜色。②异常的色彩;特出的美色。③犹变色。④各种;各色",未及义项"相异的意见或行为",似可据补。

三　霸　闭

《民国二十二年(1933)十一月四日陈绍鑫为陈文贤夺贴祭田灭人房分声请传案调解事民事调解声请书》:"讵相对人恃父位居房长,势豪欺声请人懦弱,胆敢将垟坞塘夺贴他人,并将水南坞、龙儿坡霸闭声请人出贴。"(《龙泉》3/1933/1316)

按:"霸闭"包含俗字"霸",可楷定作"霸",当同"霸"。该字形于《龙泉》中共现两次,而历代字书无考,其他文献目前亦未见用例,其写法颇具特色,下面试作简要分析。"霸",或作"霸""霸",《民国八年(1919)四月二十三日王礼荣为奉令答辩死灰复燃事民事辩诉状(状稿)》:"父故胆于本年另开生面,以欠租霸屋起诉,奉饬答辩。"(《龙泉》2/1919/18)《民国二十二年(1933)十一月二十二日陈绍鑫诉陈文贤为调解不下提起呈诉事民事状(副本)》:"务请钧台迅予通传讯明,勒令夺收贴价洋四十元如数追还,并求判令上列祭田归原告出贴,被告不得霸闭,讼费责其负担,缴纳审判费大洋二元二角五分,谨诉。"(《龙泉》3/1933/1327)"霸"本从月霸声,盖书手误以为从雨朝声,而将"朝"改换成了语音相近且形体相对简易的"伯",又"雨"俗书习作"覀",缘此,字可作"霸""霸"。"霸"则是"霸""霸"二形杂糅的结果。

据上,"霸闭"当作"霸闭"。该词辞书未载,文献罕觏,意义费解。窃以为"霸闭"指阻止、阻碍。试予申说,龙泉司法档案中又见"霸阻""阻闭""闭",姑且将例句分成三组进行比较分析。

第一组:

《民国二十二年(1933)十一月二十二日陈绍鑫诉陈文贤为调解不下提起呈诉事民事状》:"于今,原告轮得上列两祭,被告更何得复来抢贴霸阻。……既未娶亲,该垟坞塘被伊抢贴,得价洋四十元,应请返还,更何得闭原告出贴。务请钧台迅予通传讯明勒令夺收贴价洋四十元,如数追还,并求判令上列祭田归原告出贴,被告不得霸闭,讼费责其负担,缴纳审判费大洋二元二角五分,谨诉。"(《龙泉》3/1933/1326)

被告被质问何得"霸阻"原告轮值祭田,何得"闭"原告出贴,原告求判被告不得"霸闭"其出贴祭田。据语境分析,"霸阻""闭""霸闭"义同。

第二组:

a1.《民国二十二年(1933)十一月四日陈绍鑫为陈文贤夺贴祭田灭人房分声请传案调解事民事调解声请书》:"务请钧处迅将相对人并证人陈秋亭传到,依法调解。勒令返还贴价,饬令不得阻闭,以正房分,以昭法益。"(《龙泉》3/1933/1317)

a2.《民国二十二年(1933)十一月二十二日陈绍鑫诉陈文贤为调解不下提起呈诉事民事状》:"务请钧台迅予通传讯明勒令夺收贴价洋四十元,如数追还,并求判令上列祭田归原告出贴,被告不得霸闭,讼费责其负担,缴纳审判费大洋二元二角五分,谨诉。"(《龙泉》3/1933/1326)

例句a1中"勒令返还贴价,饬令不得阻闭"意思是勒令被告返还贴价于原告,不得阻闭原告出贴祭田,与例句a2"勒令夺收贴价洋四十元,如数追还,并求判令上列祭田归原告出贴,被告不得霸闭"内容相同,形式有相似之处,"阻闭"与"霸闭"对应,二者亦当义同。

第三组:

b1.《民国二十二年(1933)十一月二十二日陈绍鑫诉陈文贤为调解不下提起呈诉事民事状》:"讵被告吞必(心)未足,并将原告应轮上列各祭田霸闭不许原告出贴,冀图一纲独吞,灭人房分,且原告对该祭产前被吞噬多矣。"(《龙泉》3/1933/1325)

b2.《民国二十二年(1933)十一月四日陈绍鑫为陈文贤夺贴祭田灭人房分声请传案调解事民事调解声请书》:"讵相对人恃父位居房长,势豪欺声请人懦弱,胆敢将垟坞塘夺贴他人,并将水南坞、龙儿坡霸闭声请人出贴。"(《龙泉》3/1933/1316)

b3.《民国二十二年(1933)十一月四日陈绍鑫为陈文贤夺贴祭田灭人房分声请传案调解事民事调解声请书》:"相对人何得抢贴夺收贴价,得闭声请人出贴。"(《龙泉》3/1933/1317)

b4.《民国二十二年(1933)十一月二十二日陈绍鑫诉陈文贤为调解不下提起呈诉事民事状》:"既未娶亲,该垟坞塘被伊抢贴,得价洋四十元,应请返还,更何得闭原告出贴。"(《龙泉》3/1933/1326)

例句b1中"霸闭不许原告出贴"、例句b2中"霸闭声请人出贴"、例句b3中"闭声请人出贴"以及例句b4中"闭原告出贴"内容形式均一致,故"霸闭"与"闭"义同。

综上所述,"霸闭""霸阻""阻闭""闭"四词同义,在相同的语境下彼此可以互相换用。"闭",《说文·门部》:"闭,阖门也。"本义为关门,可引申出关闭、堵塞、阻隔、阻止等义。"阻"有阻止义。"阻""闭"意义近同,"阻闭"系同义并列复合词,义为阻挠、阻止。"阻闭"一词,文

献有征,例如:

《续三国演义》第九十回《曹巍际遇据青州》:"须臾,曹巍自引兵到,守人见多,急来阻闭,已被涌进,各皆奔报夏国卿、苟豹知道。"(475)

《正谊堂文集》卷一:"并祈敕部咨行该地方督抚不得阻闭,庶采买得便,而民生大有裨益矣。"

《道光二年(1822)十二月二十五日孟首敏等卖基地房屋契》:"约内批明孟姓大门巷路熊姓不得阻闭,今一并绝卖,任凭修改,永无异说。"(《湖北天门熊氏契约文书》2/717)

递推之,"霸闭""霸阻"词义亦即豁然。文献中见"霸阻"用例,更可助证。例如:

《皇朝经世文新编》卷八《矿政》:"萍习向狃于形家之说,居民坟墓有与煤窟相距数里之遥者,如往开挖新井,乡人多方霸阻,甚至激成械斗。"

《九尾龟》第六十七回:"万一金寓翻转脸皮抢白几句,说他们霸阻从良,那时放手又不是,不放手又不是,难道真好不叫他嫁人不成?"(159)

《十尾龟》第三十七回:"前年,我因事到九江去,九江有个妓女名叫花小兰的要从良,他的同胞哥哥出来霸阻,两面打起官司来。"(272)

《道光十年(1830)十二月十三日邱新达立讨田筥》:"如违,其田任凭田[主]起耕改佃,讨人不敢霸阻异言。"(《石仓契约》2/3/177)

又,龙泉司法档案中见"霸蔽"一词。

《民国二年(1913)四月十八日张德财等控张礼田等为领未检有确据昭然事民事状》:"故龙邑习惯,山佃有卖山皮而不能卖山骨,山主只能管山骨而不能霸蔽山佃□准卖山皮之俗例。"(《龙泉》2/1913/126)

《民国六年(1917)十一月六日叶发开为娄业谋管包控包争事刑事辩诉状》:"除民种收之外,尚有田租四十三石五斗,讵被叶时科霸蔽,捛不完纳。"(《龙泉》2/1916/618)

《民国八年(1919)十二月十三日曹邱氏控曹德麟等为吊契匿契已契抵饰事民事诉状》:"且案内有经手丧用公人曹舜林、曹显林、曹樟能等迭经钧署三传不到,均被麟等霸蔽莫证,阻挠公令。"(《龙泉》2/1919/908)

"霸"有阻止义。《(时间不详)曹邱氏等为已蒙催传霸蔽公人事口头状》:"声言如有何人来案作证者,定要与何人结控,不予干休等语赫烈,以致公人被霸,不敢到案明证。"(《龙泉》2/1919/904)"被霸"即被阻止。《洪宪元年(1916)二月二十八日翁宗仑等控翁光匡为藐法违判纠众霸运事民事诉状》:"为藐法违判,纠众霸运,喊叩电速,饬警押运,一面勒提究追,迅赐判决,惩刁蛮,保公有事。"(《龙泉》2/1914/940)"霸运"即阻止搬运。"蔽"有遮盖、挡住义,可引申指阻挡、阻碍。《民国八年(1919)十二月十三日曹邱氏控曹德麟等为吊契匿契已契抵饰事民事诉状》:"为吊契匿契,已契抵饰,传公蔽公,阻公莫证,不得不再求勒吊田山众契,并拘经手丧用中人到案,对明丧账笔记,提出私毁谱据一部,分别民刑押追复讯,照契公判,以儆匿契混抵而免串灭祭产事。"(《龙泉》2/1919/907)"霸蔽",近义并列,义为阻碍、阻止。

而"蔽"与"闭"均可表示阻碍、阻挡,二者意义相同,在"霸闭/蔽"的词语结构框架中可作同义替换。因此,通过"霸蔽"亦可助证"霸闭"一词的意义和结构。

征引书目

东汉·许慎《说文解字》,中华书局,1978。

梁·顾野王《大广益会玉篇》,中华书局,1987。

明·酉阳野史撰,彭卫国、梁颖点校《续三国演义》,岳麓书社,2022。

清·张伯行《正谊堂文集》,清同治五年(1866)福州正谊书院刻本。

清·嵇璜等编《皇朝通典》,清光绪八年(1882)浙江书局刻本。

清·麦仲华《皇朝经世文新编》,清光绪二十七年(1901)上海书局石印本。

清·张春帆《九尾龟》,三友书社,1925。

清·谷口生等撰,李落、苗壮校点《生绡剪》,春风文艺出版社,1987。

清·陆士谔撰,韩锡铎等点校《十尾龟》,辽沈书社,1993。

张介人《清代浙东契约文书辑选》,浙江大学出版社,2010。

曹树基等《石仓契约》,浙江大学出版社,2011-2018。

浙江大学地方历史文书编纂与研究中心、浙江省龙泉市档案局《龙泉司法档案选编》,中华书局,2012-2019。

张建民《湖北天门熊氏契约文书》,湖北人民出版社,2014。

冯筱才等《浙江畲族文书集成·文成卷》,浙江大学出版社,2019。

参考文献

[1]罗竹风主编.汉语大词典(第7卷)[M].上海:汉语大词典出版社,1991.

Researches and Interpretations of the Three Vulgar Words in Longquan Judicial Archives

Ni Rongqiang

Abstract：Based on the Longquan Judicial Archives，this paper collects three vulgar words such as "*guanyang*（管样）" "*yishe*（易色）" and "*babi*（覇闭）" to researches and interpretations，hoping to have reference value for the interpretation and research of Longquan judicial archives and promote the development of Chinese vocabulary research and compilation of dictionaries.

Keywords：Longquan Judicial Archives，vulgar words，researches and interpretations

通信地址:浙江省金华市婺城区迎宾大道688号浙江师范大学

邮　　编:321004

E-mail:2926722702@qq.com

方志方言资料的百年研究[*]

连燕婷

内容提要 方志方言资料指新、旧方志收录的语言资料,主要是汉语方言资料和民族语言资料,兼有少量外语资料。百年来,方志方言资料的研究主要集中在七个方面:整理研究、概论性研究、词汇研究、语音研究、语法研究、民族语言资料研究、编纂研究。其中,整理研究成果颇丰,概论性研究量少而精,词汇研究的数量最多,但整体水平还有待提升,编纂研究趋于稳定,余者则较薄弱。目前学界普遍重旧志、轻新志,在研究的区域选择及语料类别利用上也存在不平衡的现象。未来学界的研究开展可参考以下七个方向:填补资料整理的空白,拓宽研究的范围,挖掘研究的深度,深入运用比较的研究方法,大力开展方言地理学的研究,加强方志方言用字的研究,重视方志方言资料对辞书修订的参考价值。

关键词 方志 方言 民族语言 百年

方志方言资料指新、旧方志收录的语言资料,其中数量最多的是汉语方言资料,民族语言资料次之,另有少量外语资料。汉语方言资料涉及官话、晋、吴、徽、赣、湘、闽、粤、客、平话和土话等十大方言,民族语言资料涉及满、蒙古、藏、羌、彝、壮、苗、瑶、侗、水、土家、毛南、畲、黎等语言,外语资料涉及葡萄牙语、阿拉伯语、波斯语、越南语、韩语、梵语等。

方志收录的语言资料部分散落在"风俗""物产"等门目,但绝大部分集中出现在一般命名作"方言"的专栏或专篇(卷/章),故学界惯称之为"方志方言"。

孙锦标(1913)对光绪《通州直隶州志》所收方言词进行订补,开方志方言研究之先河。在此之后的百年间,不断有学者关注到方志方言资料,产生一系列重要的研究成果。杨彦智(2022)、温晓萌(2022)分别截取某一时段、某一地域的方志方言研究成果加以述评,对方志方言研究史尚缺乏整体的观照。因此,从全局出发,重新爬梳既有的成果,对方志方言研究史作全景式的呈现与总结,仍有其必要和意义。百年来方志方言资料的研究可大致分为七个方面:整理研究、概论性研究、词汇研究、语音研究、语法研究、民族语言资料研究、编纂研究。下面择其要者而论之。

一 方志方言资料的整理研究

新、旧方志中的方言资料皆数量众多、价值丰富,但又都分布零散,翻检不易,因而学界首先关注的是资料的整理工作。旧志方言资料的整理始于民国,成果颇丰;新志方言资料的

* 本文为国家社科基金重大项目"方志中方言资料的整理、辑录及数字化工程"(15ZDB107)、国家社科基金一般项目"基于深加工语料库实践的汉语史分词规范研究"(22BYY108)的阶段性成果。感谢张莹、李爱丽、Kiki、丁明、曹天晓、胡鹏、王谢杨诸位学友对本文写作提供的帮助。

整理则要到 20 世纪末,成果寥寥。

(一)旧志方言资料的整理研究

1. 20 世纪的旧志方言资料整理

夏廷棫(1929)著录载有方言资料的方志目录 68 种,其中清代 63 种,民国 5 种,覆盖 12 个现行省份。

施文涛(1963)在 500 多种旧志中发现 70 多种设有"方言"专栏,由此占比推算有"方言"专栏的现存旧志约 1000 种。我们目前搜集的设有"方言"专栏的旧志为 1190 种,与此估算相合。

日本波多野太郎(1963－1972)汇集影印旧志方言资料 263 种[①],其中南宋 1 种,即范成大所撰绍定《吴郡志》,明代 3 种,清代 148 种,民国 111 种,覆盖我国 24 个现行省份。[②] 该书仅收"方言"专栏中的汉语方言资料,每卷前皆附序言、所辑方志版本目录,卷末附方言词索引。该书作为最早对旧志方言资料进行大规模搜求辑集的著作,是后世方志方言研究的基础性参考书,具有重大学术价值。但为时代所限,该书存在方志失收量大、方志版本考察不全面、编纂未善[③]等缺憾。

许宝华、游汝杰(1982[1988])整理现代上海辖区载有方言资料的旧志简目 53 种,其中明代 6 种,清代 36 种,民国 11 种。

莫雁诗、郑作广(1991)收集广西地区载有方言资料的旧志 109 种。

黄尚军(1996[2002]:320－427)整理四川地区收录方言词语及民俗词语资料的旧志 140 种,书末附录设有词表及方志版本目录。

2. 21 世纪的旧志方言资料整理

莫超(2014、2018)整理点校 80 种西北地区的旧志方言资料,其中陕西 26 种,甘肃 44 种,宁夏 5 种,青海 2 种,新疆 3 种;还整理有 7 种青海、新疆的旧志民族语言资料。

曹小云、曹嫄(2021)辑校旧志方言资料 962 种。[④] 该书兼收"方言"专栏中的汉语方言与民族语言资料,以省份归类,混合编排,还专设方志篇目及方言词语条目索引一册。若将两类资料分开,可得载有汉语方言资料的方志 879 种,其中南宋 1 种,明代 27 种,清代 424 种,民国 427 种,覆盖除港、澳、台、藏之外的 30 个现行省级行政区;载有民族语言资料的方志 216 种(133 种兼收汉语方言资料),其中明代 4 种,清代 93 种,民国 119 种,覆盖 22 个现行省级行政区。每种方志均附简要题解,用以说明方志修纂者、成稿或刊刻时间、今所在省市

---

① 该书 9 卷目录计收方志 274 种,但有 9 种重出:卷六江苏光绪《常昭合志稿》、乾隆《震泽县志》、乾隆《吴江县志》,卷七浙江道光《象山县志》、民国《新昌县志》、民国《金华县志》、民国《定海县志》,卷八山西民国《临晋县志》,卷九湖北同治《巴东县志》。此九种卷二均已辑录,其中乾隆《吴江县志》重出 3 次,又因卷二湖南同治《攸县志》仅收歌谣,应剔除,故实际收录的方志是 263 种。

② 该书将北京、天津归于河北,上海归于江苏,重庆归于四川,我们将其从中析出。

③ 如影印页面偶有遗漏或颠倒,手写部分有些模糊不清,页码有错乱等,详见李蓝、何玲、邓亚文(2017),于潇怡(2020)。

④ 该书《前言》(2021:8)称收录方志 963 种,其中上海附 1 种,江苏附 2 种。我们将民国《续修盐城县志》所附《盐城续志校补》,同治《上海县志》所附同治《上海县志札记》析出,又因书中所收民国《临潼县志》乃乾隆《临潼县志》的民国铅印本,清《太平府志》实为康熙十二年(1673)《太平府志》,应去其一,清《灵川县志》据嘉庆《广西通志》转录,不妥,当删,故该书共收方志 962 种。

县区、方言所在卷目、转录所据版本等情况。与《中国方志所录方言汇编》相比,该书在收录的方志数量上增补了 699 种之巨,在收录内容上增加了 216 种民族语言资料,在出版形式上采用经标点校勘的繁体竖排整理本,可谓旧志方言资料整理的集大成之作。该书两点略有不足:尚遗漏一定数量的方志①,存在解题信息不确、录文错误、断句不当、脱叶、方志重出等整理失误。

李蓝(2021)在《序》中称共影印收录明清民国旧志方言资料 741 种(2021:4、6),该数据可疑。该书在文献编纂方面出现 92 处失误:方志时代标示有误 60 处,方志重出 16 处,方志名称标示有误 10 处,方志省份归属有误 3 处,方志未收方言资料 3 处。② 该书亦收南宋绍定《吴郡志》,所收版本为民国三年(1914 年)影刻宋本,却误标注作"民国《吴郡志》",故言其所收方志始自明代。在校正以上诸多讹误后,我们统计该书共收录南宋至民国时期载有方言资料的旧志 673 种:载有汉语方言资料的旧志 611 种,其中南宋 1 种,明代 13 种,清代 302种,民国 295 种,覆盖除港、澳、台、藏、青之外的 29 个现行省级行政区;载有民族语言资料的方志 134 种(72 种兼收汉语方言资料),其中清代 61 种,民国 73 种,覆盖 21 个现行省级行政区。该书亦仅收"方言"专栏中的汉语方言与民族语言资料,但将两类分开,按省编排,均附索引,另编有一册无索引的语音特点、音系及民族文字等语言文字资料。该书影印页面大多清晰可靠,较好地保留了古籍原貌。但较之《历代方志方言文献集成》,该书遗漏载有汉语方言资料的旧志 349 种,载有民族语言资料的旧志 110 种,漏收数量多达 400 余种,加之其在编排上又存在较多失误,使用需谨慎。

汪启明(2023)"旧志编"收录旧志目录 998 种,兼收"方言"专栏和"风俗""物产"等门目中的方言资料,但于正文中未作区别说明。

乔立智(2024)将云南、贵州两省旧志中的民族语言资料,依民族类别及另设"多民族语言比较资料""山川名称及地名中的民族语言资料"两个版块进行编排整理。

莫超(2024)收录 348 种载有方言资料的旧志,其中多数与两部《集成》及连燕婷(2025)增补的方志重合,仅有 6 种是其独有的。这 6 种方志包括收录汉语方言资料的民国《蒲圻乡土志》、民国《绥远》,收录民族语言资料的嘉庆《黑龙江外记》、民国《绥远概况》、民国《西康图经》、民国《车里》。另外,书中所收民国《咸宁县简志》编纂于 1949 年之后,民国《东北要览》代表区域过大,同治《攸县志》仅载歌谣,都应剔除。

学位、期刊论文中的旧志方言资料整理成果一般在前言有所交代,或在文末附录处以目录或词表的形式呈现。研究选择的区域遍布全国,但热点区域集中在京津冀、云贵川、陕甘宁三地。这些文章有的仅以波多野太郎《中国方志所录方言汇编》所收方志为范围,有的有所补充,但与两部《集成》相比,大多存在不同程度的遗漏。但邢晓的博士论文《河北旧志所载方言语料研究》(2022)搜集载有方言资料的河北旧志 93 种,比两部《集成》各多了 17、18种,堪称完备。

---

① 如与李蓝《中国方志中语言资料集成》相比,该书遗漏了载有汉语方言资料的方志 81 种,载有民族语言资料的方志28 种。

② 详见连燕婷《〈中国方志中语言资料集成〉编纂指瑕》(2024)。该文还遗漏时代标示有误方志 1 处:第三册第 116—118 页标注的"光绪《赞皇县志》",乃光绪二年(1876 年)补刻乾隆十六年(1751 年)刻本的《赞皇县志》,实为"乾隆《赞皇县志》"。

(二)新志方言资料的整理研究

日本太田斋、加纳巧(2002)整理出设有方言志的新志 2873 种,方言专志 316 种,总计 3189 种新志的目录信息。方言专志一类,也收录部分方言著作、论文、词典、地图集、调查报告等。另有标示未详的方言志 47 种。所收方志在时间上截止于 1992 年,在地域上覆盖除港、澳、藏之外的 31 个现行省级行政区。著录的目录信息包括:序号、神户市外国语大学有无收藏及方志中有无方言志、方志名称、编著者、出版社、出版时间、方言志部分的起止页码、ISBN、方言部分执笔者信息及相关事项。这是学界首次对新志方言资料进行大规模搜求整理的尝试,为汉语方言地理学的研究提供了语料来源。岩田礼(2009、2012)二书的完成,就有赖于太田斋依据这份目录提供的大量新志方言资料。[①] 该书的不足之处在于:所收方志数量有遗漏、目录信息存在一些空缺和错误。

近几年西南交通大学系列专区研究的硕、博论文对新志方言资料有所利用的,一般于附录处整理有目录,所收方志在时间上截止于 2015 年前后。以上成果今已汇集编入汪启明(2023)"新志编"。全书共收录新志方言志及方言专志 3062 种,覆盖除港、澳、台、藏之外的 30 个省级行政区。著录的目录信息包括方志名称、编纂者、方言资料所在篇卷、起始页码、出版社、出版时间等。

二　方志方言资料的概论性研究

至迟从 20 世纪 60 年代起,学界就对方志方言资料的概况有了初步了解,对其价值和局限也有了清楚认识,并就如何运用这些资料给出了理论指导和实践示范。施文涛(1963)最早对旧志方言资料的概况、价值、局限进行阐述,颇具开创性和前瞻性。此后,关注该议题的研究有李树俨(1985),张振兴(1986),陈波(1987),莫雁诗、郑作广(1991),游汝杰(2004[2016]:227−228),褚红(2012b),仝正涛(2020a),曾昭聪(2022),王宝红(2022)等。以上研究围绕全国或地区或某种旧志的方言记载情况,对方志方言资料的编纂体例、学术价值、历史局限等加以考察。随着对方志方言资料认识的逐渐深入,学人开始尝试选取某一地区或某种方志的方言资料进行综合研究。如许宝华、游汝杰(1982[1988])首次对上海地区的旧志方言资料进行穷尽性整理,并对该地区的历史方言面貌进行细致描写。之后,周振鹤、游汝杰(1986)又据此考察了上海地区 16−19 世纪的方言地理情况,绘制方言土语分布图。张一舟(2008)借助《成都通览》总结了百年前成都话的语音和词汇的基本特点。

还有一些研究并未专门讨论方志方言资料,只是在一个更大的议题之下将其囊括,这同样体现人们对方志方言资料价值的肯定和实践运用。如许宝华、汤珍珠(1982),许宝华、詹伯慧(1992[1998]:148)"汉语方言"条,崔荣昌(1994)在回顾汉语方言的研究历史时,都曾提及方志方言资料,充分肯定其语言学价值。何耿镛(1994:84−87)则专辟"中国地方志中的

---

① 岩田礼(2009:4):"其次要感谢畏友太田斋先生十多年以来搜集并提供以县志方言卷为主的庞大的方言资料。本书'主要参照方言资料目录'中有相当部分就是他提供的方言资料。"

方言材料"一章,将旧志方言资料正式纳入汉语方言学史的框架之中。许宝华、宫田一郎(1999[2020])将旧志方言资料作为方言词条的文献例证,应用到汉语辞书的编纂中,首次大规模实践了方志方言资料的辞书学价值。岩田礼(2009、2012)利用大量新志方言资料及其他方言资料为95个汉语方言词条绘制上百幅方言解释地图,首次大规模实践了方志方言资料的方言地理学价值。而诸如李荣(1990、1991a、1991b)、华学诚(2006)、陈源源(2009[2017])、蒋宗福(2014)等研究都对方志方言资料加以利用,以展现方言词语在各地的历史存现及词义演变情况。

三　方志方言资料的词汇研究

方志方言词汇在数量上居首,相应的词汇研究也最多。这些研究主要分为考释研究、专区研究、专题研究、专志研究四类。

(一)方志方言词汇的考释研究

方志方言研究史的开端,即是上文提及的孙锦标(1913),属方志方言词汇的考释研究。考释的方法主要是以古文献证今方言,对方志方言词汇作溯源或求本字工作。黄群建、万世雄、邵则遂、朱建颂(1999)对民国《松滋县志》卷六方言部分作了校勘、考据、订正、阐释。念颖(2012[2017])对云南近代方志中的物产资源类词、基础产业类词、民俗文化类词、其他口语方言类词进行考证研究,是一部较为全面系统的区域方志方言词汇考释著作。该书虽题为"方志词汇研究",但文中实际又处处强调乃"方志方言词汇研究"。该书选取的方志方言词大多有"俗呼""俗名""土名""俗称"等方言标记,但亦羼入部分非方言词的词或词组,如"饮菊花酒",出自嘉靖《寻甸府志》:"重阳,九月初九日,登高,饮菊花酒。"此外,还有王令(2012)、邓邦云(2013)等文章论及于此。这些文章主要从审音、辨形、梳理文献用例的角度,选取波多野太郎(1963—1972)或其他方志中的若干个方言词进行考证。这些研究为我们了解方志方言词的词源、历时演变情况提供参考,但文章的考释水平良莠不齐,所考释的方志方言词汇数量也十分有限。更重要的是,这样的研究方法更多体现的是传统小学的考证路数,如果仅满足于此,则难以与现代语言学的发展相接轨。此外,近年还偶有文章借此修订方言辞书,如褚红(2012a)。

(二)方志方言词汇的专区研究

分地区对方志方言词汇进行综合研究的成果主要集中在硕、博论文。如唐莉(1999)利用清代民国四川地区近50个县市的方志方言资料及其他文献资料,考察了明代以降四川方言词语的留存与演变情况。向学春(2012[2015])借助巴蜀旧志中的方言土语资料,从共时层面研究近现代四川境内官话、客家话、湘语三大汉语方言的形成、特点及其发展演变,从历时层面考察历代四川方言词语的留存和嬗变,并考察了地名、稻作、航运、江湖四类特色文化词语。此外,针对某地旧志方言资料进行的研究还有张馨月(2015)、邢晓(2022)、何馨

（2022）等①，专就新志方言资料作的研究有顾洁（2018）、马冲（2020）等，将新、旧志方言资料结合作研究的有黄沙（2018）、谢超（2020）、田簪（2022）等。这些研究对所选地区方志方言词的收录情况、编排体例、语料特点进行介绍，对方言词的共时分布、历时演变、语言接触等情况作了初步研究。但上述研究整理得到的载有方言资料的方志数量皆存在不同程度的遗漏，如黄沙（2018:25）整理出陕西载有方言的旧志 14 种，而我们整理出 41 种，对方遗漏的数量多达 27 种，这自然也会影响研究结论的全面性和准确性。

（三）方志方言词汇的专题研究

分专题对方志方言词汇进行研究的成果最为丰富，其中又以民俗方言词汇的研究为最。赵日新（1994）认为"方言中含有民俗内容的词就是民俗方言"，"民俗词凝集着形态民情、社会心理，可以说是方言中的'民俗化石'，它是民俗在方言中的反映，是方言词汇的有机组成部分，是一种方言区别于其他方言的重要因素之一"。可见，民俗方言词是方言词中最具地域特色的一类。黄尚军《四川方言与民俗》（1996[2002]）最早结合方志民俗方言词研究地方文化，后有张彦林（2016）、周帅（2019）等接踵其事。但这类研究都有一个待解决的问题，即选择的研究对象不全是民俗方言词。如张彦林（2016:22-26）所列"走月亮""跳灶王""春不老""做年"等词看起来应为民俗方言词，但像"除夕""过年""立夏""白露""谷雨""芒种""正月""新年""中秋"等词，可以视作民俗方言词吗？应该说，后者不是民俗方言词。这牵涉到方言词的界定问题。对此，我们的观点与周荐（1987:157）一致，认为将属于某一方言系统的词都认定为方言词，"对于方言词汇的描写，并没有任何实际的价值"；那些已被共同语吸收的方言词，"只可能是特殊意义上的方言词，即指共同语中源于方言的词，与一般意义上的方言词是两回事"。另外，方志收录的谚语也与民俗密切相关，但目前已有的研究大多偏重从文化的角度进行考证，此不赘述。

称谓词是民俗方言词汇的重要组成部分，同时也是方志方言资料论及最多的一类词汇，自然也就成为方志方言词汇专题研究的一个热点。代表文章有丁亚南（2013）、鲁春林（2015）等。这些文章偏向对旧志方言亲属称谓词汇的面貌进行描写，对于该类词汇的产生、演变机制等解释性的研究还有所欠缺。解释性研究做得较好的是仝正涛（2018）。全文以清至民国时期环北京地区的方志方言文献为中心，梳理了"子称词"系统，并简要概括其历时发展情况，分析构词法，剖析语义特征，探讨"子"尾的功能及"大/小 X 子"的来源。需要指出的是，旧志方言资料中的称谓词包括亲属称谓和社会称谓，后者尚无人问津。

除与民俗方言词汇相关的专题词汇研究外，方志方言名物词汇也受到关注，如廖玮婧（2008），李国太、黄尚军（2019）等。这些研究虽然在题目中没有强调其研究对象为"方言名物词"，但据文章绪论的交代又确为考察方志方言名物词。那么，它们也存在研究对象不清晰的问题。因为方志记录的名物词不一定就是方言，不先区分方言词与普通语词，后续研究则难以为继。

---

① 秦越（2020）主要以词表的形式，对贵州旧志方言编及风俗、物产、谣谚卷目中的方言词进行整理，至于研究，则用力较少。

(四)方志方言词汇的专志研究

在为数不多的方志方言词汇专志研究中,王倩《傅崇矩〈成都通览〉方言语词研究》(2018)最具参考价值。该文对《成都通览》所记百年前成都话的词汇、语音、语法现象都有所考察,其鲜明特色是:充分运用计量统计与比较的研究方法,以及选取典型个案作深入挖掘的研究方式。如在词法方面选取成都话中最具特色的"ABB式形容词"进行古今对比考察,揭示叠音词缀"BB"的韵律与词义褒贬倾向之间的关系;在词汇方面选取《成都通览》中为数众多的,具有较长历史传承的"坝"类地名词进行穷尽性统计,分析得出巴蜀方言在明清的移民浪潮中并未失落。这样以小见大、由点及面的研究,是值得充分肯定的。其他相关研究还有褚红(2010[2014])等。

相对而言,方志方言词汇研究数量较为丰富,涉及面也较广,但整体还是描写多于分析,研究的深度不够。另外,除了地域方言词汇,方志中还收有社会方言词汇[①],这些尚未得到关注。

四　方志方言资料的语音研究

语音资料是方志方言资料数量占比仅次于词汇的一类,但目前受到的关注并没有很多。这类研究一般选取某种或某地区方志中的语音资料为考察对象,对其声、韵、调面貌进行共时描写,并结合同期其他方言文献或现代汉语方言,考察其语音的历时演变,剖析语音演变的动因和机制;或就方志中一些有特色的方音现象进行个案研究。这样的研究有孙宜志(2010),徐春伟(2016),余跃龙(2017),傅林(2017),刘斌、陶文燕(2018),张续龙(2018),仝正涛(2020b)等。以上文章的研究范围都仅限于旧志,崔倩(2020)利用河南新志语音资料,从变韵分布、语音类型、语法意义等方面考察了河南方言的变韵现象;李雨涵(2021)则同时考察了巴蜀地区新、旧方志中的语音资料。

另有一些学位论文将新、旧志中的语音资料作为研究的辅助性语料,借以考察某地的语音演变情况或作比较研究。如周赛红(2005)、吴波(2007)、王仲黎(2009[2020])、韩晓云(2015)皆对新、旧志中的语音资料有所利用。

五　方志方言资料的语法研究

旧志中的方言语法资料较少,所以这方面的研究成果也少;新志方言资料一般都涉及语法,但目前未见相关重要成果。因为旧志方言资料缺乏实际用例,所以语法研究主要集中在词法方面,如莫超、尹雯(2011),尹雯(2012),莫超(2012)等。上文提及的仝正涛(2018)对清

---

① 如民国《临江县志·民族志·言语》、民国《通化县志·人民·风俗志》均收"匪语",宣统《成都通览》设有"成都之袍哥话""江湖言语"。

至民国环北京地区方志方言中"子称词"系统的构词法和语义特征的探讨,也属于方志方言的语法研究范围。

六 方志民族语言资料的研究

我国有少数民族聚居的东北、西南、中南地区,其方志时有民族语言资料的记录。方志民族语言资料大部分为汉字译音,民国时期有少量方志也用注音符号记音,部分方志还记录有民族文字。施文涛(1963)已经注意到方志民族语言资料,并指出"这种资料对于目前研究汉语语音史或兄弟民族的语言史都有一定参考价值"。而真正对方志民族语言资料进行研究的是闻宥和聂鸿音。闻宥(1981)将道光《石泉县志》所载 80 多个番语词与其在川西 6 个羌族居住点的调查记录进行比较后,指出方志记录的是羌语。之后,聂鸿音(2000)尝试据现代羌语方言对道光《石泉县志》中用汉字译音记载的 80 多个羌语词加以解说,并对石泉羌语的辅音声母的一些情况进行总结,以此还原一个半世纪前四川省北川县和茂县一带的羌语概貌。尽管聂鸿音(2007:32、2000:26)认为旧志民族语言资料"仍然没有脱出传统'杂字体'的窠臼,离真正的语言描写还差得很远";"地方志的编纂者大都没有深研过汉语音韵学,因此他们对外民族语言的音译远不如僧侣笔下的梵汉对音严密",但由于历朝历代流传下来的民族语言资料数量实在太少,所以"我们还是不得不在最大程度上相信他们对自然语音的感知能力,并从那些并不精密的译音中抽绎出一些大致的规律,以展现当年石泉羌语的概貌"。上述聂鸿音的话大致点明了方志民族语言资料的价值、局限和利用方法。在这一理论指导下,他后续参照现代田野调查的民族语言资料进行了研究(2013a、2013b、2021)。

其他相关研究的方法和角度大致与聂鸿音相同,都是利用现代民族语言与方志民族语言作对比,分析民族语言的历时演变情况。如田恒金(2004),王锋(2011),张明、韦天亮、姚小云(2014),彭成刚(2018),乔立智、叶树全(2021),王振(2022)等。再是从语言接触的视野进行的研究,如张森、高森森(2011)、刘佼(2017)、念颖(2012[2017])等。还有少许文章考察了方志民族文字,如苌丽娟(2019),王振(2021),乔立智、叶树全(2022)等。

七 方志方言资料的编纂研究

清代章学诚《报谢文学书》提倡方志应广集方言,"四方之士,各以官韵正定一方土谚"。但对于方志方言编纂的具体问题,则要到民国时期才有零星讨论。这些讨论部分体现在各地方志的编纂体例说明中,如民国十七年(1928 年)左右①《湖北通志馆采访细目及表式》规定"方言谣谚"一目收录"与外县或境内各地不同之语言及童谣、农谚等";又如在民国三十年(1941 年)《江西通志体例述旨》拟定的"方言略例释"中,严学宭主张要采用现代语言学的方法,将方志方言分成语音分析及音调说明、本地之音韵、比较之音韵、本地词汇四类,还须绘

---

① 《湖北通志馆采访细目及表式》有民国铅印本,具体出版时间不详。但据书中采访细目"一、地方大事·丙、党员"中有"民十七年总登记人数"之语,推测该书的出版时间应不早于民国十七年。

制方言区域图。黎锦熙(1940:92—97)为方志方言制定了编纂大纲,提出方志方言的编写应包括方言(指"土语俚言")、方音、风谣(指谚语和通俗文艺)三部分,每部分皆说明调查方法及相关注意事项。其主张在《地方志中"方言风谣志"之编查法》(1941)中得到进一步完善,并据此编写了《洛川县志》《同官县志》《宜川县志》三种"方言谣谚志",还影响了其他方志对方言编纂的设想和实践。①

自 20 世纪 80 年代首轮修志启动后,方言志成为新志的重要组成部分。方言志的修撰质量则成为语言学家们关注的重要问题,由此涌现了一批针对新时期方言志编纂的建议文章。这些文章大多根据各省的方言实际,就方言志的编纂原则、编纂框架、人手设置、参考资料、多民族地区的方言志编纂、第二轮续修方言志的编纂等问题给出详细指导,代表文章有钱曾怡(1983)、温端政(1983)、严学宭(1984)、陈波(1990)、张桂光(2009)、陈曼平(2012)等。这些文章还共同关注到方言志的通俗化与学术化的问题。这个论争至今尚存。李如龙(2001:1)认为方言志最重要的作用是"存史",即"科学地处理调查材料,如实地保留当代方言的面貌","为此,必须符合描写方言的规格,一定要用国际音标记音,但是应该少用一些专门的学术名词,尽量让更多的人读懂它,至少懂本地话的本地中小学老师应该能读懂才好"。此或可成为调和两派的最佳选择。

结　语

综上可知,起于 20 世纪初的方志方言研究,发展到近百年后的今天,有以下三点不足:

其一,普遍重旧志、轻新志,新、旧方志的研究步伐不一致。不管是在数量上还是质量上,旧志方言资料的研究成果都遥遥领先,而新志的则较为有限。

其二,研究关注的地域选择发展不平衡。当前方志方言资料研究的热点区域主要集中在京津冀、川滇黔、陕甘宁三块,学人从不同的角度、方法、侧重点对以上地区的方志方言资料进行了深度挖掘,而其他地区的相关研究则较少。

其三,对方志方言下属各类语言资料的关注度不平衡。目前的方志方言资料研究最青睐于词汇,语音次之,对语法和民族语言资料的关注度则明显不够。

因此,未来方志方言资料的研究可关注以下七个方向:

1)填补方志方言资料的整理空白。一要加强新志方言资料的整理;二要大力整理散落在"风俗""物产"等门目中的旧志方言资料;三要以原书影印及重排点校的方式补续两部《集成》各自漏略的四、五百种方志,及我们增补的 130 种方志;四要建设开放、共享、多元的大型古今方志方言标注语料库。

2)拓宽方志方言资料的研究范围。现今对方志方言资料的研究,包括汉语方言与民族语言两类,大多属于某一种或几种、某一地区的方志方言的个案研究模式,尚未有对存世的所有方志中的方言资料展开全面系统考察的研究。

3)挖掘方志方言资料的研究深度。方志方言资料的价值并非不为人知,但很多时候它

---

① 如民国《新修京山县志草例》于"类目"之"社会志"下设"方言",并说明:"《方志今议》更创新例,兹取其旨而省略其非。表示方言者,如歌谣、戏本成文可诵者,划入文艺。1.音系 2.土称及土语。"

只是作为辅助性材料从属于其他研究,作为研究对象的主体性不强。目前还是以描写性研究居多,缺乏对方志记录的方言现象的生成机制、演变过程,以及方言分区、方言接触等方面问题展开较为深入的解释性研究。

4)深入运用比较的研究方法。方志方言资料储量丰富,地域覆盖面广,所涉汉语方言和民族语言的种类齐全,加之其时代、地域信息又十分明确,因而适合作比较研究。我们可借助方志方言资料展开内外两方面的比较研究,内部比较研究包括对方志方言资料的同区、跨区、南北、东西的对比,外部比较研究包括将方志方言资料与同期方言文献或通语文献、现代汉语方言文献作对比。其中,同期方言文献包括明清民国时期的方言专著、戏曲、笔记、小说,还有传教士编写的汉语方言教材、词典和《圣经》译本等文献记录的方言资料,现代汉语方言文献包括方言调查报告、方言论著、方言地图集、方言词典等。以方志方言资料为立足点作比较研究,一方面便于考察清至民国时期汉语方言的横纵特征与发展状况,另一方面也会让我们对方志方言资料自身的特点、价值等有更为充分的认识。

5)大力开展方志方言资料的方言地理学研究。岩田礼利用新志方言资料绘制汉语方言地图的尝试,足以证明利用方志方言资料作方言地理学研究的可行性。至于旧志方言资料,目前只有周振鹤、游汝杰(1986)用来绘制 16—19 世纪的上海土语分区图。旧志方言资料拥有丰富多样的词形和词义解释,还有 593 个以区县为基本单位设置的方言调查点①,同样是开展方言地理学研究的好材料。这些材料不仅可用来绘制方言地图,直观地呈现清至民国时期的汉语方言在地域上的分布变化和传播轨迹,比较其与现代汉语方言的异同,探寻汉语方言演变的规律和机制,还可为汉语方言的分类与分区、方言接触等研究提供助力。

6)加强方志方言用字的研究。方志方言的记录大多依赖于汉字,而方言用字的情况复杂多变。只有先搞清楚方志方言用字的类型、特点、字源理据、演变过程、字际关系、字词关系等问题,才能对方志方言的其他问题作更为准确的、深入的研究。但目前这方面的研究还基本处于待开垦的状态。

7)重视方志方言资料对辞书修订的参考价值。方志方言资料的汉语辞书修订价值主要表现在五个方面:词目增补、义项订补(包括校订释义、增删分合义项)、书证提补(包括提前书证、补充书证)、词形整补、方言通行区域填补。以《汉语方言大词典》为例,该词典在编纂之初已利用了部分方志方言资料,但仍有很大补充和修正的余地。如民国《新修大埔县志·人群志三·方言》:"妇女月事曰月经,或曰洗月。""洗月"一词,《汉语方言大词典》失收,可补。又如民国《鄞县通志·文献志庚编·方言》:"洗澡,北方语称澡身曰洗澡。今甬语亦间称之。""洗澡"一词,《汉语方言大词典》只收"游泳;泅水"一个义项,可补充义项"清洁身体"。再如民国《昌乐县续志·方言志》:"多劳曰费事。"《汉语方言大词典》收有"费事"一词,义为"麻烦;耗时耗力",江淮官话江苏南京、扬州有此词,民国《昌乐县续志》证明胶辽官话山东昌乐亦用该词,由此可补另一官话的方言通行区域。诸如此类,不胜枚举。但目前学界借助方志方言资料修订汉语辞书的研究成果甚少,未来有待加强。

---

① 我们目前掌握的收录汉语方言资料的旧志共 1041 种,将方志所属行政区划层级作古今对应的考察,仅就县志而言,可得现行区县 593 个。

参考文献

[1]曹小云,曹嫄.历代方志方言文献集成(11 册)[M].北京:中华书局,2021.

[2]岑丽娟.《续黔书》中的"俗字""川字""虀字"考述[J].原生态民族文化学刊,2019(6):127−135.

[3]陈波.古方志中语言资料的使用刍议:以《崖州志》为例[J].语言学研究(台湾及海外中文报刊资料专辑 1),1987:27−32.

[4]陈波.关于多民族区域方言志编写的几个重要问题[J].海南史志,1990(1):29−33.

[5]陈曼平.第二轮方言志编纂如何突出时代特征——基于对第二轮《广西通志·汉语方言志》编纂的思考[J].中国地方志,2012(1):39−43.

[6]陈源源.清末吴方言字研究——以《何典》《海上花列传》为中心[D].杭州:浙江大学,2009.

[7]陈源源.汉语史视角下的明清吴语方言字研究[M].杭州:浙江大学出版社,2017.

[8]褚红.论《畿辅方言》对《汉语方言大词典》修订的作用[J].云梦学刊,2012a(1):135−138.

[9]褚红.清代民国河南方志方言著述的编排体例及价值[J].学术交流,2012b(3):112−115.

[10]褚红,王树梖.《畿辅方言》方言研究[D].北京:北京语言大学,2010.

[11]褚红,王树梖.《畿辅方言》方言研究[M].哈尔滨:黑龙江人民出版社,2014.

[12]崔倩.河南方志方言资料中的变韵研究[D].成都:西南交通大学,2020.

[13]崔荣昌.四川方言研究述评[J].中国语文,1994(6):419−430.

[14]邓邦云.《成都通览》方言词语札记[M]//汉语史研究集刊(第十六辑).成都:巴蜀书社,2013.

[15]丁亚南.河南地方志亲属称谓研究[D].开封:河南大学,2013.

[16]傅林.河北献县方言一百二十年来的语音演变——以戴遂良(Léon Wieger)系列汉语教材和民国《献县志》为基础[J].河北师范大学学报,2017(1):92−108.

[17]顾洁.江苏方志中的方言词研究[D].成都:西南交通大学,2018.

[18]何耿镛.汉语方言研究小史[M].太原:山西人民出版社,1994.

[19]何馨.山西吕梁地区旧志方言词汇研究[D].西安:陕西师范大学,2022.

[20]华学诚.扬雄方言校释汇证(上下)[M].北京:中华书局,2006.

[21]黄群建,万世雄,邵则遂,朱建颂.湖北方言文献疏证[M].武汉:湖北教育出版社,1999.

[22]黄沙.陕西省方志中的方言词研究[D].成都:西南交通大学,2018:25.

[23]黄尚军.四川方言与民俗[M].成都:四川人民出版社,1996[2002]:320−427.

[24]蒋宗福.四川方言词语续考(上下)[M].成都:巴蜀书社,2014.

[25]黎锦熙.方志今议[M].上海:商务印书馆,1940:92−97.

[26]黎锦熙.地方志中"方言风谣志"之编查法[N].国语周刊(南郑版),1941−6−8.

[27]李国太,黄尚军.清代、民国时期巴蜀方志农业词汇述略——兼论地方志收录名物词的局限[J].西南交通大学学报,2019(6):46−53.

[28]李蓝.中国方志中语言资料集成(全 42 册)[M].北京:社会科学文献出版社,2021.

[29]李蓝,何玲,邓亚文.《中国方志所录方言汇编》试析[J].常熟理工学院学报,2017(6).

[30]李荣.台风的本字(上)[J].方言,1990(4):3−6.

[31]李荣.台风的本字(中)[J].方言,1991a(1):1−9.

[32]李荣.台风的本字(下)[J].方言,1991b(2):83−87.

[33]李如龙.序言[M]//福建县市方言志 12 种.福州:福建教育出版社,2001.

[34]李树俨.《朔方道志》在宁夏方言研究方面的学术价值[J].宁夏大学学报,1985(4):74−80.

[35]李雨涵.巴蜀方志中的方言语音研究[D].成都:西南交通大学,2021.

[36]连燕婷.试论旧志汉语方言资料的时代与地域分布特征——兼谈其方言地理学价值[J].中国地方

志,2025(2):48—66.

[37]连燕婷.《中国方志中语言资料集成》编纂指瑕[J].古籍整理研究学刊,2024(2).

[38]廖玮婧.清末民初巴蜀方志植物名研究[D].成都:四川师范大学,2008.

[39]刘斌,陶文燕.从《鄞县通志·方言编》看鄞县方言的特点及演变[M]//吴语研究(第9辑),上海:上海教育出版社,2018.

[40]刘佼.从明清以来方志文献看滇南方言区民汉语言分布格局的形成[D].昆明:云南大学,2017.

[41]鲁春林.明—民国时期方志所见亲属称谓词整理研究[D].合肥:安徽大学,2015.

[42]马冲.安徽方志方言词研究[D].成都:西南交通大学,2020.

[43]莫超.近代汉语珍稀方志方言文献集成[M].北京:商务印书馆,2024.

[44]莫超.近代西北方志方言文献中的"语助词"[J].甘肃高师学报,2012(6):23—25.

[45]莫超.西北方言文献研究[M].北京:北京大学出版社,2014.

[46]莫超.近代西北方言文献集成[M].北京:人民出版社,2018.

[47]莫超,尹雯.近代西北方志方言文献中的代词[J].河西学院学报,2011(1):1—7.

[48]莫雁诗,郑作广.广西旧方志语言部分概述与评要[J].广西地方志,1991(2):52—56.

[49]念颖.云南方志词汇研究[D].成都:四川大学,2012;云南近代方志词汇研究[M].北京:中国社会科学出版社,2017.

[50]聂鸿音.道光《石泉县志》中的羌语词[J].民族语文,2000(1):21—27.

[51]聂鸿音.康熙《黔书·方言》中的少数民族语[J].文献,2013a(4):162—165.

[52]聂鸿音.乾隆《辰州府志》中的巴哼语词[J].民族语文,2013b(3):44—51.

[53]聂鸿音.光绪《丹噶尔厅志》蒙藏词语札记[J].满语研究,2021(1):70—73.

[54]彭成刚.明清两朝地方文献辑录的土家语词汇分析[J].三峡论坛,2018(4):29—33.

[55]钱曾怡.对编写山东省方言志的认识和初步设想[J].文史哲,1983(2):58—64.

[56]乔立智,叶树全.清代及民国滇黔地方志所载民族语言资料的特征[J].西南交通大学学报,2021(3):35—44.

[57]乔立智,叶树全.清代及民国贵州地方志所记录的水族文字[J].文山学院学报,2022(3):1—7.

[58]乔立智.明清民国滇黔地方志中民族语言资料分类汇编[M].上海:上海古籍出版社,2024.

[59]秦越.贵州旧志方言词汇研究[M].成都:四川大学出版社,2020.

[60]施文涛.略论地方志里方言资料的作用问题[J].江海学刊,1963(4).

[61]孙锦标.南通方言疏证[M].南通:翰墨林书局,1913.

[62]孙宜志.民国《定海县志·方俗志》反映的定海方言特点[J].语言科学,2010(6):626—634.

[63]唐莉.近三百年来四川方言词语的留存与演变[D].广州:暨南大学,1999.

[64]田恒金.清代《永顺县志》中的土家语词[J].民族语文,2004(2):46—51.

[65]田膂.京津冀方志方言词研究[D].成都:西南交通大学,2022.

[66]仝正涛."子"尾亲属称谓词综合研究——以清代及民国时期环北京地区方志方言为中心[M]//励耘语言学刊(第三十七期).北京:中华书局,2018:218—228.

[67]仝正涛.发掘方志资料 推进方言研究[N].中国社会科学报,2020a—11—10(4).

[68]仝正涛.清至民国时期环北京地区方志方音研究[D].南京:南京师范大学,2020b.

[69]汪启明.中国地方志方言资料总目[M].成都:西南交通大学出版社,2023.

[70]王宝红.清代民国陕西方志中的方言资料概说[J].咸阳师范学院学报,2022(5):24—29.

[71]王锋.从乾隆《普安州志》所载"僰语"看贵州白族的语言[J].百色学院学报,2011(5):44—49.

[72]王令.《中国方志所录方言汇编》中方言词考释六则[J].河南社会科学,2012(9):79—81.

[73]王倩.傅崇矩《成都通览》方言语词研究[D].成都:四川师范大学,2018.

[74]王振.清代民国四川方志文献中的藏缅语资料概况[M]//语言历史论丛(第十八辑).成都:巴蜀书

社,2022.

[75]王振. 清代《绥靖屯志》中的藏语资料及新见藏文"黑字"考论[J]. 中国藏学,2021(4):208－215.

[76]王仲黎. 祁阳方言语音研究[D]. 天津:南开大学,2009.

[77]王仲黎. 祁阳方言语音研究[M]. 北京:社会科学文献出版社,2020.

[78]温端政. 关于编写方言志的几个问题[J]. 中国地方志通讯,1983(2).

[79]温晓萌. 明清民国时期地方志方言俗语研究述评[J]. 中国地方志,2022(5).

[80]闻宥. 论所谓南语[J]. 民族语文,1981(1):16－25.

[81]吴波. 江淮官话语音研究[D]. 上海:复旦大学,2007.

[82]夏廷棫. 本所所藏地方志中关于方言之记载[J]. 国立中山大学语言历史学研究所周刊,1929(85、
　　　86、87合刊):118－120.

[83]向学春. 巴蜀旧志词汇研究[D]. 成都:四川大学,2012.

[84]向学春. 巴蜀旧志词汇研究[M]. 北京:中国社会科学出版社,2015.

[85]谢超. 浙江方志所录方言词研究[D]. 成都:西南交通大学,2020.

[86]邢晓. 河北旧志所载方言语料研究[D]. 石家庄:河北师范大学,2022.

[87]徐春伟. 民国《鄞县通志》的音系[M]//吴语研究(第八辑):第八届国际吴方言学术研讨会论文集.
　　　上海:上海教育出版社,2016.

[88]许宝华,[日]宫田一郎. 汉语方言大词典(修订本)[M]. 北京:中华书局,1999[2020].

[89]许宝华,汤珍珠. 略说汉语方言研究的历史发展[J]. 语文研究,1982(2):122－132.

[90]许宝华,游汝杰. 方志所见上海方言初探[M]//吴语研究学术会议论文集. 上海:复旦大学,1982;方
　　　志所见上海方言初探[M]//吴语论丛. 上海:上海教育出版社,1988.

[91]严学宭. 编修湖北省方言志浅见[J]. 湖北方志通讯,1984(7).

[92]杨彦智. 方志方言词汇整理与研究20年:回顾与展望[J]. 中国地方志,2022(4).

[93]尹雯. 陕甘宁清至民国时期方志方言文献所记代词研究[D]. 兰州:西北师范大学,2012.

[94]游汝杰. 汉语方言学教程[M]. 上海:上海教育出版社,2004[2016]:227－228.

[95]于潇怡. 波多野太郎《中国方志所录方言汇编》索引疏失补正[J]. 古籍整理研究学刊,2022(6).

[96]余跃龙. 从《徐沟县语言志》看徐沟方言八十年来的音变[M]//北斗语言学刊(第二辑). 上海:上海
　　　古籍出版社,2017.

[97]曾昭聪.《历代方志方言文献集成》的学术价值[M]//古籍研究(第七十五辑). 南京:凤凰出版
　　　社,2022.

[98]张桂光. 方言描写的用字问题略议[J]. 学术研究,2009(11):151－154.

[99]张森,高淼淼.《奉天通志》中东北方言的满语借词考证[J]. 满语研究,2011(2):16－21.

[100]张明,韦天亮,姚小云. 从贵州地方志看清水江地区的汉字记录侗语情况[J]. 贵州大学学报,2014
　　　(6):138－141.

[101]张馨月. 清代直隶方志中的方言词研究[D]. 成都:西南交通大学,2015.

[102]张续龙. 清至民国山东方志所录方言资料的方音研究[D]. 南京:南京师范大学,2018.

[103]张彦林. 明清时期长江流域岁时节令民俗文化词语研究[D]. 武汉:武汉大学,2016.

[104]张一舟.《成都通览》所反映的一百年前的成都话[J]. 四川师范大学学报,2008(增刊):170－175.

[105]张振兴. 闽西地区的方言与方言研究[J]. 龙岩师专学报,1986(2):24－29.

[106]赵日新. 试论方言民俗词[J]. 民俗研究,1994(1):95－98.

[107]中国大百科全书出版社编辑部. 中国大百科全书:语言文字[M]. 北京:中国大百科全书出版社,
　　　1992[1998]:148.

[108]周荐. 论方言词的确定[M]//语言研究论丛(第四辑). 天津:南开大学出版社,1987.

[109]周赛红. 湘方言音韵比较研究[D]. 长沙:湖南师范大学,2005.

[110]周帅.巴蜀旧志所载信仰民俗词汇研究[D].桂林:广西大学,2019.

[111]周振鹤,游汝杰.方志所见上海地区 16—19 世纪方言地理[M]//历史地理研究.上海:复旦大学出版社,1986.

[112][日]波多野太郎.中国方志所录方言汇编(9 卷)[J].横滨市立大学纪要,1963—1972(人文科学专刊).

[113][日]太田斋,加纳巧.新编中国地方志所录方言志目录 附方言专志目录[R].平成 13—15 年度科学研究费基础研究(B)(课题编号 13410130)研究成果报告书—第 1 分册.神户:神户市外国语大学,2002.

[114][日]岩田礼.汉语方言解释地图[M].东京:白帝社,2009.

[115][日]岩田礼.汉语方言解释地图(续集)[M].东京:好文出版,2012.

Research of the Local Gazetteers Dialect Materials over the Past Hundred Years

Lian Yanting

Abstract：The local gazetteers dialect materials refer to the language materials collected in the new and old local gazetteers，mainly including Chinese dialect materials and ethnic language materials，and also a small amount of foreign language materials. The research of the local gazetteers dialect materials over the past hundred years has focused on seven areas：collation research，general research，vocabulary research，phonetic research，grammar research，ethnic linguistic research，and research on the compilation of dialectal gazetteers. Among them，the research results of collation are quite abundant，the amount of general research is small but fine，the number of vocabulary research is the largest，but the overall level needs to be improved，the codification studies tend to be stable，and the rest are weak. The current academic community generally emphasizes the old local gazetteers over new ones，and there is an imbalance in the selection of regions and the use of corpus categories for research. The following seven directions can be referred to in the future research of the academic community：filling the gaps in material collation，broadening the scope of research，exploring the depth of research，applying the comparative research method，vigorously carrying out the research of dialect geography，strengthening the research on the use of words in the dialect of local gazetteers，and paying attention to the reference value of dialect materials in local gazetteers for the revision of dictionaries.

Keywords：local gazetteers，dialect，ethnic language，century

通信地址:四川省成都市郫都区西南交通大学犀浦校区

邮　　编:611756

E-mail:lgliangao@163.com

图书在版编目（CIP）数据

汉语史学报. 第三十二辑 / 浙江大学汉语史研究中
心主编. -- 上海：上海教育出版社，2025. 8. -- ISBN
978-7-5720-3765-8

Ⅰ. H1-09

中国国家版本馆CIP数据核字第2025BD9903号

责任编辑　殷　可

特约审读　王瑞祥

封面设计　陆　弦

编　务　严晓芳　何佳娴

汉语史学报　第三十二辑
王云路　主编

出版发行　上海教育出版社有限公司
官　网　www.seph.com.cn
地　址　上海市闵行区号景路159弄C座
邮　编　201101
印　刷　上海叶大印务发展有限公司
开　本　787×1092　1/16　印张 14.5　插页 2
字　数　344 千字
版　次　2025年8月第1版
印　次　2025年8月第1次印刷
书　号　ISBN 978-7-5720-3765-8/H·0110
定　价　94.00 元

如发现质量问题，读者可向本社调换　电话：021-64373213